박범훈의 불교음악 여행

박범훈의
불교음악 여행

불교신문사

● ○ 　프롤로그
○ ○

일주문을 나서며

지금부터 불교음악 여행을 떠납니다.

첫 번째 여행은 부처님이 탄생하신 룸비니 동산에서 시작, 출가·성도·열반에 이르는 멀고 먼 길을 불전의 기록을 따라 안내하고자 합니다. 현재 인도에는 부처님 생존 시 불교음악은 남아 있지 않습니다. 남아 있다고 해도 어떤 음악이 불교음악인지 확인할 수가 없습니다. 불교가 인도에서 멸망한 후에 쇠멸했거나 타종교 음악과 통합되어 버렸기 때문입니다. 부처님 당시의 불교음악은 오직 불교경전의 기록을 통해서만 알 수가 있습니다.

두 번째 여행은 중국으로 떠납니다. 중국 역시 인도로부터 전래된 고대 불교음악의 실체는 알 수 없습니다. 그러나 중국에서 새롭게 탄생한 범패를 중심으로 해서 화려한 불교음

악의 기록이 불교경전에 전하고 있습니다. 중국 불교음악의 역사는 우리 불교음악의 역사와 맥을 함께 하고 있어서 보다 상세하게 안내하고자 합니다.

세 번째 여행은 우리나라의 불교음악 여행입니다. 불교가 우리나라에 들어와서 우리의 소리와 만나 새로운 불교음악이 탄생합니다. 신라의 향가를 비롯해서 균여스님의 보현십원가 등 우리만의 독특한 불교음악의 꽃을 피웠습니다. 그리고 중국으로부터 범패를 비롯한 음악들이 전수되는데 이러한 음악들도 우리 정서에 맞는 불교음악으로 변천하였습니다. 통일신라부터 조선조에 이르기까지 불교의 변천과 더불어 생성된 불교음악을 총괄적으로 안내하고자 합니다.
아울러 1910년부터 시작된 창작찬불가를 소개합니다. 일반적으로 찬송가와 비슷하다는 평을 듣고 있는 찬불가의 탄생과 그 실체를 만나봅니다. 그리고 시대적으로 문제가 있었던 창작 찬불가의 율(律)적 문제의 해결을 위한 노력의 성과를 소개합니다.

네 번째 여행은 안내자인 저 박범훈이 불교음악과 맺은 인연을 소개합니다. 불교의 '불(佛)'자도 몰랐던 사람이 불교음악을 전공하게 된 과정과 불교음악을 작곡하게 된 인연들을 밝히면서 국악을 통해 불교음악을 알게 되고, 불교음악을 통해서 불교를 알게 된 과정을 소개합니다.

안내자는 글 쓰는 작가가 아니라 작곡자입니다. 작곡자는 하고 싶은 말을 악보로 표기합니다. 그래서인지 글로 표기하는 것이 어렵고 힘듭니다. 이번 불교음악 소개는 제가 동국대학교 대학원에서 박사학위를 받을 때 썼던 논문 「불교음악의 전래와 한국적 전개에 관한 연구」와 이 논문을 책으로 출판한 『한국 불교음악사 연구』, 그리고 발표된 불교음악과 관련된 논문들을 참고하였습니다. 음악을 소개하는 여행 안내서이기에 되도록 쉽고 재미있게 쓰고 싶었는데 글재주가 없어서 혼란만 초래한 것 같습니다.

여행은 자유롭게 하시면 됩니다. 특별히 순서가 정해져 있지 않습니다. 안내서는 불교음악의 역사와 전래과정을 순서대로 정리한 것뿐입니다. 관심이 있는 부분만 선별해 보셔도 됩니다. 부족함이 많습니다만 끝까지 함께 동행해 주시기 바랍니다.

차례

프롤로그 - 일주문을 나서며 ··· 004
불교음악이란 ··· 012
불교음악의 기원 ··· 016

첫 번째 여행
불전(佛典) 속으로의 음악여행

인도 불교음악　　　　　　　　　　··· 023

1. 부처님의 탄생과 음악　　　　　　··· 024
2. 부처님의 출가와 음악　　　　　　··· 031
3. 부처님의 음악 실력　　　　　　　··· 040
4. 음악에 대한 부처님 생각　　　　　··· 050
5. 부처님의 열반(涅槃)과 음악　　　··· 065

두 번째 여행
중국 불교 음악여행

중국 불교음악 ··· 077

1. 중국 범패(梵唄) ··· 081
2. 범패의 음악적 특징 ··· 086
3. 불전에 기록된 악기(樂器) ··· 095
4. 불전에 기록된 음악 용어 ··· 099

세 번째 여행
한국 불교 음악여행

한국 전통불교음악 ··· 105

1. 향가는 우리나라 최초의 불가(佛歌) ··· 105
2. 향가의 종류 ··· 110
3. 보현십원가와 균여스님 ··· 121
4. 진감선사(眞鑑禪師)와 범패(梵唄) ··· 132
5. 진감(眞鑑)국사와의 만남 ··· 134
6. 현존하는 한국 범패 ··· 139
7. 불교의식과 범패 ··· 144
8. 어산(魚山) ··· 153

9. 화청(和請) ··· 157
10. 세종대왕이 창제한 불교음악 ··· 168
11. 불교음악의 수난시대 ··· 182
12. 국악화된 불교음악 ··· 186
13. 민요로 부르는 불교음악 ··· 196

한국 창작불교음악 ··· 225

승려들의 찬불가 운동 ··· 225
1. 찬불가 탄생의 시대적 배경 ··· 226
2. 찬불가의 탄생 ··· 228
3. 백용성 스님의 찬불가 운동(1911~) ··· 229
4. 백용성 스님의 찬불가 ··· 231
5. 조학유 스님의 찬불가 운동(1920~) ··· 233
6. 조학유 스님의 찬불가 ··· 237
7. 권상로 스님의 찬불가 운동(1920~) ··· 240
8. 김정묵 포교사의 찬불가 운동(1940~) ··· 242
9. 찬불가 운동의 단절(1945-) ··· 247
10. 정운문 스님의 찬불가 운동(1960~) ··· 250
11. 정운문 스님의 찬불가 작품 ··· 253

재가 불자의 찬불가 운동 ··· 258
1. 찬송가와 같은 찬불가 탄생 ··· 259

2. 불교합창단의 찬불가 운동 ··· 261
3. 불교합창단의 발전을 위한 제안 ··· 263
4. 불교방송의 찬불가 운동 ··· 264

네 번째 여행
불교음악과 맺은 인연

1. 불교 무용극 '사(死)의 승무(僧舞)' ··· 277
2. 찬송가 같은 찬불가와의 만남 ··· 281
3. 쌍계사 국사암의 산사음악회 ··· 282
4. 무용극 '하얀 초상' ··· 298
5. 교성곡 '붓다' 석성일 스님 ··· 302
6. 교성곡 '보현행원송' 광덕스님 ··· 305
7. 교성곡 '용성', 도문스님과 보광스님 ··· 311
8. 교성곡 '니르바나' 도올 김용옥 선생님 ··· 315
9. 찬불가 '무상계' 반영규 선생님 ··· 321
10. 찬불가 '연꽃향기 누리 가득히' 목정배 선생님 ··· 323
11. 찬불가 '부처님오신날' 덕신스님 ··· 326
12. 찬불가 '가야지' 김한영 선생님 ··· 328
13. 찬불가 '목탁새' 정다운 스님 ··· 330
14. 불교음악원과 봉은국악합주단 ··· 333

에필로그 - 회향 ··· 338

불교음악이란

　A가 물었습니다. '불교음악이 뭐야?' B가 아는 척 끼어들었습니다. '그거 절에서 아주머니 합창단들이 부르는 찬송가 같은 노래 아냐?' 옆에서 C가 답답하다는 듯이 '아니 그것도 몰라, 절에서 스님이 부르는 염불이지' B가 생각이 난 듯, '아, 학생 때 들었던 것 같은데 범패라고 하는 것 아냐?' A도 생각이 났는지 '야, 그거 김영임이 부르는 회심곡이야…'.

　불교음악에 대한 일반적인 이해를 가상대화로 소개해보았습니다. 이 정도의 대화를 할 수 있다면 불교음악에 대한 상식이 대단한 수준에 속하는 편입니다.
　B가 말한 아주머니 합창단이 불렀다는 찬송가 같은 노래는 20세기 초부터 새롭게 만들어진 찬불가를 말하는 것입니다. 일반적으로 찬송가를 흉내 내어 부른다고 하는데 알고 보면 깜짝 놀랄 사연들

이 있습니다. 어떠한 사연인지는 창작찬불가 여행을 떠날 때 상세하게 소개해 드리도록 하겠습니다. C가 말한 절에서 스님이 부르는 염불이라고 한 말은 정확한 답변입니다. 학생 때 기억을 더듬어 범패라고 말한 B씨의 답변은 전공자 수준입니다. A가 말한 김영임의 회심곡이라고 한 것은 일반적인 답변입니다만 회심곡이 포함된 화청(和請)은 범패와 더불어 대표적인 불교음악에 속합니다.

단풍이 아름답게 물들었던 2017년 가을 대한불교조계종 교육원과 불교음악원이 기획하여 전국사찰 불교대학 학인 스님을 대상으로 불교음악 강의를 다녔습니다. 봉은사 국악합주단원들과 함께 연주를 겸한 강의를 했는데 학인 스님들이 좋아하면서도 불교음악이란 말을 처음 들어본다고 했습니다. 스님들이 날마다 염불을 하면서도 불교음악인지를 모르고 있었던 것입니다.

자, 이제부터 불교음악이 어떤 음악인지를 알아보기 위하여 본격적으로 여행을 떠나보기로 하겠습니다. 불교음악이란 용어는 새롭게 만들어진 것입니다. '불교'라는 용어는 우리나라에 불교가 처음 들어온 시기(372년)로부터 계산해보면 아주 오래되었지만 '음악'이란 용어는 역사가 짧습니다.

'음악'이란 용어는 서양의 뮤직(Music)이라는 단어가 중국에서 '인위웨(yinyue, 音樂)'로 번역되어 일본에 전해진 것으로 알려져 있습니다. 서양문화를 중국과 일본보다 늦게 받아들인 우리나라에서는 일제강점기에 창가를 비롯한 음악교육 과정에서 일본의 옹카쿠(音樂)

라는 용어가 일반화 되어 '음악'이 된 것입니다.[1] 그런데 놀라운 일이 있습니다. 음악이란 용어가 불교경전에 기록되어 있다는 것입니다. 그러니까 우리나라에 음악이란 용어가 최초로 전해진 것은 불교경전으로 볼 수 있다는 것이지요. 하지만 이러한 사실이 음악계에 알려져 있지 않습니다. 음악학자들이 불교경전을 접할 수가 없었으니까요. 불교계에서도 경전 상에 기록되어 있는 음악용어에 대해서는 특별히 언급한 것이 없었습니다. 결론적으로 음악이란 용어는 일본으로부터 들어와 일반화된 것으로 전하고 있지만 그 용어의 기록은 일찍이 불교경전을 통해 우리나라에 들어왔던 것입니다.[2]

'불교음악'은 부처님의 가르침을 소리로 표현하는 것입니다. 그리고 불보살을 찬탄 공양하는 소리입니다. 한마디로 말씀드리면 '불교를 소리로 표현하는 음악'입니다. 어렵게 생각할 필요가 없습니다. B씨가 말했듯이 산사에서 들려오는 스님들의 '염불소리'가 불교음악입니다. 역사가 깊고 예술성이 높은 범패나 화청, 그리고 국악에서 연주하는 '영산회상곡'이나 '회심곡', '비나리', '탑돌이', '산염불' 등의 민요곡들이 불교음악입니다. 그리고 각 사찰마다 합창단에서 부르는 찬불가 곡들이 모두 불교음악입니다.

"서양음악의 모체는 기독교, 동양음악의 모체는 불교"

종교와 음악은 하나로 떼려야 뗄 수 없는 관계입니다. 종교는 풍부한 예술문화를 탄생시켰습니다. 그리고 그 예술문화는 종교를 신봉하는 민족을 대표하고 있습니다. 그리스도교는 서양음악 문화를 탄생시켰습니다. 그래서 서양음악의 모체를 그리스도교로 보고 있는 것입니다. 민족에 따른 고유의 종교와 음악문화가 존재하고 있지만, 불교를 신봉하는 동양의 국가들은 불교로 인하여 다양한 음악문화가 탄생하였습니다.

따라서 서양음악의 모체가 기독교라면 동양음악의 모체는 불교로 볼 수 있는 것입니다. 우리 역시 불교를 신봉하면서 문화예술 분야에 많은 영향을 받았습니다. 현존하는 문화유산의 70%가 불교유산이고 보면 더 이상의 부연설명이 필요 없을 것 같습니다.

이슬람 사원에서 들려오는 기도소리 한가락이 이슬람 문화의 정서를 대변해 주듯이 산사에서 들려오는 염불가락에서 우리 민족의 삶의 소리를 느낄 수 있습니다. 이 소리가 바로 우리의 불교음악이요 뿌리 깊은 전통음악이며 소중한 문화유산인 것입니다. 불교음악은 곧 우리 민족의 삶의 소리입니다.

불교음악의 기원

　불교음악의 기원은 부처님으로부터 시작됩니다. 부처님은 북인도 (네팔) 룸비니에서 탄생하셨습니다. 여기서 소개드리는 부처님은 성이 고타마(Gotama)이고, 이름은 싯다르타(Siddhrtha)입니다. 깨달음을 얻으신 후에는 붓다(Buddha)라 불렀고, 진리의 체현자(體現者)라는 뜻에서 여래(如來)라고 불렀습니다. 그리고 존칭으로 세존(世尊), 석존(釋尊), 석가모니(釋迦牟尼) 등으로 부릅니다.
　부처님시대의 고대 불교음악은 불교경전의 기록을 통해 알 수 있습니다. 음악의 실체는 알 수 없지만 부처님의 탄생·출가·열반·찬탄·장엄·교화·공양 등에 관한 음악들이 기록되어 있습니다.[3]
　석가모니 부처님은 왕자의 자리를 버리시고 중생들의 노병사(老病死)의 고통을 해결하기 위해 출가하셨습니다. 고행 끝에 부다가야(Buddha Gaya) 보리수나무 아래에서 깨우침(正覺)을 이루고 사르나트(Sarnath), 녹야원에서 최초의 초전법륜(初轉法輪)을 설하셨는데 불교음

_ 아쇼카왕이 세운 룸비니 붓다 탄생지 기념탑.

악은 이때부터 시작된 것으로 볼 수 있습니다. 불교음악의 시조는 설법(說法)입니다. 부처님께서 처음 설법을 하셨을 때의 음성이 최초의 불교음악입니다. 불교음악의 기원을 기원전 5세기, 불교의 기원과 동일하게 보고 있는 이유입니다.

불교 경전은 부처님이 입적하시고 100년 뒤부터 제자들에 의하여 형성되었습니다. 부처님의 가르치심(法)을 근본으로 삼되 서로의 이해가 달라서 불교의 갈래가 생겨나게 되었습니다. 이것을 부파불교(部派佛敎)[4] 시대라고 하며, 부파불교가 확대되면서 불법의 폭이 넓어지고 다양해졌습니다. 불교의식(音樂)은 자연히 불교의 확장과 더불어 폭이 넓어질 수밖에 없습니다. 부처님께서 열반하시고 약 500년이 지난 뒤부터는 부파불교 시대에서 대승불교 시대를 맞이하였습니다. 이 시기에 불교는 인도에서 중국으로 전래되고 불교음악 역시 불교가 전래되는 각 국의 민족음악과 만나면서 동행하게 됩니다.

불교는 인도에서 부파불교와 대승불교 시대를 거치면서 최고의 전성기를 맞이하였으나 11세기에 터키인의 회교도 침입을 받아 쇠멸 위기를 맞아 13세기 초에 이르러 멸망합니다. 동 벵골지방의 소수민족만 불교를 신봉하고 인도에서 화려했던 불교는 막을 내립니다. 그러나 불교는 전 세계로 확대되면서 불교를 신봉하는 각 국마다 민족성이 돋보이는 찬란한 불교음악 문화를 꽃피웠습니다.

인도에서는 회교도가 침공한 11세기 이전을 고대(古代)로 구분하고 당시의 불교음악을 인도의 고대음악으로 분류합니다. 그리고 11세기 이후부터를 중세(中世)로 보고, 영국이 인도를 지배하게 된 18세기부터를 근대(近代)로 구분하고 있습니다.[5] 현재 인도에서는 11세기 이전의 고대 불교음악은 그 원형을 찾을 수 없게 되었고, 그 이후의 불교음악은 힌두교를 비롯한 다른 종교음악과 혼합되어 구분을 지을 수 없게 되었습니다. 따라서 인도의 고대 불교음악은 불교 경전 상의 기록을 중심으로 안내할 수밖에 없습니다.

첫 번째 여행
불전(佛典) 속으로의 음악여행

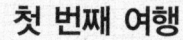

● ○　첫 번째 여행 / 불전(佛典) 속으로의 음악여행
○ ○

인도 불교음악

　그동안의 불교음악에 대한 연구는 주로 국악학자들과 국문학, 역사학을 전공한 분들이 하셨습니다. 특히 국악학자들은 범패를 중심으로 음악의 실체를 연구했고, 국문학과 사학자들은 향가를 비롯해 고려가요, 시가(詩歌) 등의 가사(歌辭)를 중심으로 연구했습니다. 국악학자들이 연구한 불교음악은 음악의 실체만을 연구대상으로 하였기 때문에 불교가 결여된 면이 있고, 국문학자나 사학자들의 연구는 반대로 음악의 실체에 대한 연구가 부족한 부분이 있습니다.
　불교음악은 불교를 떠나서 연구될 수 없습니다. 불교가 들어 있지 않는 음악은 소리만 존재할 뿐 불교음악이 아닙니다. '불교가 들어 있는 소리', 이것이 불교음악입니다.
　불전에 전하는 불교음악은 일반적인 음악과는 다른 특수성을 지니고 있습니다. 불교에 있어 음악은 계율 상으로는 금지의 대상이 되기도 하고 불보살을 찬탄·공양하는 음악은 오히려 장려되기도 합니

다. 그리고 불전에 기록된 음악은 의식음악을 비롯하여 세속음악에 이르기까지 포괄적으로 기록되어 있습니다. 모두 다 소개해드릴 수 없어서 부처님의 탄생, 출가, 부처님의 음성과 연주실력, 부처님의 음악관(音樂觀), 부정적인 음악과 긍정적인 음악, 그리고 열반에 이르기까지 중요한 부분만을 선별해서 소개하고자 합니다.

1. 부처님의 탄생과 음악

싯다르타(Siddhartha) 부처님은 탄생하실 때부터 음악과 함께 하셨습니다.
『수행본기경』에 부처님의 어머니이신 마야부인이 석가모니 부처님을 잉태할 때의 태몽 이야기에 음악에 관한 기록이 전합니다.

> "사월 팔일 부인은 목욕을 하고 향을 바르고 새 옷을 갈아입고 잠시 몸을 안정시키는 사이에 꿈을 꾸었다. 공중에서 흰 코끼리가 날아왔는데 그 광명이 온 천하를 비추었고, 금(琴)을 타고 북(鼓)을 치고 노래하는 소리가 들려왔다. 꽃을 뿌리고 향을 사르며 부인에게로 오더니 갑자기 사라졌다."[6]

위의 기록은 석가모니 부처님의 전신인 보살이 도솔천에서 내려와 마야부인의 태(胎)에 들어갈 때 마야부인의 꿈에 흰 코끼리로 나타난 상황을 설명한 것입니다. 이때, 금을 타고 북을 치고 노래하는 소리가 들려왔다고 했습니다. 단순한 음악적인 내용이지만 부처님이 탄생하기 이전부터 음악의 존재와 그 중요성이 강조되고 있으며 부처님의 탁태과정에서부터 광명이 온 천지를 비추고 음악과 더불어 중생계의 만물이 환희에 넘쳐 조화를 이루고 있음을 표현하고 있습니다.

『보요경』7에는 부처님께서 태어나실 때 성스러움과 장엄함과 화려함이 음악으로 표현되고 있습니다. 기록 중에 음악과 관련된 내용만 소개합니다.

> "위엄 있는 광명의 빛이 그 줄기를 뻗고 향이 피어오르며 청량하고 감미로운 소리가 부드럽게 퍼졌다. -소리를 내는 악기 중에서 가(笳)와 소(簫)8를 불고 북을 치니 서로 다른 종류의 음악들도 서로 화음을 이루며 울렸다.- 각기 다른 음성으로 여러 가지 음악을 연주하고 탄식하는 노래로 보살의 어머니의 공덕을 찬탄했다. -많은 천인들이 백천이나 되는 기악(伎樂)9을 울리며 왕후를 따랐다.- 천지가 여섯 번이나 진동하였는데 이는 모두 크고 밝은 광명으로 청정하였으며 백천이나 되는 기악도 역시 함께 연주되었다. 이때 보살이 오른쪽 옆구리에서 태어났다."

위의 기록에서 당시 연주되었다는 악기명이 소개되어 있어 관심을 끕니다. 가(笳)와 소(簫)의 악기는 중국 악기 이름입니다. 인도의 불교경전이 중국에서 한역되면서 인도의 악기 이름이 중국 악기로 바뀐 것으로 보고 있습니다.

소개한 기록 외에 "원앙과 공작이 구슬픈 화음으로 노래하고 당(幢)·번(幡)·개(蓋)가 서고, 마차는 칠보로 장식되었는데 모든 천인들이 이 마차를 타려 했으며, 크게 화음을 이루었다."고 했습니다. 성스러운 장엄을 묘사한 내용입니다만 이러한 상황은 현실세계에서는 실현되기 어려운 광대한 장엄의식을 표현한 것입니다.

"각기 다른 음성으로 여러 가지 음악을 연주하고 탄식하는 노래로 보살의 어머니의 공덕을 찬탄했으며, 많은 천인들이 한꺼번에 백천이나 되는 기악을 연주하며 왕후를 따랐다." 또한 "억만이나 되는 천신들도 멀리서 고개를 숙이니 천지가 여섯 번이나 진동하였는데 이는 모두 크고 밝은 광명으로 청정하였으며, 백천이나 되는 기악도 함께 연주되었다."고 했습니다.

이 기록은 부처님의 탄생이 온 누리를 장엄한다는 의미를 지니고 있습니다. 부처님의 탄생을 기록한 불교경전에 음악에 관한 내용이 마치 우주를 무대로 펼치는 총체적 예술작품을 연상케 하고 있습니다.

_ 룸비니 보리수 아래서 참선하는 수행자들.

부처님 탄생지 룸비니(Lumbini) 동산

부처님이 탄생하신 룸비니 동산을 찾아갔습니다. 부처님의 일대기 '붓다'[10]를 작곡하면서 꼭 가보고 싶었는데 기회가 왔습니다. 공직에서 퇴직하자마자 꿈에 그리던 룸비니로 달려갔습니다. 룸비니에는 불교를 신봉하는 각 나라 사찰을 지어놓고 자국의 불교를 세계에 알리고 있습니다. 부처님께서 태어나신 장소, '마하대비템플'에서 10여 분 거리에는 한국불교를 대표하는 가람 '대성석가사(大聖釋迦寺)'[11]가 자리 잡고 있습니다.

아름다운 호수와 더불어 이름 모를 꽃들이 부처님의 탄생지를 축복해 주고 있었습니다. 그리고 덕신스님께서 지어주신 '부처님오신날'[12] 가사처럼 룸비니 동산에는 정말로 아름다운 꽃들이 만발해 있었습니다.

    도솔천 맑은 하늘 상서로움 어리어
    한줄기 찬란한 빛으로 오신 날
    천상천하 유아독존 사자후를 하시니
    높은 산 너른들 온 세상이 밝아지고
    룸비니 동산에 꽃들이 만발하여
    뭇 생명 환희하여 기쁨으로 예경하네
    빛으로 오신 님 기쁨으로 오신 님

_ 룸비니에 자리잡은 한국사찰 대성석가사에서.

오늘은 초파일 부처님오신날

― 찬불가 '부처님오신날' 덕신스님 작사, 박범훈 작곡

부처님이 탄생하신 성지를 바라보며 합장기도 올리는데 석성일 스님이 작사해 주신 '붓다' 서곡의 "아! 탄생이어라, 아! 탄생이어라" 소리가 들리는 것 같았습니다. 이 소리는 성지를 감싸고 앉아 있는 마야부인의 품속으로 멀리 멀리 퍼져 나갔습니다. 언젠가는 내가 작곡한 '붓다'를 이 자리에서 꼭 연주하고 싶은 생각이 들었습니다.

"아! 탄생이어라, 아! 탄생이어라 햇살이 뛰어노는 푸르른 룸비니 동산에 단아히 흔들리는 무우수 그늘 아래서 온갖 꽃향기 찬양받으시며 광명의 줄기 뻗치는 동쪽을 바라보신 뒤 사방으로 일곱 발자국을 떼어 놓고 멈추시어 한손으로 하늘을 한손으로 땅을 가리키셨네. 아! 탄생이어라 아! 탄생이어라."

― 교성곡 '붓다' 석성일 스님 작사, 박범훈 작곡

아름다운 룸비니 동산에서 부처님이 태어나신 장면을 총체적 예술작품으로 기록한 불전의 말씀을 생각하면서 온 누리를 장엄한 부처님의 탄생을 마음속에 그려 보았습니다.

2. 부처님의 출가와 음악

부처님은 호화롭고 행복한 태자의 자리를 버리시고 중생을 구제하기 위해 출가를 결심하십니다. 부처님은 덕광 태자 시절부터 세속의 즐거움을 멀리하고 왕이 베풀어준 악시재성(樂施財城)과 칠보궁전(七寶宮殿), 그리고 일체의 관악을 위한 구비를 오히려 원가(怨家)의 대상으로 생각했으며 왕이 계속 권장하는 갖가지 오락을 모두 거부하고 본인의 의지는 오직 불도에 있음을 피력하다가 어느 날 밤 제천(諸天)이 부처님을 찬탄하는 소리를 듣고 출가하여 사문이 되었다는 기록이 『불설덕광태자경』에 전합니다.[13]

덕광 태자가 출가를 결심하자 왕은 이를 막기 위한 방편책으로 밤낮으로 연희를 베풀었는데 이러한 과정에서 갖가지 가(歌)·무(舞)·악(樂)과 수많은 악기들이 소개됩니다.

"태자는 노래나 춤을 추지 않았고 외출을 하거나 경치를 구경하러 다니지도 않았다. 노래와 춤과 기악(伎樂)은 생각지도 않았다. 재물과 이익을 탐내지도 않았으며 집에 머무를 생각도 하지 않았다. 마을이나 나라에 집착하지 않았고 구하는 것도 없었다. - 모든 난간 앞에는 각각 오백 명의 채녀(婇女)들이 있었는데 모두 음악을 잘 연주하고 노래와 춤은 가장 뛰어난 기예를 갖추고 있어서 천하의 왕들을 모두 기쁘게 할 수 있었는데 이를 덕

_ 카필라 성 터의 연못.

광 태자에게 바쳤다. 왕이 채녀들에게 너희들은 모든 인연을 버리고 밤낮으로 많은 기악을 하여 태자를 즐겁게 하고 나쁜 것을 보지 못하도록 하라고 명했다. 그리고 팔십억의 동녀(童女)들을 성 안에 있게 하였는데 용모가 단정하고 예뻤으며 나이는 열여섯 이상에서 스무살까지였다. 그들은 섬세한 노래와 춤으로 남자들을 기쁘게 해줄 수 있었다. - 천상의 옥녀들이 모두 같은 마음으로 덕광 태자를 둘러싸고 북치며 노래를 불렀다."

『불설덕광태자경』에 실린 이상의 기록은 덕광 태자가 이미 출가를 마음에 두고 세속의 가·무·악을 멀리 했으며, 천하의 모든 왕을 기쁘게 할 수 있다는 채녀들과 수많은 동녀들, 그리고 재물과 이익을 탐내지 않고 변함없이 출가할 마음을 굳이고 있음을 보여주고 있습니다.

"출가를 막으려고 수천 명의 오케스트라가 연주하다"

『불본행집경』[14]에서는 태자의 출가를 막기 위하여 수천 대의 악기들이 등장하여 연주하는 내용이 소개됩니다.

"궁 안에는 여러 가지 소리를 내는 악기를 각각 천 대씩 설치했다. 예를 들면, 천 대의 공후(箜篌), 천 대의 쟁(箏), 천 대의 오현

(五絃), 천 대의 소고(小鼓), 천 대의 축(筑), 천 대의 금(琴), 천 대의 비파(琵琶), 천 대의 세고(細鼓), 천 대의 대고(大鼓), 천 대의 적(笛), 천 대의 생(笙), 천 대의 동발(銅鈸), 천 대의 소(簫), 천 대의 필률(觱篥), 천 대의 지(篪), 천 대의 나(螺)와 같은 것이었다. 그 연주자들과 악기를 항상 궁 안에 있게 하여 노랫소리가 밤낮으로 끊어지지 않게 하였는데 그 소리는 마치 큰 구름 속에서 깊고 은은한 소리가 들려오는 것 같았다. 이렇게 가장 아름답고 가장 훌륭한 채녀 백천 명에게 태자의 주위를 둘러싸고 즐거움을 느끼게 하고 공경하고 모시게 했다."

태자의 출가를 막으려고 상상할 수 없는 대 편성의 악기가 등장합니다. 악기뿐만 아니라 불전에 전하는 출연자들의 숫자를 종합해 보면, 1만 6천 명의 연주자와 천 명의 합창단, 그리고 천 명의 무용수를 동원하여 현세에서는 있을 수 없는 화려하고 웅장한 가(歌)·무(舞)·악(樂)의 대향연을 벌인 것입니다.

일본의 불교학자 오오야마(大山公淳) 선생은 그의 저서 『불교음악과 성명』[15]에서 이것을 하나의 관현악단으로 본다면 이러한 대규모의 관현악 편성은 동서고금에 찾아보기 어려운 일이며, 경전에 각종 악기 이름이 거명되고 있는 것도 불교경전 중에 희귀한 일이라고 말했습니다.

경전에 제시된 출연자들의 실체를 확인해볼 수는 없지만 당시의 상황을 설명하는 과정에서 확대된 것으로 보여지며, 악기의 숫자를 지적한 천(千)이라는 용어는 많다는 것을 의미한 것으로 생각됩니다. 어찌됐던 태자의 출가를 막기 위해 베푼 연희에서 갖가지의 악기 이름이 등장한 것은 음악의 역사적 차원에서 매우 중요한 기록으로 생각됩니다.

『불본행집경』 제16 「사궁출가품」에는, 채녀들이 잠들어 있는 추한 모습을 보고 태자가 색(色)의 경계에 현혹되거나 무명(無明)에 얽매이지 않아야 한다는 생각을 하게 되었다는 내용이 기록되어 있습니다. 여기서도 채녀들이 연주한 악기들이 등장합니다.

"어떤 채녀는 동발·생·슬·가·소·금·축·비파·우·적·나·패 등의 악기를 들고 있었는데, 입에서는 흰 거품이 나오고 코에서는 콧물이 흘러나와 있었다. 이러한 모습을 본 태자는 여인들의 모습이 이런 것이구나. 저렇게 더러운 것이 나오는데 어떻게 여인을 좋아할 수가 있을까? 외모를 꾸미고 분을 바르고 영락을 단 옷을 입고 머리장식을 하고 반지와 팔찌로 온몸을 꾸민 것인데, 어리석은 이는 그것도 모르고 색의 경계에 현혹되어 욕심을 내는 것이다. 지혜가 있는 사람이라면 여인의 신체와 그의 본질이 이와 같고, 마치 꿈이나 환상처럼 본래 공(空)하다는 것을 관찰하여 바른 생각을 일으키리라. 그런 사람은 반드시 방일하거나 삿된 생각을 일으켜서 무명에 얽매이지 않으리라고 생각하였다."

정반왕은 태자의 생각을 말리지 못했습니다. 허황된 세속의 향락을 멀리하고 태자는 카필라 성을 떠나 출가의 길을 나섭니다.

부처님이 출가하신 카필라(Kapila) 성

룸비니 대성석가사 총무 스님이 부처님이 출가하신 카필라 성 터를 안내해 주셨습니다. 탄생지를 보고 난 후에 부처님이 어려서 자라고 출가하신 곳을 보고 싶어 부탁을 드렸더니 고맙게도 직접 안내를 해주셨습니다. 문짝이 다 떨어진 승용차를 빌려 흙먼지 날리는 비포장도로를 달려 카필라 성 앞에 도착하였습니다. 가는 도중에 계속 마음이 요동쳤습니다. 부처님이 어려서 자란 곳은 어떤 곳이었을까? 기대와 흥분을 감출 수가 없었습니다. 스님께 몇 번이고 물었지만 끝까지 답이 없었습니다. 그냥 "보시면 압니다." 하면서 웃기만 했습니다.

차는 다 쓰러져 가는 시골 집 마당 옆 풀숲이 우거진 곳에 도착했습니다. 시골집 마당에는 곧 쓰러질 것 같은 늙은 노인이 소에게 먹이를 주고 있었습니다. 이곳이 부처님이 출가한 그 화려했던 카필라 성이란 말인가?

스님이 시골집 반대편의 철조망으로 막아놓은 숲속 쪽으로 가자고 했습니다. 다른 관광객은 없었고, 다 부서진 쪽문을 밀고 들어가 보니 안에는 나름대로 정리가 되어 있었습니다. 바로 앞에 벽돌이 박혀 있는 성 터가 보였습니다. '아, 여기가 카필라 성인가' 하는 생각

_카필라 성 터에서.

이 들었습니다. 그런데 성 터의 크기가 생각보다 아주 작았습니다. 불전의 기록과 현실은 달랐습니다. 이렇게 작은 집 터에 어떻게 그 많은 궁중의 사람들이 살았고 수천 대의 악기들이 어디서 연주를 했을까? 하는 생각이 들었습니다. 그런데 좀 더 안으로 들어갔더니 아름다운 풍경이 내 생각을 바꿔 놓았습니다. 건물은 없어져서 알 수 없었지만 아름다운 연못과 검은 돌로 만들어 놓은 성 터와 길이 화려했던 옛 시절을 대변해 주고 있었습니다. 연못이 너무 아름다워 들어가고 싶은 충동을 느꼈습니다. 스님은 검은 돌이 깔린 길을 걸 어가면서 부처님이 "이 길을 지나 저 앞에 보이는 문으로 출가하셨 습니다."라고 말했습니다. 그 소리를 듣는 순간 출가하는 태자의 모 습이 떠올랐습니다. 이 장면을 '붓다'를 작사해준 석성일 스님은 다 음과 같이 그렸습니다.

말 발굽소리, 말 발굽소리 맨발로 말 위에 올라
앞뒤로 별빛을 데리고 영원한 새벽을 찾아
마침내 새벽을 떠나는 말 발굽소리
찬타카와 건척은 울면서 돌아가고
휘날리는 긴 머리를 잘라 거센 바람을 용납하느니
온 누리 한마을로 보이는 차가운 달밤을 맞이하여라.

- 교성곡 '붓다' 중에서 출가 대목

_카필라 성 터에서 만난 악사.

싯다르타 부처님이 찬타카에게 말(馬) 건척을 준비시켜 새벽에 카필라 성을 떠나는 모습을 그린 시입니다. '붓다'의 대합창의 소리가 카필라 성역에 울려 퍼지는 것 같았습니다.

3. 부처님의 음악 실력

불교음악은 불교의 주인공이신 부처님의 음악입니다.

부처님의 음악 실력은 어느 정도나 될까요. 불전에 부처님의 음악 실력에 관한 기록이 있어 흥미롭습니다. 부처님 생존 시의 불교음악 평가기준은 목소리입니다. 법을 설하는 목소리 자체가 음악이기 때문입니다. 교리를 전달할 때 목소리에 음률(音律)을 첨가하면 음악이 됩니다. 그러면 부처님의 음성은 어떠했을까요. 흥미로운 관심거리가 아닐 수 없습니다.

부처님 음성

부처님의 음성은 타고난 범성(梵聲)

『장아함경』에 세존이 태자였을 때 서른두 가지의 모습(32相)을 소개하면서 그중에 28번째로 "부처님의 음성은 범음(梵音)으로 맑고 청

정했다."고 했습니다.¹⁶

부처님의 목소리 범음(梵音)은 범패(梵唄)와 같은 뜻을 지니고 있습니다. 범패는 우주의 근본이 되는 소리, 즉 범천(梵天)의 소리로 이해하고 있습니다. 다음 범패를 소개할 때보다 상세하게 설명하도록 하겠습니다.

목소리는 발성을 통하여 변화될 수 있는데 부처님의 목소리는 범천의 소리이며 맑고 청정했다고 하는 것을 보면 부처님의 목소리는 타고난 천성이었던 것으로 생각됩니다.

『불설대승입제불경계지광명장엄경』에서는 "여래께서 내시는 갖가지 음성은 모두 메아리와 같았고, 모든 중생들의 서로 다른 마음과 좋아하는 것에 따라 음성을 냈으며 그들에게 맞추어 중생들로 하여금 모두 알아듣도록 하였다."라고 하였습니다. 그리고 "여래께서는 중생들의 서로 다른 갖가지의 믿음에 따라 갖가지 마음과 즐거움을 알고 묘한 음성으로 그에 맞게 설법을 하시어 모든 중생들을 깨닫게 하였다."¹⁷고 했습니다.

부처님은 메아리 같은 음성으로 중생들의 서로 다른 마음을 묘한 음성(妙聲)으로 그에 맞게 설법을 하시어 모든 중생을 깨닫게 하셨다고 합니다. 즉 여래께서는 일체 중생의 마음과 의지에 음성을 자유자재로 구성하여 중생들을 제도하셨다는 내용입니다. 이는 여래의 음성이 중생심과 조화를 이루어 모든 중생이 환희하게 된다는 것을 뜻합니다.

『장아함경』 권제1 대본경에는 태자의 32상중에 28번째 "석존의 음성(梵聲)은 맑고 청정하다."고 했으며, 게송에서는 "과거에 일찍이 없는 아름다운 목소리이며 그 소리는 멀리나 가까이나 인연 따라 미친다."라고 했습니다. 부처님의 목소리는 아름다웠고 그 목소리는 멀리 있던 가까이 있던 관계없이 인연에 따라 다 전해졌다고 했습니다.[18]

이상의 불전 기록을 종합해보면, 석존의 음성은 타고난 범성(梵聲)에다 아름다운 미성(美聲)이었고, 인연에 따라 적응하는 묘성(妙聲)이었으며, 멀거나 가깝거나 관계없이 발성(發聲)이 잘된 목소리였던 것으로 보입니다.

『장아함경』에서는 "그 음성에서는 다섯 가지의 청정함이 있어서 범성이라 한다."고 하면서 다섯 가지 음성을 소개하고 있습니다.

첫 번째, 음이 바르고 곧으며
두 번째, 음이 화합하고 우아하며
세 번째, 음이 맑으며
네 번째, 음이 깊고 원만하며
다섯 번째, 두루 퍼져 멀리서도 들을 수 있는 것

이상의 부처님의 음성을 음악적 용어로 풀어보면,
첫 번째의 "음이 바르고 곧다"는 것은 음정(音程)을 말하는 것으로서 음을 정확하게 낸다는 것입니다.

_ 부다가야 마하보디사원에서.

_ 부다가야 마하보디사원에 봉안된 부처님.

두 번째의 "음이 화합하고 우아하다"는 것은 화음(和音)을 말하는 것으로서 음의 어울림을 뜻합니다.

세 번째의 "음이 맑다"는 것은 음색(音色)을 말하는 것으로서 음이 깨끗하다는 것입니다.

네 번째의 "음이 깊고 원만하다"는 것은 음의 심도(深度)를 뜻하는 것으로서 음의 깊이와 두드러짐이 없이 원만하다는 뜻입니다.

다섯 번째의 "두루 퍼져 멀리서도 들을 수 있다"는 것은 발성(發聲)이 잘되어 있음을 뜻합니다.

이상 『장아함경』에서 소개한 부처님의 다섯 가지의 청정한 범성은 현재 음악에서 쓰이고 있는 용어가 그대로 표현되어 있습니다.

『범마유경』에서는 부처님의 음성을 더 세분화해서 여덟 가지로 분류했습니다.[19]

첫 번째, "가장 좋은 소리", 소리의 질을 말합니다.

두 번째, "알아듣기 쉬운 소리", 발성이 잘된 목소리로 확실하게 발음하여 가사 전달이 잘되는 소리를 말합니다.

세 번째, "부드러운 소리", 소리가 커도 거칠지 않고 부드러움을 말합니다.

네 번째, "화합하고 고른 소리", 고르게 잘 어울리는 소리 즉 화음을 뜻합니다.

다섯 번째, "존귀한 지혜의 소리", 흐트러지고 천박한 소리가 아니라 격이 있고 지적이면서 존귀한 소리를 말합니다.

여섯 번째, "틀림없는 소리", 음정이 정확하고 확실하게 표현되는 소리입니다.

일곱 번째, "깊고 묘한 소리", 음이 깊이가 있고 보통소리가 아닌 심묘(深妙)한 소리를 말합니다.

여덟 번째, "여성의 소리가 아닌 소리", 음이 높거나 가늘고 가볍지 않은 소리를 여성의 음성과 비교한 설명입니다. 당시에 부처님께서 비구 스님을 대상으로 설하신 내용이라서 남성다운 목소리를 강조하기 위한 비유로 보입니다. 지금은 상황이 달라졌습니다. 비구니 스님들도 많고 시대가 바뀌어서 대중음악계에서는 남자가수가 여성의 목소리로 노래를 불러 인기를 끌고 있습니다.

부처님께서는 법을 설할 때, 말이 너무 길면 싫증이 나기 쉽고 너무 짧으면 그 뜻이 드러나기 어렵다는 비구들의 요청을 들으시고 그 의미를 직접 드러내 주셨다고 합니다. 즉 시범을 보여주셨다는 말인데, 부처님의 여덟 가지 음악성이 넘치는 음성으로 상황에 따라 길지도 짧지도 않게 법을 설하시는 모습은 상상만 해도 환희심이 넘쳐납니다.

부처님 연주실력

부처님과 선애왕의 금(琴) 연주 겨루기

『찬집백연경』[20]에 금(琴)을 잘 타는 선애(善愛)라고 하는 오만한 건달바왕이 부처님과 금 연주를 겨누어 본 후 자기의 부족함과 오만함을 뉘우치고 부처님께 귀의했다는 교화적인 이야기가 전합니다.

"오만한 선애왕이 말했습니다. '듣자하니 왕 가까이에는 금을 아주 잘 타고 노래와 춤으로 즐겁게 해주는 건달바가 있다고 하던데 저와 함께 그 기술을 견주게 해주시는 게 어떻겠습니까?' 이 말을 들은 파사익 왕이 즉시 대답했다. '나는 거리낄 것이 없소. 여기서 멀지 않으니 지금 나와 함께 그곳으로 가서 그대 뜻대로 견주어 보시오.' 이렇게 허락한 왕은 부처님이 계시는 곳으로 갔다. 부처님은 이미 왕의 마음을 아시고 자신의 몸을 건달바로 변환한 다음 칠천이나 되는 하늘의 악신(天樂神), 반차시기(般遮尸棄)에게 유리로 만든 금을 들고 좌우를 호위하게 했다. 그러자 파사익 왕이 선애에게 말했다. '이들은 모두 나를 위해 음악을 하는 신들이니, 그대는 이들과 금을 타는 기술을 견주어 보시오.' 그러자 선애왕은 곧 일현금을 들고 연주하여 일곱 가지의 음악을 냈으며, 그 소리는 스물한 가지의 뜻을 가지고 있었다. 연주소리가 매우 듣기 좋아서 사람들로 하여금 기뻐 춤추게 했으며 정신이 혼미해진 나머지 방일해져서 스스로를 가누지 못하였다. 이때, 부처님께서 유리로 만든 금을 들고 한 현을 타니 수천만 가지의 소리가 났는데 그 소리는 완만하고 묘했으며 매우 맑고 사랑스러워서 그 소리를 듣는 사람들은 모두 웃고 춤추며 기쁨으로 즐거워한 나머지 스스로 가눌 수 없을 정도였다. 그러자 선애왕은 이 소리를 다 듣고 나서 처음으로 맛보는 기쁨으로 스스로를 낮추고 부끄러워하며, 금이 내는 소리에 굴복하여 꿇어앉아서 손을 모으고 부처님(大師)에게 금 타는 법을 가르쳐 달라고 청했다."

금(琴) 연주를 잘한다고 오만을 떨던 선애왕이 부처님과 금 연주를 겨루어 본 후 자신의 부족한 실력과 자만했던 행위를 참회하고 부처님께 귀의했다는 이야기입니다.

선애왕이 일현금(一絃琴)을 타니 일곱 가지의 소리가 났다고 했는데 이는 음악적으로 보면 칠음성(七音聲)으로서 7음계의 소리를 말하는 것으로 보이며, 그 소리에 들어 있다는 스물한 가지의 뜻(解)은 밝히지 않고 있어 알 수가 없습니다. 부처님께서 연주한 수천만 가지의 소리도 어떤 소리였는지는 알 수 없으나 선애왕의 연주보다 월등함을 강조하기 위한 표현으로 이해됩니다.

고대로부터 성인들은 음악에 대한 조회가 깊었습니다. 부처님께서도 뛰어난 음악 실력을 갖추고 계셨던 것으로 보입니다.

부처님과 선애왕의 공후(箜篌) 연주 겨루기

『근본설일체유부비나야잡사』[21]에는 부처님과 선애왕이 공후(箜篌)

로 연주 실력을 겨루는 이야기가 전합니다. 앞에서 소개한 금 연주보다 더 흥미진진한 연주 대결이 펼쳐집니다. 이번에는 금 연주 때와는 달리 오만하고 교만에 빠져 있는 선애왕을 건달바로 변신한 부처님이 먼저 찾아가 공후연주 겨루기를 자청합니다. 문을 지키고 있던 수문장이 선애왕보다 공후연주를 더 잘하는 건달바가 찾아와 연주 겨루기를 청한다고 하자 선애왕이 기분이 나빠 참지 못하고 밖으로 나와 큰소리로 말했습니다.

"장부여, 그대가 건달바인가?" 부처님이 답했다. "나는 정말 건달바다. 괜찮다면 나하고 음악을 연주하여 겨루어 보자." 선애왕이 대답했다. "대선(大仙)이시어, 얼마나 잘하는지 나하고 겨루어 봅시다."

부처님이 공후를 연주하면서 첫 줄(絃)을 끊자 선애왕도 따라서 첫 줄을 끊었다. 두 사람의 공후 연주 소리는 모자람이 없었다. 부처님이 두 번째 줄을 끊었다. 그도 역시 두 번째 줄을 끊었지만 연주에는 변함이 없었다. 부처님이 세 번째, 네 번째 줄을 끊자, 그도 역시 똑같이 했으며, 나중에는 각자 한 줄씩만 남게 되었는데 연주 소리는 똑같았다. 부처님께서 나머지 줄도 모두 끊어버리자 그도 역시 끊었다. 부처님께서 허공에 손을 뻗어 공후를 타자 그 소리는 보통 때보다 배나 더 아름다웠다. 하지만 선애왕은 그리 할 수 없었다. 그는 오만한 마음을 어렵게 항복하고 상대방의 음악연주가 본인보다 월등히 우수하다는 것을 인정하게 되었다. 부처님께서 이러한 선애왕의 모습을 보시고 곧 건달바의 몸을 바꾸어 본래의 형상으로 돌아오셨다.

이상의 기록은 앞에서 소개한 『찬집백연경』의 금(琴) 연주와 비슷한 내용입니다. 공후를 연주할 줄 안다고 오만을 부리던 선애왕이 부처님께서 줄 없는 공후 연주로 감복시켜 자신을 알도록 교화시킨 내용입니다.

4. 음악에 대한 부처님 생각

불교 경전에 음악에 대한 부처님의 생각을 전하고 있어 흥미롭습니다. 부처님은 수도승들에게 음악을 멀리하라고 했습니다. 왜 그렇게 했는지 그 이유를 밝혀볼 필요가 있습니다. 지금도 스님들 중에는 부처님의 말씀을 잘못 이해하고 음악을 거부하는 분이 있기 때문입니다. 그런가 하면, 한편으로는 음악을 권장한 기록이 전합니다. 어찌하여 부처님은 이랬다저랬다 했는지 그 진의를 살펴봐야 할 것 같습니다.

부정적인 음악

부처님은 음악을 왜 부정적으로 보셨나요?

『장아함경』 권제11, 선생경에 부처님께서 장자의 아들 선생(善生)에게 재산을 훼손하는 일에 여섯 가지가 있다고 하면서 그중에 네 번째로 음악을 하지 말라고 했습니다. 왜 그랬을까요. 재산을 훼손하는 여섯 가지를 살펴보기로 하겠습니다.

첫 번째는 술에 빠지는 것이며, 두 번째는 도박을 하는 것, 세 번째는 방탕한 생활을 하는 것이며, 네 번째는 기악(伎樂)에 빠지는 것이라고 하셨습니다. 여기서의 기악은 가(歌)·무(舞)·악(樂)과 놀이(伎)가 포함된 종합적인 음악입니다. 그리고 다섯 번째가 악한 벗을 사귀는 것이고, 여섯 번째가 게으른 생활이라고 하셨습니다.

더 이상 부연설명이 필요 없을 것 같습니다. 술에 빠지고, 도박하고, 방탕한 생활에 노래하고, 춤추고, 악기 연주하고 나쁜 친구들과 놀아나며 게으른 생활을 하게 되면, 재산을 잃는 것뿐만 아니라 인생을 망치는 일이 될 것입니다. 이렇게 좋지 않은 행동과 수반되는 음악은 하지 말아야 한다는 말씀입니다. 당연한 지적입니다. 그리고 기악에 빠지는 일에는 또 다른 여섯 가지가 있다고 하셨는데,

"그 첫 번째는 노래에 빠지는 것이고, 두 번째는 춤을 좋아하는 것이며, 세 번째는 금(琴)과 슬(瑟) 타기를 좋아하는 것이며, 네 번째는

손뼉 치고, 다섯 번째는 북을 치는 것이며, 여섯 번째는 이야기하는 것이다."라고 하시면서 이것이 기악으로 인한 여섯 가지 손실이라고 말씀하셨습니다.

기악이란 것이 앞에서 소개해 드린 바와 같이 노래(歌)·춤(舞)·연주(樂)·재주(伎)가 종합된 것인데 이러한 기악을 하면서 손뼉 치고 북 치고 이야기하며 떠들어 댄다면 어떠한 일에 있어서도 손실을 볼 수밖에 없을 것입니다.

여기서 주목해야 할 것은 부처님께서 음악을 부정적으로 보시면서 멀리하라고 하신 이유에 관한 내용들입니다.

금(禁)해야 할 여덟 가지에 노래와 기악이 포함

『증일아함경』 권제38에는 부처님께서 사위국 기수급고독원에 계실 때, 비구들에게 해서는 안 될, 팔관제법(八關諸法)에 관하여 말씀하시면서 마지막 여덟 번째에 노래나 기악을 멀리하라고 말씀하셨습니다.

"비구들이여 지금부터 여덟 가지 제법(八關諸法)에 관하여 설하노니, 너희들은 명심하고 기쁘게 받아들여 행하도록 하여라.
첫째는 살아 있는 것을 죽이지 않는 것이고,
둘째는 주지 않는 것을 갖지 않는 것이고,

셋째는 음탕하지 않는 것이고,
넷째는 거짓말하지 않는 것이며,
다섯째는 술을 마시지 않는 것이고,
여섯째는 때가 지나면 먹지 않는 것이고,
일곱째는 높고 넓은 평상에 앉지 않는 것이고,
여덟째는 노래 기악을 멀리하고 향이나 꽃을 몸에 바르거나 꾸미지 않는 것이다. 비구들이여 이런 것을 현성들의 팔관제법(八關齋法)이라 하느니라.[22]

부처님이 하지 말아야 할 여덟 가지 중에 마지막 항에 노래나 기악을 멀리하라고 하셨는데 노래나 기악뿐만 아니라 여덟 가지 모두가 비구들로서는 당연히 하지 말아야 할 내용들입니다.

살생을 하고, 물건을 훔치고, 음행하고, 거짓말하고, 술을 마시고, 때 없이 음식을 먹고, 거만하게 높은 평상에 앉아 향이나 꽃으로 몸을 단장하고 노래와 기악을 즐긴다면 이것은 당연히 비구가 해서는 안 될 일들입니다. 부처님께서는 이러한 점을 인지하고 향락적인 음악을 멀리 하도록 하신 것입니다. 특히 수도승에 걸맞지 않는 행위와 그에 수반되는 음악은 하지 말라고 하신 것이지요. 이는 지금에 있어서도 변함이 없이 수지해야 할 당연한 말씀이라고 생각합니다.

『증일아함경』 권제49 「중생거품」에는 세존께서 모든 비구들에게 "여자가 남자를 속박하는 데 아홉 가지가 있는데, 노래하고, 춤추고,

기악을 하고, 웃고, 울며, 얼굴과 몸으로 요술을 부려 그러한 짓을 하는 것이다."라고 지적하면서 그중에 여자가 남자를 속박하기 위한 수단으로 행하는 노래나 춤, 기악들은 금해야 한다는 내용이 포함되어 있습니다.

『증일아함경』 권제43 「선악품」에는, 비구들이 식사를 마치고 보회강당에 모여 이야기를 하고 있었는데 의복, 장식, 음식에 관한 이야기와 이웃나라 도적들의 싸운 이야기, 술 마시고 음행하는 다섯 가지 향락(五樂)에 관한 이야기 노래, 춤, 우스갯소리 기녀들의 음악 이야기 등 셀 수 없이 많았다고 합니다. 이때, 부처님께서 천이통(天耳通)으로 비구들의 이야기를 들으시고 "그만두어라 비구들이여, 그런 이야기는 하지 말아야 한다. 그런 이야기는 아무런 의미가 없고 선법(善法)으로 나가는 것도 아니기 때문이다. 범행을 닦을 수도 없고 번뇌가 사라진 열반을 얻을 수도 없고 사문의 평등한 도를 얻을 수 없느니라. 그것은 모두 세속의 이야기로서 바른길로 나가는 이야기가 아니다. 세속을 떠나 도를 닦는 자로서 행을 무너뜨리는 그런 이야기를 생각하면 안 되느니라."고 말씀하셨습니다.

부처님의 말씀 중에 노래, 춤, 우스갯소리 기녀들의 음악에 관한 내용 등이 나오는데 이러한 것들은 앞에서 지적한 바와 같이 수도자에게 도움이 되지 않으니 이야기를 해서도 안 된다는 지적입니다.

지금까지 부처님께서 부정적으로 생각하시는 음악에 관한 기록

_ 녹야원 초전설법지 다메크스투파에서 불교합창단의 탑돌이.

을 살펴보았습니다. 이러한 음악들은 수도자들에게 방해가 되는 세속적인 것이어서 부정적으로 보시고 멀리하라고 말씀하신 것입니다. 그러면 긍정적으로 보시고 권장한 음악들은 어떤 것일까요.

긍정적인 음악

부처님께서는 부정적인 음악과 더불어 불보살을 찬탄·공양하는 음악은 긍정적으로 보시고 장려하셨습니다.

『백연경(百緣經)』에 불보살을 찬탄·공양하는 음성공양(音聲供養)의 공덕에 관한 이야기가 전합니다. 부처님께서 세상에 계실 때 사위성에 있는 모든 백성들이 몸을 장엄하고 노래와 기악을 하면서 성 안으로 걸식을 하러 들어오는 부처님과 스님들께 기쁜 마음으로 예배를 드리고 공양을 하며 발원하였다고 합니다. 이 모습을 보시고 부처님은 웃으면서 아난에게 말씀하셨습니다.

"저들은 기악을 하여 부처님과 스님들께 공양을 한 인연으로 미래세의 백겁 중에 악도에 떨어지지 않으며 천상의 사람들 가운데 가장 즐거움을 누리게 될 것이다. 백억 겁이 지난 후에는 벽지불이 되어 모두 묘성불(妙聲佛)이라는 똑같은 명호를 갖게 될 것이다."라고 하셨고, "이러한 인연으로 만약 사람들이 음악으로 삼보께 공양하면 한량없고 끝없는 공덕을 얻게 될 것이다."[23]라고 하셨습니다.

또한 부처님과 스님을 위하여 노래와 기악으로 공양을 올린 복덕으로 백억 겁이 지난 후에 벽지불이 되어 묘성불의 명호를 받게 된다고 했습니다. 그리고 사람들이 삼보께 음악으로 공양하면 한량없고 끝없는 공덕을 얻게 될 것이라고 말씀하셨는데 음악에 대한 부처님의 긍정적인 평가를 이 이상 더 표현할 수는 없을 것 같습니다.

부처님 찬탄하는 노래에 수미산이 진동

『법원주림』에는 음악으로 부처님을 찬탄하고 공양할 때 일어나는 음악의 위력을 소개하고 있습니다. 긴나라가 금을 타고 노래하며 부처님을 찬탄하자 수미산과 모든 나무와 숲이 다 진동했고 오백의 선인들은 미치광이처럼 신족을 잃게 되었다고 했습니다. 그리고 대수긴나라 왕이 금과 북으로 음악을 연주하자 그 아름다운 노랫소리는 욕계와 모든 하늘의 음악을 덮었으며 산에 있는 약초와 모든 수풀 속의 나무들이 진동하더니 몹시 취한 사람처럼 거꾸로 섰고 수미산이 광란하여 땅속으로 꺼졌다 솟아났다 하였다고 했습니다.

이는 부처님을 찬탄하는 음악의 위력을 표현한 것으로서 황당하게 느껴질 수도 있습니다만 깨달음의 세계는 온 우주가 노래와 기악으로 장엄되고 환희의 세계가 연출되고 있음을 표현해 주는 것이라고 할 수 있습니다.

『도세품경』에는 "보살에게 청정하게 하는 열 가지가 있는데 그중에 불법을 모시는 절에서 부처님의 공덕을 노래로 찬탄하여 맑고 부

_ 부다가야 보리수 인근서 수행하는 스님들.

드러운 성품으로 중생을 위해 법문을 전해 주는 것이며, 부처님을 모시는 절에서 기악을 하고 금·쟁·적·등의 음악으로 부처님의 탑과 절에 공양을 올리는 것이다."라고 하였습니다.

보살의 열 가지의 청정함이 상세하게 기록되어 있지는 않지만 그중에 한 가지가 부처님을 모시는 절에서 기악을 하고 악기를 연주하며 음악으로 공양을 하는 것이라고 하였습니다.

불보살을 찬탄하는 음악은 그 소리 자체가 불보살

『장아함경』에는 부처님께서 삼매에서 깨어나시어 반차익(般遮翼) 왕의 유리금 연주를 들으시고 음악평을 하신 내용이 전합니다. "차익이여, 그대가 청정한 음성과 유리금으로 여래를 찬탄하는 소리는 길지도 않고 짧지도 않고 완곡하고도 애절하게 조화를 이루어 사람의 마음을 감동시키는구나. 그대가 연주한 금 소리에는 모든 것이 다 갖추어져 있어 욕망에 얽매임도 있으며 범행(梵行)과 사문과 열반도 설하고 있구나."라고 하였습니다.[24]

여래를 찬탄하는 음악에 대한 음악적 해석이 돋보입니다. 길지도 짧지도 않은 음악적 구성과 완곡하고 애절하게 조화를 이루어 사람의 마음을 감동시키고 금의 소리에는 모든 것이 다 갖추어져 있어 욕망에 얽매임도 있고 범행과 사문과 열반도 설하였다고 했습니다. 이러한 음악에 대한 전문적 표현은 음악의 신묘함과 더불어 실제로 음악을 듣는 것 같은 느낌을 주고 있습니다. 불보살을 찬탄하는 음악은 그 소리 자체가 불보살입니다.

『불본행집경』에는 모든 천신들이 보살을 향하여 믿는 마음을 일으켰으며, 하늘의 음악과 하늘의 노래로 보살을 찬탄했다고 전합니다. 그리고 음악과 함께 공양한 많은 꽃들의 이름과 악기의 이름·나패·큰북·작은북·세요고·공후·비파·소·적·생·슬 등의 악기가 소개되어 있습니다.

특히 환희심을 이기지 못해 입에서 구창(口唱)으로 '리리치치리리'라고 하는 소리가 흘러나왔다고 했습니다.[25]

악기의 이름과 구창이란 용어는 현재 국악에서 쓰고 있습니다. 구창은 가사 없이 소리로만 표현하는 가창입니다. 일명 구음(口音)이라고 합니다. 이러한 음악 용어들이 불전을 통하여 전하고 있다는 사실이 전혀 알려져 있지 않습니다.

『불설무량수경』에는 "보살들이 미묘한 하늘의 음악(天樂)을 연주하면서 부처님의 공덕을 찬탄하였다."고 하였습니다. 그리고 "무량수불께서 법을 설하실 때, 사방에서 저절로 바람이 일어나 보배나무에 불어오자 나무에서는 다섯 가지 소리(五音聲)가 났으며, 천상에 있는 백천 가지의 화향과 만 가지의 기악을 가져다가 그 부처님과 보살·성문·대중들에게 공양하고 화향을 뿌리면서 음악을 연주했다."고 했습니다.

여기서 주목되는 것은 다섯 가지 소리(五音聲), 오음성에 관한 내용입니다. 오음성은 불교국가에서 연주되고 있는 음악과도 관계가 있는 것으로 생각됩니다. 특히 중국의 음악은 대부분 오음음계로 되어 있습니다. 우리의 음악도 오음계가 주를 이루고 있고, 불교국가들은 대부분 오음음계 음악이 중심을 이루고 있습니다. 이러한 이유가 『불설무량수경』에 기록된 오음성과도 깊은 관계가 있는 것으로 보여집니다.

> 부처님의 덕을 찬송하는 소리는 작은 소리에 이르기까지
> 부처님의 도를 이루었다

『묘법연화경』 권제1 「서품」 제1에는 "사람들에게 음악을 짓게 하고 북을 치고 각과 패를 불게 하고 소·적·금·공후·피파·요·동발을 치게 하며 이와 같이 갖가지 소리가 나는 것으로 공양을 하였다."고 했습니다. 그리고 "환희심으로 부처님의 덕을 노래하고 찬송(唄頌)하였는데 작은 소리에 이르기까지 모두 부처님의 도를 이루었다."고 하였습니다.

 이상의 내용은 문수사리보살이 대중들에게 게송으로 말한 내용 중에 음악과 관련이 있는 기록만을 선별해서 소개한 것입니다. 내용 중에 부처님의 덕을 노래하고 찬송하는 소리는 작은 소리에 이르기까지 부처님의 도를 이루었다고 한 말은 앞에서 언급한 바와 같이 불보살을 찬탄·공양하는 소리는 그 소리 자체가 불보살이라고 말씀

드린 것과 맥을 같이합니다.

『부법장인연전』권제5에는 두 가지 중요한 기록이 전합니다. 그 하나는 당시에 연주됐던 것으로 보이는 뇌타화라(賴吒和羅)라고 하는 곡명(曲名)이 소개된 점이고 두 번째는 음악을 듣고 오백 명의 왕자들이 도를 닦기 위해 출가를 했다는 것입니다.

뇌타화라 곡은 마명보살이 교화에 힘쓰고 있는 중생들을 제도하기 위해 작곡한 곡인데 그 곡이 소리가 청아하고 애절하고 완곡하여 고(苦)와 공(空)과 무아(無我)의 법(法)을 말하고 있었다고 했습니다. 그리고 마명은 음악을 통하여 공과 무아의 뜻을 펼치려 했으나 기인들이 뜻을 이해하지 못하자 손수 종과 북을 쳐서 금(琴)과 슬(瑟)이 조화를 이루게 하였는데, 그 음절이 애절하고 청아한 곡조를 이루어내어 모든 법은 고이고 공하며, 무아라는 뜻을 펼쳐냈다고 했습니다. 그러자 이 성에 있던 500명의 왕자가 이 음악을 듣고 동시에 도를 닦기 위해 출가를 했다고 했습니다. 이때 화씨 성의 왕은 백성들이 이 음악을 듣고 집을 버리고 떠나는 바람에 국토가 모두 비게 될 것을 걱정하여 이 음악을 만들지 못하도록 선포했다고 합니다.

이상의 기록은 중생들을 제도하고 교화시키는 데에 음악이 어느 것보다 중요하다는 점을 말해 주고 있는 것입니다.

『불설무량수경』권상[26]에 다음과 같은 흥미로운 음악이야기가 전합니다.

"부처님께서 법음(法音)으로 모든 세간을 깨우치게 하자 광명이 한

_ 부다가야 마하보디사원 앞에서.

량없는 불국토에 널리 비추었고, 맑은 바람이 불어오니 다섯 가지의 미묘한 음률이 자연스럽게 소리 내어 화합했는데, 그 소리를 들은 사람은 깊은 법인을 얻어 불도를 이루었다."고 하였습니다.

이 경의 기록에서 더욱 관심이 가는 것은 음악에 대한 비유인데, 그 내용은 다음과 같습니다.

"세간의 제왕들이 가지고 있는 백천 가지 음악과 전륜성왕에서 제6천까지 억만 배의 훌륭한 기악소리, 이 모든 것들은 무량수국의 칠보수에서 나는 한 가지의 음성보다 천억 배나 못한 것이다."라고 하였습니다.

『무량수경』에서 설하고 있는 음악은 다른 경전에서는 찾아 볼 수 없는, 무량수국이 아니고서는 존재할 수 없는 그런 음악입니다. 음악(法音)으로 세상을 깨우치고 자연 오음에 불도를 이루고 무량수국의 음악이 얼마나 신묘한지 칠보수나무에서 나는 한 가지의 소리가 세간의 백천 가지의 소리보다 더 낫다고 했습니다. 부처님 법음의 위력을 설명한 내용입니다. 불교음악의 위력을 이 이상 더 표현할 수는 없을 것 같습니다.

이상으로 불교경전에 전하는 부처님의 부정적인 음악과 긍정적인 음악의 진의를 살펴보았습니다. 부처님께서는 수도승들에게 방해가 되는 세속적이고 향락적 행위와 수반되는 음악은 부정적으로 보시고 금하도록 하셨고, 불보살을 찬탄·공양하는 음악은 긍정적으로 보시고 적극 장려하셨습니다. 그리고 불보살을 위해 음성공양을 하면 백억 겁 동안 악도에 떨어지지 않고 사후에 벽지불이 되어 묘성불의 명호를 받으실 수 있다고 하셨습니다.

5. 부처님의 열반(涅槃)과 음악

부처님께서 쿠시나가라 성 아지타바티 강변의 사라쌍수 숲속에서 열반에 드실 때 마지막으로 설하신 법문이 『대반열반경』[27]인데 그 기록에 음악에 관한 내용이 전합니다.

"부처님께서 다비의 법이 전륜성왕들의 것과 다르지 않게 하라고 분부하셨다. - 아난은 분부를 받들어 다비를 엄숙하게 행하였다. 보배로 된 가마를 만들어 장엄하고 아름답게 조각한 다음 부처님의 몸을 보배 가마에 안치하고 향을 피우고 꽃을 뿌리고 여러 가지 기악(伎樂)을 만들어 가송(歌頌)으로 찬탄하였다. 그 음악 속에는 고(苦)와 공(空)과 무상(無常)과 무아(無我)와 부정(不淨)의 법을 설하고 있었다. - 철로 만든 관을 보배 가마위에 올려놓고 여러 가지 기악과 가패(歌唄)로 찬탄하자 천신들이 하늘에서 만다라화(曼陀羅華), 마하만다라화(摩訶曼陀羅華), 만수사화(曼殊沙華), 마하만수사화(摩訶曼殊沙華)를 뿌리면서 하늘의 음악(天樂)과 여러 가지 공양을 올렸다. - 모든 천인들이 한껏 공양을

_ 부다가야 보리수 아래의 수행자들.

하며 묘한 기악을 하고 향을 사르고 꽃을 뿌리면서 가패로 찬탄하는 것을 들었다."

부처님이 열반하셨을 때 다비식에서 연주됐던 음악에 관한 기록입니다. 여러 가지 기악을 만들어 가송으로 찬탄한 음악 속에 고와 공과 무상, 무아, 부정의 법을 설하고 있었다는 기록이 주목됩니다. 당시에 연주된 음악은 단순히 음악 그 자체의 평가가 아니라 음악 속에 부처님께서 설하신 법문이 모두 포함되어 있다는 것입니다. 이러한 기록은 생사일여(生死一如)의 경지를 체험한 심경을 음악으로 찬탄한 것으로 보입니다.

부처님의 열반에 천신들이 만다라화와 만수사화를 뿌리고 천인들이 천악을 연주했다는 기록은 부처님의 열반은 지상에서 뿐만 아니라 우주만물이 참여하여 공양하였음을 표현하고 있습니다.
『대반열반경』 권제1 「수명품(壽命品)」에 나오는 이야기입니다.

"또 묘한 소리(妙聲)가 났는데, 무상·고·공·무아였으며, 이러한 소리(音聲) 가운데에는 보살이 본래 행하여야 할 도(道)를 설하기도 하고, 또는 갖가지의 노래·춤·기악·쟁·적·공후·소·슬을 치고 부는 소리도 있었다. 이러한 소리 가운데는 '괴롭구나, 괴로워. 세간은 공허하구나'라는 소리도 있었다. - 모든 천·용신·건달바·아수라·가루라·긴나라·마후라가·신선들이 주술을 외우고, 노래하고 기악을 행했는데 이때에 산신들도 부처님께 와서 머리를 숙이고 부처님의 발에 얼굴을 대고 예를 올렸다. - 신들의 몸에서 나는 광명과 기악과 등불의 밝은 빛(燈明)이 해와 달을 가려 드러나지 않게 하였다. 미풍이 불어오더니 묘한 소리를 냈다. 그 소리는 마치 하늘의 음악(天樂)처럼 아름답게 조화를 이루고 있으며, 성 안에 있는 사람들도 이 소리를 들은 이는 가장 묘한 즐거움을 얻었다."

  부처님 열반에 연주된 소리(妙聲)에는 무상·고·공·무아, 그리고 보살이 행하여야 할 도까지 설하고 있다고 했습니다. 단순한 음악자체만의 평가가 아니라 음악 속에 부처님이 설하신 법문이 모두 포함되어 있음을 말해 주고 있습니다. 그리고 천신들까지 총동원되어 부처님께 예를 올린 것은 범천의 세계와 현세가 둘이 아니며, 범아일여(梵我一如) 사상의 큰 뜻을 표현해 주고 있는 것 같습니다. 그리고 연기공(緣起空)에 의하면 우주만물, 만상의 존재 양상은 서로 조화를 이루어 우주 음악을 연출한다는 것입니다.

  장엄과 의식에서 음악이 필수적으로 동반되고 있음을 다시 한 번 확인해볼 수가 있습니다.

  『대반열반경』 후분 권하 「기감다비품(機感茶毘品)」 제3에는 열반하신 부처님 성관(聖棺)에 제석과 천신 대중들이 수없이 많은 향·꽃·당기·번기·보개를 들고 미묘한 하늘의 음악으로 부처님의 관(棺)에 몸을 던지며 애통한 마음으로 목이 메여 공양을 했다는 기록이 전합니다. 그리고 『대반열반경』 후분 권상 교진여품여(憍陳如品餘)에는, 공중에서 수없이 많은 미묘한 하늘의 음악이 연주되었는데 치고(鼓), 불고(吹), 뜯고(絃), 노래했고, 갖가지 노래 가운데는, '괴롭구나, 괴로워, 부처님께서 열반하셨으니 세계가 공허하구나'라고 하였습니다.

부처님이 열반하신 쿠시나가라(Kushinagara)

부처님이 태어나신 룸비니 동산의 아름다운 꽃들과 이별을 하고 부처님이 정각을 이루신 부다가야 보리수나무 아래 예를 올렸습니다. 세계 각국의 불자들과 관광객들이 인산인해를 이루고 있었습니다. 보리수나무가 숲을 이루고 있고, 이름 모를 새들이 지저귀고 있었습니다. 가이드가 믿어지지 않는 이야기를 했습니다. 새들이 다른 보리수나무에는 앉지만 부처님이 앉아 계셨던 보리수나무에는 절대로 앉지 않는다는 것입니다. 사실을 확인해보고자 잠시 지켜보고 있었는데 정말로 옆에 있는 보리수나무에는 새가 앉아 있는데 부처님이 앉아 계셨던 보리수나무에는 새가 한 마리도 없었습니다. 새들도 성스러운 자리임을 알고 있는 것 같았습니다.

마지막으로 부처님이 열반하신 쿠시나가라를 참배했습니다. 이곳 역시 참배객들이 많았습니다. 참배 순서를 기다리고 있는 동안에 가이드가 쿠시나가라에 대한 설명을 했습니다.

_ 쿠시나가라의 부처님 열반상.

부처님이 열반하신 지 200년이 된 후에 아쇼카왕이 이곳을 방문하여 부처님이 열반에 드신 곳으로 밝히고 8명의 왕이 부처님의 사리를 나눈 곳에 탑을 세웠다고 합니다. 서기 5세기 경에 '하리발리'라는 스님이 이곳에 거대한 붓다의 열반상을 만들고 새로운 사원을 건립했다고 하는데 건물 안에 들어가면 부처님이 북쪽으로 머리를 두고 우측 옆으로 누워 계신다고 했습니다. 더 이상 기다릴 수가 없어서 가이드가 설명하고 있는 사이에 참배객 사이를 비집고 들어 갔습니다. 부처님이 옆으로 누워 계시는 모습이 보였습니다. 부처님의 몸에는 황금색의 가사가 덮여져 있었습니다. 세계 각 국의 스님들이 부처님께 가사를 입혀드리고 예를 올린 후 그 성체를 모셔가는 뜻에서 가사를 가져가는 모양입니다.

열반하신 부처님께 삼배를 올렸습니다. 그리고 『대열반경』에 부처님이 열반하셨을 때 연주된 묘한 소리(妙聲), 그 소리에는 무상·고·공·무아, 그리고 보살이 행하여야 할 도까지 모두 설하고 있다는 말씀을 되새겨 보았습니다.

불전에 기록된 음악의 실체는 확인할 수가 없다

이상 소개한 불교경전에 기록된 인도의 고대 불교음악은 기록만 전하고 있을 뿐 음악의 실체는 확인할 수가 없습니다. 세계의 불교음악 학자들이 인도의 불교음악을 연구하고자 많은 관심과 노력을 기울여 왔지만 음악의 실체가 남아 있지 않아 어려움을 겪고 있습니다. 현재 인도에서는 자국의 불교음악을 찾고자 티베트불교, 중국불교, 남방불교, 하물며 한국 불교음악까지 역 추적을 하고 있지만 길고 긴 시공을 거치면서 각 국의 민족음악과 통합되어 버렸기 때문에 인도 불교음악의 실체를 알 수가 없는 상황입니다. 결과적으로 고대 인도의 불교음악 연구는 앞에서 소개한 불전 상에 기록을 참고해볼 수밖에 없습니다. 부처님 생존 시부터 사후에 이르기까지 불보살을 찬탄하고 공양하던 다양한 악·가·무 등의 총체적 기악들이 실체는 알 수 없으나 고대 인도의 불교음악인 것입니다. 이러한 불전의 기록을 통해 부처님 생존 시에 범패를 비롯한 다양한 음악들이 존재했었다는 역사적 사실을 알 수 있습니다. 특히 중국 고승들이 불법을 배우기 위하여 인도를 여행하면서 기록한 불전에 의하여 당시 음악의 실상을 예측해볼 수 있습니다.

671년 의정스님이 남인도를 순례하면서 『남해기귀내법전』에 기록한 가영(歌詠)에 대한 내용은 당시 남인도의 불교음악의 실상을 상세하게 소개하고 있습니다.

대중들이 부처님의 공덕을 찬탄하는 노래, 곡(頌)을 10곡 또는 20곡 불렀고, 패(唄)를 할 줄 아는 사람에게 150찬과 400찬을 독송하게 했다는 기록이 전합니다. 그리고 한편으로는 가영(歌詠)이라는 곡을 모아서 관현악기에 맞추어 부르도록 하여 사람들이 즐길 수 있게 했다고 했습니다.[28]

찬불가를 관현악 반주에 부르고, 수백 곡의 범패를 불렀다는 기록을 통해 전성기를 이루고 있었던 인도 불교음악의 실상을 예측해 볼 수가 있습니다. 이러한 인도의 불교음악은 불교와 함께 이웃나라로 전해지면서 새로운 불교음악으로 발전하였습니다. 현재 우리나라에 전승되고 있는 범패 역시 인도에서 중국을 거쳐 전래된 것입니다. 범패의 실체는 중국 당나라 때에 불렀던 당풍의 범패로 알려져 있으나 그 뿌리는 인도로부터 전해진 것입니다.

두 번째 여행

중국 불교 음악여행

○ ● 　두 번째 여행 / 중국 불교 음악여행
○ ○

중국 불교음악

중국에서는 불교의 초전 시기에 대해 많은 학설이 있으나 학자들 간에 통용되고 있는 시기는 서력 67년 영평(永平) 10년으로 보고 있습니다. 후한(後漢)의 명제(明帝)가 꿈에서 금인(金人)을 보고 사자를 대월씨국(大月氏國)에 보내 불상과 경전, 그리고 두 사람의 인도승을 모시고 와서 낙양에 백마사(白馬寺)를 창건하고 사십이장경(四十二章經)을 번역하게 했다고 전합니다.

불교가 인도로부터 중국에 전래된 경로에는 두 가지 설이 전하고 있습니다. 먼저 캐시미르(Kasimire), 우전, 구자, 타클라마칸 사막을 거쳐 중국에 전래된 것과 서북 인도에서 중앙아시아를 거친 육로와 수마트라 섬과 말레이 반도를 우회하여 남쪽 해로를 따라 베트남을 경유해서 중국 남부에 전해진 것으로 보고 있습니다. 이때부터 불법을 전하기 위해서 인도 승려와 서역의 승려들이 중국에 들어왔고, 중국 승려(법현, 현장, 의정)들이 인도에 가서 온갖 고초를 겪으면서 불법을 들여오기도 하였습니다.

불교가 중국에서 발전할 수 있었던 가장 큰 원인은 불교 경전의 한역(漢譯)으로 보고 있습니다. 특히 후한(後漢) 이후 송대(宋代)에 이르기까지 1000년에 걸쳐 번역사업이 지속적으로 펼쳐졌습니다.

인도 불교음악을 중국에서는 군악(軍樂)으로 사용

중국의 불교는 한역된 대장경과 더불어 동아시아를 비롯하여 전 세계에 전파됐는데 이때에 중국의 불교음악이 함께 전래된 것으로 봅니다. 그러나 중국의 음악학자들은 불교가 들어오기 이전부터 한 나라 조정에 이미 불교음악이 들어와 있었다고 주장합니다. 중국에는 인도의 불교음악보다 역사가 더 오래된 자국의 음악이 있었기 때문에 인접해 있는 국가와 음악교류가 있었던 것으로 추정하고 있습니다. 서역을 통해 들어온 불교음악이 처음에는 궁중음악가들에 의해 군악(軍樂)으로 만들어져 연주됐다고 합니다. 『진서(晉書)』 악지(樂志)에 의하면 장박망(張博望)이 서역에 들어가 마하두륵(摩訶兜勒)이라는 호곡(胡曲)을 입수했는데 이연년(李延年)이란 사람이 이 호곡을 중심으로 다시 새로운 28해(解)를 만들어 수레를 타고 연주하는 무악(武樂)으로 삼았다고 했습니다. B.C 138~126년 당시에는 아직 불교가 중국에 전래되기 이전이었습니다.

마하두륵이라는 곡은 불곡(佛曲)에 해당하는 곡으로 추정하고 있습니다. 그 이유는 『불설의족경(佛說義足經)』의 『두륵범지경(兜勒梵志經)』에 보면, 두륵이 석가모니 부처님의 교화로 불교에 입문했다는 이야기가 실려 있는데, 바라문이었던 두륵이 불법을 받아들여 위대한 두륵(摩訶兜勒)이 되었으니 노래로 찬탄할 만하다고 했습니다. 이 곡이 한나라 궁중에 들어온 후에 당시 음악을 관장하던 위대한 음악가 '이연년'이 이 곡을 마상횡취(馬上橫吹) 군악으로 개편하여 사람을 죽이는 전쟁에서 연주하게 하였습니다. 이렇게 초기에 중국에 들어온 불교음악은 불교의 본질과 어긋나게 쓰였습니다. 불교음악을 사람을 살생하는 전쟁음악으로 썼던 것입니다.

그리고 여광(呂光)이 구자국(龜玆國)[29]을 멸한 이후에 중국에 대량의 불교음악이 들어온 것으로 전합니다.[30] 이 사실은 수서(隨書) 음악지(音樂志)에 실려 있는 '여광'과 저거몽손(沮渠蒙遜) 구자의 소리로 만든 영세악(永細樂), 우전불곡(于闐佛曲) 등을 통해 알 수 있습니다. 이 기록에서 여광이 구자국을 멸했기 때문에 중국이 구자의 소리를 얻게 되었다고 한 것을 보면 불교음악이 구자로부터 중국에 전래되었다는 사실을 알 수 있습니다. 이러한 사실을 더욱 확인시켜주는 것은 여광이 A.D 382년에 구자국을 멸한 이유가 불교를 받아들이고 '구마라집'을 모셔오기 위한 목적이었다는 내용이 『진서』 제95권에 전합니다. 기록에 의하면 여광이 군사 7만 명을 거느리고 구자국을 공격하러 갔을 때, "구마라집을 빼앗으면 명마를 보내 모셔오라."는 기록이 전합니다. 이러한 내용은 『고승전』에도 전하고 있습니다.

이러한 인연으로 한나라에 들어온 구마라집은 역경사업에 주도적인 역할을 했으며 불교음악에도 큰 업적을 남겼습니다. 불교음악 10곡을 직접 창작하여 전파했는데 이 음악을 좋아하지 않는 이가 없었다고 전합니다.

인도로부터 불교음악이 중국으로 전래된 과정을 구자국을 예로 하여 소개했습니다. 구자국은 지리적으로 중국과 서역의 교통요지에 위치해 있어서 인도의 불교문화는 대부분 이곳을 통해 중국에 유입되었습니다.

『고승전』 독송편에는 유공(惟恭)과 영귀(靈歸), 두 스님에 관한 기록이 있는데 그중에 음악에 관한 기록이 전합니다. 젊은 사람들이 깨끗한 옷을 입고 각자 악기를 들고 구자 음악을 연주했는데 그 음악을 듣는 사람마다 너무 아름다워 하늘의 음악인 줄 알았다고 했습니다. 이렇듯 구자의 음악은 불교음악 그 자체였고 당시 구자를 대표하는 음악이었음을 알 수가 있습니다.

인도로부터 구자국을 경유하여 다양한 불교음악이 중국에 전래되었는데 그중에 노래로 부르는 범패는 인도의 범패선율과 중국말이 맞지 않아서 중국에서 부르지 않았다는 기록이 전합니다. 이러한 이유에서 범패는 중국에서 새롭게 만들어졌고, 그 범패가 우리나라에 들어오게 된 것입니다. 그러니까 우리나라에 들어온 범패는 인도의 범패가 아니라 중국에서 새롭게 만들어진 범패입니다. 우리 범패를 알기 위해서는 중국의 범패를 먼저 알아야 하는 이유가 바로 여기에 있습니다.

1. 중국 범패(梵唄)

새로운 중국 범패 탄생

불전에 소개된 중국의 범패는 인도의 범패와 똑같이 기록은 존재하지만 범패의 실체는 찾아보기 어려운 상황입니다. 현재 중국에 남아 있는 불가 중에 불전에 기록된 범패와 동일한 곡을 입증할 수가 없기 때문입니다. 오히려 당나라 때의 범패가 우리나라에 전수되었기 때문에 중국 범패의 원형을 우리가 보존하고 있는지 모를 일입니다. 먼저 불전에 기록된 중국 범패에 대하여 살펴보고 중국 범패와 우리 범패의 관계를 밝혀보고자 합니다.

『고승전』 권33 경사(經師) 제9에 "천축지방(印度)의 풍속으로는 법(法)의 말씀을 노래하고 읊는 것을 범패라고 부른다."라고 했습니다. 그리고 중국에서는 "경을 읊는 것은 전독(轉讀)이라 하고 노래로 찬탄하는 것을 범패라 한다."라고 했습니다. 이것이 불전에서 밝힌 범패에 대한 정의입니다. 인도에서는 경을 노래하거나 읊거나 관계없이 모두 범패라고 불렀고, 중국에서는 경을 읊는 것은 전독이라 하고, 노래로 부르는 것은 범패라고 했습니다.

우리나라에서는 중국의 형식을 받아들여 경을 읊는 것은 독경(讀經)이라 하고 노래로 부르는 것은 염불, 범패, 화청이라고 합니다.

『고승전』권제13 경사 제9의 기록에는, 인도로부터 유입된 범패가 중국말과 맞지가 않아서 새로운 중국 범패를 만들게 되었다는 내용이 전합니다. 중국에서 인도의 범패를 받아들이지 않고 새로운 중국 범패를 만들게 된 이유입니다.

중국의 범패는 조식에 의해 새롭게 창작

『불조통기』권제35에서는 중국 범패가 만들어지게 된 내용이 다음과 같이 기록되어 있습니다.

> "진사왕 조식은 불경을 읽을 때마다 불도의 궁극적인 극치를 얻어야겠다는 마음이 들어 탄식하였는데 어산(魚山)에 머무르고 있을 때, 공중에서 범천(梵天)의 소리를 듣고 안으로 그 소리(聲節)를 본떠서 범패를 만들었다. 가사(文)를 짓고 음(音)을 만든 육계(契)가 있는데 이것이 후대에 전해졌다."

『법원주림』권제36 패찬편에는 진사왕 조식은 위나라 무제의 넷째 아들인데, 어릴 때부터 영특하고 글재주가 뛰어났다고 합니다. 불경을 읽을 때마다 감탄을 금치 못하여 이를 도의 근본이라고 생각하여 전찬(轉讚) 일곱 가지 소리(七聲)를 지었는데 그 오르내리고 변화하는 소리를 세간 사람들이 모두 즐겨 읊어 모범(憲章)으로 삼을 정도였다고 했습니다. 여기서의 일곱 가지 소리는 7음계를 뜻하는 것으로 보입니다. 그리고 어산에 놀러가서 범천의 소리를 듣고 신불(神佛)의 이치에 감응하고 법을 깨달아 그 소리를 모아서 범패를 만들었다고 했습니다.

이상의 기록을 보면 인도의 범패와 중국의 범패가 따로 존재하고 있었음을 알 수 있습니다. 인도의 범패는 법의 말씀을 노래하고 찬탄하는 것이라고 했고, 중국의 범패는 조식에 의하여 새로 만들어진 것이라 했습니다. 그리고 중국에서는 경을 읊는 것을 전독이라 하고, 노래로서 찬탄하는 것을 범패라고 했습니다. 또한 범패는 곡조를 붙여 독경찬영(讀經讚詠)을 해서 복덕을 찬양하는 것으로 해석하고, 불교음악의 대표적인 의식음악으로서, 범천(梵天)의 소리를 뜻하는 것으로 알고 있습니다. 그러나 인도에서는 범패의 용어적 해석이 불교의 근본 철학을 대변해 주고 있습니다.

범패는 우주의 근본이 되는 소리

범패의 범(梵)은, 범어(梵語), 브라흐만(Brahmam)의 음역으로 범마(梵摩), 범현마(梵賢摩), 바라하마(婆羅賀磨)라고 합니다. 바라문교와 우파니샤드 철학에서는 범(Brahmam)을 우주의 근본원리로 보고, 일체 현상세계는 범이 전개·변화하여 생긴 것이라고 합니다. 그리고 범은 개체의 생명인 아(我)와 본질적으로 다르지 않고 동일하다는 뜻에서 범아일여(梵我一如)라 하며, 이 범아일여의 상태를 해탈로 삼는다는 것입니다. 또한 범(梵)은 우주창조의 신(神), 범천(梵天)을 의미하기도 합니다. 그리고 범에는 청정의 뜻이 있어 청정행, 특히 음욕을 끊는 것을 범행(梵行)이라고 하고, 불보살의 절묘한 음성을 범음성(梵音聲) 또는 범성(梵聲)이라고 하며, 그 음향을 범향(梵香)이라고 합니다. 앞에서 소개한 『장아함경』의 기록에서 부처님의 음성이 범음(梵音)이었다고 한 것도 같은 뜻으로 볼 수 있습니다.

결론적으로 범패는 우주의 근본이 되는 소리이며, 일체 현상의 근본이 되는 소리이고, 범아일여의 소리이며, 해탈의 소리라고 볼 수 있습니다.

범패의 패(唄)는, 범어(梵語)인 바하사(bhasa)의 음역으로서 파사(婆師), 파척(婆陟), 패익(唄匿) 등을 의미하는데 '찬탄한다' '찬양한다'라는 뜻이라고 합니다. 그러나 『고승전』에서는 관현악기로 법을 찬탄하는 것을 패라고 했습니다. 결과적으로 패는 노래로 불보살을 찬탄하고 찬양하는 뜻과 관현악기로 법을 찬탄하는 뜻을 동시에 지니고 있음을 알 수 있습니다.

이상 소개한 것 외에도 불전에서는 범패를 칭하는 명칭이 다양합니다. 예를 들면, 범음·범향·범악·범성·범창·청범(경을 독송하는 소리) 등이 대부분 범패를 칭하는 용어들이며, 범(Brahmam)이 들어가는 용

_ 조계종 어장 인묵스님 공연 장면(국립극장).

어는 모두 앞에서 소개한 범패의 용어와 동일한 뜻을 지닌 것으로 볼 수 있습니다.

지금까지 소개해 드린 중국 범패는 우리 범패와 같은 뿌리를 유지하고 있습니다. 중국 당나라시대의 범패를 우리가 그대로 받아들였기 때문입니다. 현재 중국 본토에는 당풍의 범패가 보존되지 않고 있는데 우리는 범패가 전승되고 있습니다. 보존되고 있는 우리의 범패가 당풍의 범패인지는 알 수 없지만 분명한 것은 830년에 진감선사께서 당나라의 범패를 우리나라에 전수하였다는 사실입니다.[31] 불교음악뿐만 아니라 공자를 모시는 문묘제례악(文廟祭禮樂)[32]도 중국 본토에는 보존되어 있지 않은데 우리는 보존하고 있습니다. 중국의 불교음악 학자들이 우리나라의 문묘제례악과 범패에 관심을 보이고 있는 이유입니다.

2. 범패의 음악적 특징

영가(詠歌)

『법원주림』 권제36에는 "무릇 서술할 때는 마음을 영가(詠歌)의 내용에 기탁하고 영가의 내용은 소리에 의거한다. 그러므로 영가의 기교는 곧 서술하려는 마음이 펼쳐진 것이고 소리의 아름다움은 바로 영가의 내용이 펼쳐진 것이다. 가사는 노래에 들어 있는 이치와 서로 부합해야 한다.

인도에 패(貝)가 있다면 중국에는 찬(讚)이 있다. 찬이란 가사 내용에 음악을 결합한 것이고, 패란 짧은 게로 송(頌)을 읊는 것이다. 그 내용과 의미를 비교하면 각기 다르나 실제로는 같은 것이다. '경에서 미묘한 음성으로 부처님의 공덕을 노래하고 찬탄한다'는 말은 바로 이것을 말하는 것이다."라고 기록되어 있습니다.

노래를 부를 때는 가사 내용에 마음을 두고 불러야 한다

『법원주림』의 기록에서, 첫 번째는 영가를 부를 때는 마음을 영가의 내용에 기탁하고 영가의 내용은 소리에 의하여 표현된다고 했습니다. 노래를 부를 때 마음을 노래 내용에 두어야 하는 것은 당연합니다. 딴 생각하고 노래를 부르면 노래를 제대로 부를 수가 없습니다. 감정이 제대로 표현될 수가 없지요. 그리고 그 소리의 기교는 서술하고자 하는 내용을 풍부하게 하기 위한 것이라고 했습니다. 즉 노래의 가사(文)는 소리(音)에 의하여 그 뜻이 표현되고 소리의 기교(奏法)는 표현하고자 하는 노래의 뜻을 더욱 풍부하게 만든다는 진리를 말한 것입니다. 이 말은 작곡법과 노래 표현의 기본을 지적한 말이기도 합니다. 즉, '작곡은 가사가 소리를 통해 서술하고자 하는 내용이 제대로 표현되게 해야 하고, 연주는 기교를 통해 표현하고자 하는 노래의 뜻을 더욱 풍부하게 해야 한다'는 작곡과 연주의 근본적 원리를 지적한 내용이기도 합니다.

두 번째는, '노래의 가사가 소리에 들어 있는 이치와 서로 부합되어야 한다'고 했습니다. 이러한 지적은 작곡과 연주에 필수적인 내용을 강조한 것입니다. 작곡법적으로 말하면 가사의 뜻이 소리로 잘 표현될 수 있도록 해야 한다는 지적이기도 합니다.

음악(音樂)이란 자체가 음(音)과 악(樂)이 합쳐진 것입니다. 음은 소리이고 악은 뜻(文)입니다. 서술하고자 하는 뜻을 음의 기교로서 더욱 풍부하게 잘 전달될 수 있도록 만드는 것이 음악의 목적입니다.

세 번째, 인도의 패(貝)와 중국의 찬(讚)은 가사 내용이 길고 짧은 것의 차이가 있을 뿐 내용은 모두 같다고 하였습니다. 중국의 찬은 긴 문구에 음을 붙여 읊는 것이고, 인도의 패는 짧은 게로 송을 읊는 것이라고 하였습니다.

범패의 창도(唱導)

창도(唱導)에는 목소리, 말솜씨, 재능, 박식함이 있어야 한다

"창도에서 중요하게 여기는 일이 네 가지가 있는데 목소리(聲), 말솜씨(言), 재능(才), 박식함(博)이다. 목소리가 갖추어지지 않으면 대중들을 깨우칠 수 없고, 말솜씨가 갖추어지지 않으면 때

맞추어 말할 수가 없게 된다. 재능이 없으면 채택할 만한 말이 없게 되고, 박식하지 않으면 말에 근거가 없게 된다.

소리의 울림이 종이나 북과 같은 경지에 이른다면 사람의 마음을 놀라게 하니, 그것이 바로 목소리의 작용이다. 내뱉은 말이 사리에 맞고 차질이 없는 것이 말의 작용이다. 아름답고 화려하게 다듬고 만들어서 내용에 거침없이 빼어나도록 꾸미는 것이 재능의 작용이다. 경론을 정확하게 헤아려서 고서나 사서에서 따오는 것이 박식함의 작용이다."

이상의 『고승전』 권제13 창도 제10에서 지적한 네 가지는 첫째, 목소리(聲) 둘째, 말솜씨(言) 셋째, 재능(才), 넷째, 박식함(博)이라고 하였습니다. 당연한 지적입니다.

목소리가 좋지 못하면 노래를 부를 수 없을뿐더러 대중들을 감동시킬 수 없고, 말솜씨가 갖추어지지 않으면 상황에 따라 적절한 말을 할 수가 없습니다. 그리고 재능이 없으면 말을 구사할 수가 없으며, 박식하지 못하면 말의 근거가 없게 된다는 지적입니다. 그리고 목소리의 울림이 종과 북의 경지에 이르러야 사람의 마음을 움직일 수가 있고 말이 사리에 맞고 차질이 없어야 하며, 아름답고 화려하게 다듬고 만들어서 내용에 거침없이 빼어나도록 꾸미는 것이 재능이라 하였습니다. 그리고 목소리가 종소리와 북소리의 경지에 이르러야 사람의 마음을 움직일 수 있다고 하였습니다. 또한 경론을 정확히 헤아려서 고서(古書)나 사서(史書)에서 인용하는 것이 박식함이라 하였습니다.

이와 같은 지적은 불교음악이 단순한 음악적 표현에서 벗어나 노래의 경우는 목소리, 말솜씨, 재능, 박식함을 모두 갖춰야 함을 강조하고 있는 것이라 할 수 있습니다.

범패의 창작

"무릇 문장을 짓는 것은 대개 가슴속에 품고 있는 회포를 유창하게 펴보려고 감정과 뜻을 서술하는 데에 그 목적이 있고, 시와 노래를 짓는 것은 말의 의미를 막히지 않고 흐르게 하여 가사와 음률이 서로 이어지게 하는 데에 그 목적이 있다. 그렇기 때문에 시전(詩傳)의 서문에서 '감정이 마음속에서 움직여 말로 표현되는 것이나 말로는 부족하기 때문에 읊고(詠) 노래(歌)하는 것이다'라고 말하는 것이다. 그러므로 중국의 노래는 시가를 지어 읊는 것이고 천축의 찬탄은 게송을 지어 소리와 조화를 이루고 있다. 비록 이렇게 노래와 찬탄은 다르기는 하지만 둘 다 운율이 음계와 조화를 이루어야 아름답다고 할 수 있다. 그러므로 종경(鐘磬:金石)으로 노래를 연주하는 것을 악(樂)이라 하고, 관현악기로 법을 찬탄하는 것을 패(貝)라고 한다."

『고승전』 권제13 경사 제9에서 언급한 이상의 기록은 음악을 창작하는 데 가사(文)와 가락(律)을 짓는 목적에 대하여 설명한 것입니다. 그리고 악(樂)과 패(唄)가 연주 형태에 따라 다른 점을 소개하였습니다.

종경으로 노래를 연주하는 것은 악(樂)이라 했는데 이는 중국의 불교음악을 말하는 것이며, 관현악기로 법을 찬탄하는 것은 패(唄)라고 했는데 이는 인도의 불교음악을 뜻하는 것으로 보입니다.

음악을 만드는 데는 네 가지 공덕이 있어야 한다

"무릇 성인이 음악을 만드는 데에는 네 가지 공덕이 있는데, 천지와 감응하고, 신명과 통하며, 백성을 편안케 하고, 인격이 이루어지게 한다. 범패를 들으면 다섯 가지 이익이 있게 되는데, 신체가 피로하지 않게 되고, 기억할 것을 잊지 않게 하며, 마음이 해이해지거나 게을러지지 않고, 음성이 상하지 않으며, 모든 천신이 기뻐하게 된다."

『고승전』 권제13 경사 제9의 기록에서는 음악을 만들 때 네 가지 공덕과 범패로 인하여 얻을 수 있는 다섯 가지 예를 소개하고 있습니다. 특히 음악을 만들 때의 네 가지 공덕은 매우 중요한 내용들입니다. 음악을 만들 때, 기분에 따라 만드는 것이 아니라 천지와 감응

_ 불교에서 의식을 위하여 추는 무용의 하나인 나비춤.

을 해야 하고, 신통을 해야 하고, 백성을 편하게 해야 하고, 인격이 이루어지게 해야 한다고 했습니다. 곡을 만드는 작곡자들은 깊이 새겨두어야 할 내용입니다.

그리고 범패로 인해 얻을 수 있는 다섯 가지의 공덕을 소개하고 있습니다.

첫째, 신체가 피로하지 않게 되고, 둘째, 기억할 것을 잊지 않게 하고, 셋째, 마음이 해이해지거나 게을러지지 않고, 넷째, 음성이 상하지 않고, 다섯째, 모든 천신이 기뻐하게 된다고 하였습니다.

범패의 감동

범패소리에 새들도 날개짓을 멈췄다.

『고승전』 권제13 경사 제9에 범패에 대한 감동을 다음과 같이 설하였습니다.

"현사(玄師)가 범패를 노래하면 붉은 기러기도 좋아하여 날아가지 않았다고 하며, 비구가 소리를 하면 푸른 새도 기뻐하며 나는 것을 잊었다. 담빙(曇憑)의 운율이 동하자 새나 말이 몸을 움츠렸다고 하며, 승변(僧辯)이 가락을 꺾으니 기러기와 학이 날개짓을 멈추었다고 한다."

그리고 전독(轉讀)에 대한 감동을 다음과 같이 표현하였습니다. 전독은 경을 소리를 붙여 읊는 것을 말하는데 범패와 같은 종류로 보고 있습니다.

"전독이 아름다운 이유 중에 가장 귀한 것은 노래(聲)와 가사(文)를 둘 다 습득하는 데에 있다. 노래만 중시하고 가사를 소홀히 하면 도를 얻을 수 없고, 가사만 중시하고 노래를 소홀히 하면 세속의 정의(俗情)를 얻을 수가 없게 된다. 그래서 경전에서 '미묘한 소리로 부처님의 공덕을 찬탄하고 노래한다'는 것이 바로 이를 가리키는 말이다. 전독은 경의 요지를 정통하게 깨닫고 음률을 훤히 알게 된다면 오언사구의 게송이 계합하여 어긋남이 없게 되며, 그 안에는 일으키고, 던지고, 움직이고, 들고, 평탄하고, 꺾고, 내치고, 죽이고, 노닐고, 날고, 물러서고, 돌고, 반복하고, 겹치고, 교태롭고, 희롱함이 다 있기 때문에 입을 벌려 소리를 내면 곧 소리가 끊임없이 변한다."

고 하였으며, 팔음을 빛나게 할 수 있다고 했는데 팔음은 다음과 같습니다.

웅장하되 사납지 않고,
엉키되 막히지 않으며,

약하여 거칠지 않고,

강하면서 날카롭지 않으며,

맑아도 어지럽지 않고,

흐려도 가리지 않고

미묘한 말씀을 일으켜 통달하게 하고,

정신과 성품을 부드럽게 길러내게 하는 것이다.

『고승전』에 인도에서는 범패(梵唄)와 전독(轉讀)에 대한 구분이 없었던 것으로 전합니다. 중국에 와서 경전을 읊는 것은 전독이라고 하고 노래로 찬탄하는 것을 범패라고 했는데, 앞에서 소개한 전독의 선율에 대한 설명을 보면 범패에 못지않은 곡으로 생각됩니다. 따라서 전독과 범패는 동일한 종류의 곡으로 보아야 할 것입니다.

3. 불전에 기록된 악기(樂器)

불전에 우리의 국악기가 기록되어 있다

불전에 수많은 악기의 이름이 등장합니다. 『장아함경』을 시작으로 『불설아미타경소』에 이르기까지 37종의 불전에 총 53종의 악기가 소개되어 있습니다. 이중 지금까지 우리나라 국악기로 사용되고 있는 악기가 15종이나 됩니다. 국악기의 대부분이 불전에 기록된 악기들입니다. 1920년대까지만 해도 불전에 기록된 53종의 악기가 대부분 다 연주에 활용되었는데 일제강점기와 한국전쟁 등을 거치면서 국악기의 보존과 연주법이 상실되어 지금은 15종 정도의 악기만 연주되고 있습니다.

불전에 소개된 악기는 중국의 고대악기와 인도와 서역으로부터 전래된 악기로 볼 수 있습니다. 이러한 악기들은 인도로부터 불교와 함께 유입되어 중국 악기로 변천한 것으로 보이는데 불전이 중국에서 한역되면서 악기명이 중국 악기로 바뀌었습니다. 그 대표적인 예로 현재 남인도의 대표적인 현악기 비나(Vinar)가 불전에서는 인도의 하프를 지적하고 있으나 한역경전에서는 공후(箜篌), 금(琴), 유리금(琉璃琴), 비파(琵琶) 등 여러 악기 명으로 번역되어 있습니다. 악기뿐만 아니라 불교음악에 대한 내용도 불전이 한역되면서 중국 음악 용어로 바뀌었습니다.

중국 악기의 역사는 기원전 6000년부터 시작됩니다. 불교가 중국에 전래되기 약 6000년 전에 뼈로 만든 골적(骨笛) 등이 있었던 것으로 전합니다. 그러나 서역에서 중국으로 유입된 악기들은 중국의 문헌보다 앞서서 불전에 그 기록이 전하고 있어서 불교와 함께 인도로부터 서역을 거쳐 중국에 유입된 악기라는 사실을 알 수 있습니다. 이러한 악기들이 앞에서 언급한 바와 같이 불전이 한역되는 과정에서 중국의 악기명으로 바뀌었습니다.

_북인도 고대 악기 '시타르'.

한역경전에 기록된 악기들이 우리나라 문헌에 동일하게 기록되어 있음을 확인할 수 있습니다. 이는 한역경전에 기록되어 있는 악기가 그대로 우리나라에 유입되었음을 입증해 주는 것입니다.

그 예를 보면,『삼국사기』악지에 신라악기 삼현, 삼죽, 8종의 악기가 기록되어 있고, 고구려악에는 19종, 백제악에는 7종,『삼국사기』에 전하는 악기는 총 37종에 이릅니다. 이중에 불전에 기록된 악기와 동일하게 보이는 악기는 12종에 이릅니다.

국악기의 전래에 관한 역사가 재정리되어야 한다고 생각합니다. 중국으로부터 우리나라에 국악기가 유입된 시기를 111년 당나라 때로 보고 있는데 이보다 훨씬 앞에 불교경전을 통해 악기명이 전해졌기 때문입니다. 불전에 전해진 악기들이 당시에 연주되었는지는 기록이 없어 알 수 없지만 악기 이름은 불전을 통해 전해진 것으로 봅니다. 앞으로 이러한 사실이 새롭게 밝혀져야 할 것입니다.

진양의『악서』에는 중국 악기가 아부(雅部), 속부(俗部), 호부(胡部)로 나누어 총 452종이 전하고 있습니다. 여기에 경전 상에 기록된 악기명이 모두 포함되어 있습니다. 현재 우리나라 국악기로 연주되고 있는 불전상의 악기는 소(簫)·필률(觱篥)·생(笙)·쟁(箏)·나(螺)·고(鼓)·경(磬)·적(笛)·금(琴)·세요고(細腰鼓)·법고(法鼓)·목어(木魚)·영(鈴)·요(鐃)·향발(響鈸) 등 15종이 있습니다.

4. 불전에 기록된 음악 용어

패(唄)와 찬(讚)

『법원주림』 권제36 술의부(述意部)에 인도(西方)에 '패'가 있다면 중국에는 '찬'이 있다고 했습니다. 그리고 '찬'이란 가사(文) 내용에 음을 결합한 것이고 '패'란 짧은 게(斷偈)로 송(頌)을 읊는 것이라고 했습니다. 그리고 그 내용과 의미를 비교하면 각기 다르지만 실제로는 같은 것이라고 하였습니다.

'패'는 흔히 범패를 줄여서 부르는 것으로 이해되기도 하여 여기서의 '패'는 짧은 게송으로 된 범패 형식의 곡으로 생각됩니다. 찬은 '문'이 중심이 된 찬탄송으로 생각됩니다. 하지만 둘 다 그 뜻은 같은 것이라 했습니다.

영가(詠歌)

『법원주림』 권제36 술의부(述意部)에 '무릇 서술할 때는 마음을 영가 내용(文)에 기탁하고 영가의 내용은 소리(聲響)에 의거한다. 그러므로 영가의 기교는 곧 서술하려는 마음이 펼쳐진 것이고, 소리의 아름다움은 바로 영가의 내용이 펼쳐진 것'이라고 하였습니다.

이 내용은 영가의 음악적 특징을 논한 것으로서 영가의 가사와 선율의 역할에 관한 것을 음악적으로 서술한 것입니다. '영가'는 문자 그대로 긴 노래로서 '패', '찬'과 함께 범패에 해당하는 곡입니다.

전독(轉讀)

『법원주림』 권제36 패찬편에 '전독'은 범패를 최초로 창안한 진사왕 조식에 의하여 만들어진 것으로 전합니다. 기록에 의하면, "조식은 불경을 읽을 때마다 감탄을 금치 못하면서 이를 도의 근본이라 생각하여 곧 전독 일곱 가지 소리를 지었는데, 그 오르내리고 변화하는 소리를 세간 사람들이 모두 즐겨 읊어 모범(憲章)으로 삼을 정도였다."고 했습니다.

『고승전』 권제13에는, "우리나라(中國)에 와서는 경전을 읊는 것을 '전독'이라 하고 노래로 찬탄하는 것을 '범패'라고 부른다."고 했으며, 전독을 부를 때에는 노래와 가사를 모두 습득해야 함을 강조하면서 전독의 가사와 음률의 조화에 관한 내용을 상세하게 소개하였습니다.

가영(歌詠)

『남해기귀내법전』 권제4에, '가영'에 대한 기록이 전합니다.(의정, 635~713)

"계일왕은 승운보살에게 용수보살의 일을 대신하게 하여 '가영'을 모아서 현악기와 관악기에 맞추어 연주하게 하여 사람들이 즐길 수 있게 하였다."라고 했습니다. 이상의 기록에 의하여 '가영'은 일찍이 인도에서 관현악 반주에 불렀던 불가로 보입니다.

묘음(妙音)

'묘음'은 원래 범어(Gadgada-svara)인데 중국에서 묘음(妙音), 상설음 (詳說音), 선설음(善說音) 등의 뜻으로 통용되고 있으며, 보살의 설법교화가 미묘한 음성에 의함을 나타낸 것이라 하여 불보살의 음성공덕의 위력을 뜻하고 있습니다. 특히 『법화경』「묘음보살품(妙音菩薩品)」, 『금강명경(金光明經)』, 『법화현찬(法華玄贊)』 등의 기록에서 확인할 수 있습니다.

범어 Gadgada-svara의 원래의 뜻은 '더듬는 말', '부정확한 말' 등의 뜻을 지니고 있는데, '구마라집'이 『법화경』을 번역할 때, '묘음'이라고 쓰면서 통용되었다고 전합니다.

세 번째 여행

한국 불교 음악여행

○ ○ 세 번째 여행 / 한국 불교 음악여행
● ○

한국 전통불교음악

1. 향가는 우리나라 최초의 불가(佛歌)

 불교가 우리나라에 들어오면서 정착을 위한 여러 과정을 겪었습니다. 먼저 예전부터 존재하고 있던 무속종교를 교화시켜 섭화(攝化)하는 문제, 가정을 버리고 출가해야 하는 불교특수성의 이해문제, 한역 경전이 일반대중들에게 이해되지 못하는 문제 등 어려운 문제들을 풀기 위하여 불교는 상류층에서 하류층의 민중 교화에 관심을 갖게 됩니다. 이러한 과정에서 승려들은 민중의 언어, 민중의 소리, 민중의 몸짓으로 중생교화를 위한 방편책을 찾게 되는데, 여기서 우리나라 최초의 불가인 '향가'가 탄생하게 된 것입니다.
 원래 향가는 불교가 우리나라에 전래되기 이전부터 존재했던 고유한 우리 노래였으나 불교가 들어오면서 불교와 관련된 새로운 향가가 탄생하였습니다. 이러한 향가는 고려가사(高麗歌詞), 조선시가(朝

鮮詩歌) 등을 탄생시키는 데 커다란 영향을 준 것으로 보고 있습니다. 현재 국악으로 분리하고 있는 화청(和請), 민요, 가곡, 가사 등의 전통음악에까지 그 뿌리가 이어져 오는 것으로 보고 있습니다. '불교음악이 곧 국악이다'라고 주장하는 이유가 바로 여기에 있습니다.

향가 '도솔가'는 무속음악 '도살푸리'와 '시나위'

그동안 향가에 대해서는 많은 석학들이 불가(佛歌)임을 인정하였습니다. 한 가지 아쉬운 점은 향가의 가락(旋律)이 전해지지 않고 있어서 음악적 실상을 알 수 없다는 점입니다. 유일하게 음악학자인 이혜구 님은 『한국음악 연구』에서 '도솔가'를 현존하는 무속음악 '도살푸리'로 보고, '사뇌가'를 '시나위' 곡으로 보았습니다.[33] 음악의 실체가 없어서 비교할 수는 없는 상황이지만 향가를 음악적으로 역사가 가장 오래된 무속음악과 비교하여 연구했다는 점에서 높이 평가될 일입니다.

본 여행을 통해서 불교가 우리나라에 들어온 이후, 불교로 인하여 새로운 우리의 불가가 만들어졌다는 사실과 그 첫 번째 불교음악이 향가라는 점을 확인해보고자 합니다.

향가는 일연스님의 『삼국유사』를 통하여 14수가 전해지고 있습니다. 그리고 뒤를 이어 균여스님의 보현십원송이 11수가 전합니다. 향가와 보현십원송은 중국에서 우리나라에 전래된 불교음악(梵唄)과는 전혀 다른 순수한 우리의 불가로 보고 있습니다. 모든 향가를 다 불가로 보는 데에는 문제가 있을 수 있겠으나 현재 전하고 있는 대부분의 향가는 승려, 또는 불자가 만들었고, 가사 내용이 불가, 또는 불교사상을 바탕으로 구성되어 있음을 알 수 있습니다

향가란 우리 고유의 노래,
한국적 특성을 지닌 모든 시가(詩歌)는 향가

박성의(朴晟義) 님은 『한국가요 문학론과 사』에서 "향가(鄕歌)란 우리 고유의 노래라는 뜻에서 붙여진 이름이며, 자국지가(自國之歌), 즉 국가(國歌)의 의미로 쓰였다."고 했습니다. 그리고 "향가란 현존하는 25수만을 칭하는 것이 아니라 한국적 독특성을 지닌 모든 시가(詩歌)는 향가라 이름할 수 있다."고 했습니다.[34]

향가는 노래곡입니다. 예로부터 전해오는 가사문학(歌辭文學)은 원래 음악이 주(主)가 되었던 것인데 시대의 변천에 따라 가락이 전수되지 않아 가사만 남게 된 것입니다. 이러한 결과는 박성의 님의 주장과 같이 한국의 가사(歌辭)가 처음에는 가창문학(歌唱文學)이었으나 후대로 내려오면서 음악과는 거리가 먼 산문적인 성격의 작품으로 굳어져 버리게 된 것입니다. 그리고 "가요(歌謠 : 鄕歌)는 원래 가사와 음악이 분리되기 전인 원시시대부터 존재했으며, 일상생활, 종교적 행사, 무용, 연극과 밀접한 관계가 있다."고 하였습니다. 그렇다면 향가는 불교가 전래되기 이전부터 존재했었던 것으로 볼 수 있고 노래

로서, 무용 연극 등과 함께 종합적 형태로 연출된 곡으로 볼 수 있습니다. 이러한 향가가 불가로 불리게 된 것은 불교가 들어온 이후에 불교교리나 불교의 사상을 바탕으로 새롭게 만들어졌기 때문입니다. 원효스님이 광대들과 함께 춤추며 무애가를 불렀다는 내용과 연계해볼 수 있습니다.

향가는 대다수가 승려들이나
불교신자들에 의하여 창작

김승찬(金承璨) 님은 그의 저서 『향가의 주술적 성격』에서 현존하는 향가의 대다수가 승려들이나 불교신도에 의하여 창작되었고 가창되었다는 주장과 함께, "향가 중에는 불교와 거리가 먼 주술적(呪術的)인 내용의 곡도 있지만 그러한 곡들도 결과적으로는 불교의 주밀사상(呪密思想)에 바탕을 둔 것"이라고 했습니다. 향가의 대다수를 불가로 보는 견해입니다. 향가가 불교와 관계가 없는 노래였다면 승려들이 지어 부를 리가 없었을 것이고 곡명이나 노래가사가 불교적일 필요가 없었을 것입니다.

세속적인 향가와 불교적인 향가

앞에서 소개한 박성의(朴晟義) 님은 "옛날의 가요는 한 사람이 작사하고 작곡한 경우가 많으며 음악적으로 가사나 곡조가 민요풍의 곡과 곡조가 복잡하여 전문성을 필요로 하는 예술적 가요로 구분된다."고 하였습니다.[35] 그리고 "가요는 그 내용에 따라서 세속적인 가요와 종교적인 가요로 나눌 수 있으며, 향가 역시 세속적인 향가와 불교적인 향가로 구분될 수 있다."고 하였습니다. 향가를 연구한 학자들은 일반적으로 향가는 불교가 들어오기 이전부터 민중들이 불렀던 곡이었는데, 불교가 들어오고 난 이후에 불교교리나 불교사상을 담아 새로운 향가가 만들어진 것으로 보고 있습니다. 이러한 이유에서 일연스님이 불교와 관계가 있는 향가를 『삼국유사』에 기록하게 된 것으로 봅니다.

신라향가는 모두 불교가요

이상보 님은 『한국불교가사전집』에서 "불교사가의 연원은 범패에서 찾아야 한다."고 했으며, "신라향가는 모두가 불교가요라 할 것이니, 당시의 사회상으로 신라뿐만 아니라 고구려 백제 등 삼국시대의 시가문학(詩歌文學)은 불교신앙생활을 떠나서 생각할 수 없을 정도로 그 영향력을 입지 않은 것이 없다."고 하였습니다.[36]

신라향가는 신라뿐만 아니라 고구려, 백제까지 삼국시대에 불렀던 노래들(詩歌)은 모두 불교신앙과 관계가 있다는 점을 강조하고 있습니다.

김동욱 님은 「신라가요에 나타난 불교의 서원사상」에서 광덕(廣德)의 원왕생가(願往生歌)와 균여대사의 보현십종원왕가(普賢十種願往歌)를 열거하면서 아미타불이 신앙생활의 기초가 된 정토사상(淨土思想)과 직결됨을 논하였습니다.[37]

향가 원앙생가와 균여스님의 보현십종원왕가는 불교의 정토사상과 직결된 불가임을 밝혀주고 있습니다.

향가는 원시시대부터 서민 생활에서 자연 발생한 민요적인 노래였는데 불교가 들어온 후 승려들이 불교적인 내용으로 만들어 부르면서 불교음악적인 향가가 탄생하게 된 것으로 볼 수 있습니다.

2. 향가의 종류

현재 가사가 전하는 곡은
향가 14수, 보현십원가 11수, 총 25수

문헌 기록을 통해 전하는 가요는 총 66편입니다. 그러나 그중에 가사가 전하지 않는 노래가 41편이고 가사가 전하는 것은 『삼국유사』에 실려 있는 향가 14수와 『균여전』에 있는 보현십원가 11수, 총 25수입니다. 『삼국유사』에 전하는 향가는 다음과 같습니다.

서동요(薯童謠), 혜성가(彗星歌), 풍요(風謠), 원왕생가(願往生歌), 모죽지랑가(慕竹旨郎歌), 헌화가(獻花歌), 원가(怨歌), 도솔가(兜率歌), 제망매가(祭亡妹歌), 안민가(安民歌), 찬기파랑가(讚耆婆郎歌), 도천수관음가(禱千手觀音歌), 우적가(遇賊歌), 처용가(處容歌) 등 총 14수.

『균여전』에 전하는 보현십원가는 다음과 같습니다.

예경제불가(禮敬諸佛歌), 칭찬여래가(稱讚如來歌), 광수공양가(廣修供養歌), 참회업장가(懺悔業障歌), 수희공덕가(隨喜功德歌), 청전법륜가(請轉法輪歌), 제불주세가(諸佛住世歌), 상수불학가(常隨佛學歌), 항순중생가(恒順衆生歌), 보개회향가(普皆廻向歌), 총결무진가(總結無盡歌) 등 총 11수.

이상 소개한 향가 14수 중에서 가사 내용이 불가와 관계있다고 보는 7곡을 선별하여 소개하고자 합니다.

〔 혜성가 〕

옛날 동해가의 건달바가 놀던 성을 바라보고, 왜군이 있다고 봉화를 들게 한 동해가 있도다. 세 화랑이 산에 놀러 옴을 듣고 달도 빨리 그 빛을 나타내므로, 길을 쓰는 별을 바라보고 혜성이라 말한 사람이 있다. 아! 달이 아래에 떠나갔도다. 보아라, 무

슨 혜성이 있을 것인가.[38]

혜성가를 불가로 보는 이유,
작자가 승려이고, 건달바가 등장

혜성가는 융천사(融天師)가 만든 것으로 전하고 있습니다. 그러나 『삼국유사』에 융천사에 대한 기록이 없어 여러 견해가 분분하지만 대체로 승려로 보고 있습니다.

혜성가 내용은 진평왕 대에 세 화랑도가 풍악에 놀러갔다가 혜성(彗星)이 심대성(心大星)을 침범함으로 의아해하며 화랑들이 가기를 꺼려했는데, 융천사가 이 노래를 지어 불렀더니 혜성은 즉시 소멸하고 일본 병사는 자기 나라로 돌아가니 도리어 복이 되고 기쁜 일이 됐다는 내용입니다.[39]

이 곡을 불가로 보는 이유는 작자가 승려라는 점과 가사 내용 중에 '건달바(乾達婆)가 놀던 성을 바라보고'라는 내용 때문입니다. 건달바는 범어 Gandharvad의 한역이며, 팔부중신(八部衆神)의 하나인 천악신(天樂神)을 뜻하는 이름입니다.

『유마경』 권제1에는 "건달바는 천악신이고 십보산(十寶山)에 사는데 천신이 음악을 하려고 하면, 이 신의 몸에 징조가 나타나서 천지(天地)로 나온다."고 하였습니다. 즉 건달바는 제석(帝釋)의 음악을 담당한 신이며, 천제(天帝)가 음악을 할 때 나타나고, 항상 부처님이 설법하는 자리에 출연하여 정법(正法)을 찬탄하고 수호하는 임무를 맡고 있는 신이라 했습니다.

〔 제망매가 〕

생사의 길은 여기에 있으매 두려워져서 나는 간다 하고 말도 못 다 이르고 가느냐. 어느 가을 이른 바람에 여기저기 떨어지는 잎같이 한 가지에 나고도 가는 곳을 모르는구나. 아! 극락세계에 만나볼 나는 도를 닦아 기다리겠노라.

월명사가 죽은 누이를 위해서
재를 올릴 때 지어 부른 노래

제망매가(祭亡妹歌)는 『삼국유사』 권5 월명사 도솔가조 뒤에 기록되어 있습니다. 젊은 나이에 세상을 버린 누이의 죽음을 애태우며 부르는 노래입니다. 한 혈육으로 한 가지에 태어났다가 가을바람에 흩어지는 나뭇잎과 같이 행방조차 모르게 사라져 가는 인생의 무상함과 절망감을 느끼면서 아미타 정토로 인도하고 있는 노래입니다.

이 곡을 불가로 보는 이유는 가사 끝부분에 '아! 극락세계에 만나볼 나는 도를 닦아 기다리겠노라'고 한 가사 때문입니다.

이 곡은 월명사가 죽은 누이를 위해서 재를 올릴 때 지어서 불렀는데, 갑자기 광풍이 불어 종이돈이 서쪽으로 날아가 버렸다고 합니다.⁴⁰ 그리고 이 곡을 지은 월명사는 음악에 뛰어난 재질이 있는 승려로 보고 있습니다. 특히 적(笛)을 잘 불었다고 전합니다.⁴¹

이 향가에 대하여 김운학 님은, "구원을 위한 미타찰토(彌陀利土)로 승화하여 평범한 인생의 상황 속에서 깊은 종교를 낳게 하고 있는 훌륭한 작품"이라고 하였고, 박성희 님은 "이 노래에서는 불교의 내영사상(來迎思想)이 간곡히 나타나고 있다."고 하였습니다.

곡의 성격을 추측해 본다면 이 곡은 제의식에 불러진 곡으로서 선율은 아주 슬픈 진계면조 풍의 가락이 아니었을까 하는 생각이 듭니다.

〔도솔가〕
오늘 이에 산화(散花) 불러 부린 꽃아 너는 곧은 마음의 명(命)을 받아 미륵좌주(彌勒座主)를 모시어라.⁴²

월명사가 만들고, '도솔'은 미륵보살.
'도솔가'는 무속음악 '도살푸리'

도솔가는 35대 경덕왕 19년 4월에 '해가 둘이 병행(竝行)하여 일관에게 물었더니 연승(緣僧)을 불러 산화공덕(散花功德)을 하면 된다고 하여 왕이 마침 월명사가 앞을 지나가므로 불러서 명을 했으나 월명사는 신승(臣僧)은 국선(國仙)의 도(徒)라서 향가는 알고 있으나 범성

(梵聲 : 梵唄)은 알지 못한다고 하여, 왕이 향가라도 좋다고 해서 도솔가를 지었더니 일괴(日怪)가 없어졌다'는 기록이 전합니다. 도솔가가 만들어지게 된 경위입니다. 도솔가에 관해서는 여러 학자들의 이설이 전합니다. 양주동 님은 '도솔'을 '미륵보살'를 칭하는 것으로 보았고,[43] 김동욱 님은 '도솔가'를 미륵영청(彌勒迎請)의 염화가(拈花歌)로 믿어진다고 하였습니다.[44] 모두 도솔가는 미륵보살을 요치하고 영청하는 노래로 보고 있습니다.

음악학자 중에 유일하게 이혜구 님께서 '도솔가'를 국악의 무속음악인 '도살푸리'로 읽어야 한다고 했습니다. 여기서 '도솔'은 '도살'이란 말로서 회생(回生), 환생(還生), 부활(復活) 등의 뜻이라고 하였습니다. 따라서 '도살의 노래'는 변사(變死)의 고경(苦境)을 벗어나 회생의 환희를 읊어내는 소리이며, 본래의 원장(原狀)으로 돌아갈 것을 희구하는 간절한 염원의 노래라고 하였습니다.[45]

흥미로운 것은 '도솔가'가 현존하는 무속음악 '도살푸리'와 관계가 있고, 향가인 '사뇌가'는 '시나위'와 관계가 있다는 것입니다. '시나위'와 '도살푸리'는 경기 이남 지방의 굿에서 연주되고 있는 무속음악으로서 무가(巫歌)와 무무(巫舞)의 반주음악으로, 또는 기악 합주로 연주되고 있습니다. 향가와 무속음악을 연계해서 연구한 것은 이혜구 님이 최초입니다. 음악의 실체를 비교 확인할 수는 없지만 향가를 현존하는 전통음악과 음악적으로 비교, 연구한 것은 높이 평가되어야 한다고 생각합니다.

〔 풍요 〕

오다 오다 오다

와도 서럽더라!

서럽다 우리네여! 공덕(功德) 닦으러 오다.[46]

승려 양지가 영묘사 정육존상을 조성하면서 부른 노래. 민요형식을 취한 노동요

향가 풍요는 신라 선덕여왕 당시 승려였던 양지[47]가 영묘사(靈妙寺)의 장육존상(丈六尊像)을 조성하면서 부른 노래로 전합니다. 이 노래에 대해서 박성희 님은 만성남녀(滿城男女)들이 이토(泥土)를 운반하면서 부른 노래라 했는데, 그리 본다면 이 곡은 성인남녀가 함께 부르는 노동요와 같은 민요로 볼 수 있습니다. 그렇게 보는 이유는 '오다 오다 오다', '서럽다 서럽다'와 같이 같은 문구를 반복해서 부르는 형식을 취하고 있기 때문입니다. 이러한 형식은 후대에 민요 창법의 원형이 된 것으로 보고 있습니다.

이 곡은 짧고 반복구가 있는 것으로 보아 노동을 하며 계속 반복해서 부르는 돌림노래 형식을 띤 곡으로 생각됩니다.

〔 원왕생가 〕

달하, 이제 서방꺼정 가셔서

무량수불(無量壽佛) 전에 일러다가 사뢰소서.
다짐 깊으신 존(尊)을 우러러 두 손을 모두와
원왕생(願往生), 원왕생, 그런 사람 있다고 사뢰소서.
아으, 이 몸을 끼쳐두고, 48대원(四十八大願) 이루실까.

아미타불께 서방정토의 왕생을 기원하는 노래

원왕생가(願往生歌) 『삼국유사』 권제5 광덕, 엄장조(廣德, 嚴莊條)에 기록이 전합니다. 곡의 내용은 서방정토에 왕생을 발원하는 노래입니다. 이 곡에서 불교와 관계되는 서방정토, 무량수불, 세존(世尊), 광덕과 그의 처, 그리고 48대원을 들 수 있습니다. 이 곡은 불교가 생활화되어 있던 문무왕대에 사문(沙門)인 광덕(廣德)과 엄장(嚴莊)이 수도하여 극락으로 갔다는 설화와 아미타사상에 근원을 둔 노래로 보고 있습니다.[48]

'원왕생가'의 작가에 대해서는 광덕, 또는 그의 처, 그리고 원효스님이 지었다는 설과 전승된 '가요'로 보는 설이 있는데, 누구든 관계없이 가사 내용 상으로 보면, 미륵신앙을 바탕으로 정토사상에 입각한 곡으로 보고 있습니다.

김기동 님은 「신라가요에 나타난 불교의 서원사상」에서 '원왕생가'를 광덕이 지은 것으로 보았고, 균여스님의 '보현십종원왕가'와 함께 아미타불의 신앙생활이 기초가 된 정토사상과 직결된다고 논하였습니다.

윤영옥 님은 「원왕생가」에서 미타신앙의 근본사상에 원왕생가를 비유하면서 인간의 비원이 깃들어 있는 애조 띤 노래이며, '제망매가'와 같은 부류의 곡이라고 했습니다.

곡의 내용에 맞춰 가락을 만들어본다면 남도 육자백이 조의 슬픈 계면조 가락이 어울릴 것 같은 생각이 듭니다.

소개드린 바와 같이 '원왕생가'는 서방극락정토를 주관하는 아미타불께 서방정토의 왕생을 기원하는 불가임을 알 수 있습니다.

〔헌화가〕
자주 빛 바위 끝에
잡으온 암소 놓게 하시고
나를 아니 부끄려하시면,
꽃을 꺾어 받자오리다.

**노인을 선승으로 보았고,
'심우', 즉 불을 깨달은 자로 보았다**

'헌화가'는 전체 4구로 된 민요조의 형식을 띠고 있습니다. 이 곡에는 노인, 꽃, 암소, 여인이 등장하는데 헌화가를 불가로 보는 이유는 이들에 대한 해석에서 비롯됩니다. 먼저 이 노래에 대하여 김종우 님은, 위험을 무릅쓰고 절벽 위에 있는 꽃을 꺾어준 노인을 '보살의 화신'으로 보았고, 불가에서 선승을 목우자(牧牛子)로 보는 점을 들어 소를 잡고 가던 노인을 잃었던 자기의 심우(尋牛)를 붙들고 가는 선승으로 보았습니다. 선승을 상징하는 노인, 그가 수로부인의 애원에 심우의 고삐를 놓치더라도 꽃을 꺾어 바치겠다고 하였으니 그 노인은 남을 위하여 자기를 희생하는 숭고한 정신의 소유자라고 하였습니다.[49] 그러나 김동욱 님은 노옹을 목우 선승으로 본 것에 대하여 즉흥 가요로 보는 것이 옳다는 주장을 하였고,[50] 박성의 님은 불교의 목적이 개인의 완성과 지상의 예토(穢土)를 정화하여 불국토를 만들어 자타가 함께 즐거움을 누리는 데 있음을 예로 들면서 위험을 무릅쓰고 절벽에 피어 있는 꽃을 꺾어 구하는 자에게 바치는 것은 공락(共樂)을 위한 행위라고 했습니다. 그리고 불교의 상구보리(上求菩提), 하화중생(下化衆生)을 예로 들면서 애끓는 여인의 원을 충족시켜 주는 것이 결코 선승의 도가 추락하는 것이 아니고, 오히려 갈구하는 자의 마음을 충족시켜 주는 일이 대승적이고 이타적인 행위이기 때문에 헌화가 속의 노옹이 선승이 아니라고 단정할 수가 없다고 하였습니다.[51] 김광순 님은, 노옹을 불가에서의 '심우'를 나, 즉 '불을 깨달은 자'로 보아야 한다고 하였습니다.[52]

이상 소개한 내용으로 보아 헌화가는 불교사상을 바탕으로 하고 있으나 시의 내용은 신라 사람들의 소박미와 아름다움에 대한 숭고한 표현이 깃든 노래였을 것으로 추정됩니다.

〔 도천수관음가 〕

무릎을 꿇으며 두 손바닥 모아서

천수관음전에 비는 말씀 두나이다.

천의 손과 천의 눈을 하나를 놓고 하나를 덜었삽기에

둘 없는 나인지라,

하나는 가만히 고쳐주십시오.

아! 나에게 남기신다면 놓으시는데

쓸 자비야 얼마나 클 것인가.

어머니가 실명한 아들을 위해
천수대비관세음보살 앞에서 부른 노래

도천수관음가(禱千手觀音歌)는 곡목에서 말해 주듯이 불가임을 알 수 있습니다. 경덕왕 때, 아들이 실명하여 그의 어머니 희명(希明)이 분황사에 있는 천수대비관세음보살 앞에 이 노래를 지어 불렀더니 아들의 눈이 밝아졌다고 합니다.

이재선(李在銑) 님은 「신라향가의 어법과 수사」라는 논문에서 이 노래에 불교의 민간 신앙적 요소가 나타나고 있음을 강조하였습니다.[53] 이 노래를 지은 작자에 대해서는 많은 학설이 분분합니다. 희명이 지었다는 설(양주동), 『삼국유사』의 기록대로 5살짜리 맹아가 지었다는 설, 어느 승려가 지은 사녀가 형식의 기도문이라는 설(조동일),

희명이 즉흥적으로 부른 노래이나 훗날 작품화된 노래(박노준) 등의 설이 전하고 있습니다. 이 노래의 선율은 실명을 한 아들을 위한 모성의 애원과 바람이 담긴 처절한 가락이었을 것으로 생각됩니다. 스님이 지어 부른 향가와 다른 서민적이고 토속민요적인 계면조 가락의 노래였을 것으로 보입니다.

이상 소개한 향가 이외에도 불가와 관련된 곡들이 많이 있으나 이번 여행에서는 향가가 우리의 불가라는 점을 소개하는 데에 목적이 있어 더 이상의 예는 생략하고자 합니다. 향가 중에는 '처용가'와 같이 가사 내용은 불교와 관계가 없어 보이나 곡이 만들어지게 된 배경 등에서 불교와 깊은 관계가 있는 곡들이 있습니다. 그러나 이번에는 향가가 초기의 불가였음을 확인하는 차원에서 가사 내용에 불교와 관련이 있는 곡만을 선정해서 소개를 해드렸습니다.

향가에 대한 관심이 있으신 분은 『한국불교 음악사 연구』(박범훈)를 참고하시기 바랍니다.

3. 보현십원가와 균여스님

균여대사(均如大師)[54]가 지은 보현십원가(普賢十願歌)는 『균여전』에 전하고 있습니다. 『균여전』은 균여스님이 입적한 지 100여 년이 지난 뒤 그의 문도 가운데 혁련정(赫連挺)이 지은 것인데, 균여스님이 지은 '보현십원가'의 향가 11수가 여기에 실려 전합니다. 그러나 균여스님이 11수의 향가를 언제 지었는지, 그 시기에 관해서는 확실한 문헌이 발견되지 않아 알 수가 없습니다. 균여스님은 '보현십원가' 외에도 많은 향가를 지어 불렀던 것으로 보입니다. 이러한 내용은 『균여전』의 기록을 통하여 알 수 있는데, 그 서문에 다음과 같은 글이 전합니다.

"대개 사뇌(詞腦)란 세인의 의락(意樂)의 도구요, 원행(願行)이란 보살의 수행의 추요(樞要)이다. 그러므로 얕은 곳을 건너 깊은 곳으로 돌아가게 되고, 가까운 곳으로부터 먼 곳으로 이르게 되니, 세도(世道)에 따르지 않고는 열근(劣根)을 인도할 길이 없으며, 누언(陋言 : 鄕言)에 의탁하지 않고는 크고 넓은 인연을 나타낼 길이 없다. 이제 알기 쉬운 가까운 개념(近事)에 의탁해서 도리어 생각하기 어려운 깊은 뜻(遠宗)을 만나기 위해 십대원지문(十大願之文)에 의거하여 십일황가지구(十一荒歌之句)를 지으니, 중인(衆人)의 눈에는 극히 부끄럽지만 제불(諸佛)의 마음에는 부합되기를 바란다. 비록 뜻을 잃고 말이 어긋나 성현(聖賢)의 묘취(妙趣)에는 불합(不合)하나 글을 맞추고 글귀를 지어 범속(凡俗)이 선근(善根)을 낳기를 바란다. 웃으면서 외우려는 이는 송원(誦願)의 인연을 맺을 것이며, 비방하면서 염하려는 이도 염원(念願)의 이익을 얻을 것이다."[55]

보현십원가는 향찰문으로 사내가(鄕歌) 식으로 지었다

위의 글에서 주목이 가는 것은 근본적인 이치(遠宗)를 알기 위하여 세속의 도리와 알기 쉬운 가까운 개념에 의탁하여 '보현십원가'를 향찰문으로 하여 사뇌가 형식에 맞추어 지었다는 것입니다. 그리고 이 곡을 지은 목적은 보살행을 하도록 하기 위해서라고 했습니다.

균여스님은 대중들이 부르기 쉬운 향찰문으로 가사를 짓고, 당시 대중들이 좋아하던 사뇌가 형식으로 가락을 지었는데, 이러한 이유는 이 노래가 쉽게 많은 대중들에게 불리도록 배려한 데에 있다고 했습니다. 이 말에는 불교의식에서 부르는 범패만으로는 일반 대중을 상대로 한 포교에 어려움이 있다는 뜻으로 보입니다. 이러한 이유에서 균여스님은 누구나 쉽게 부를 수 있도록 대중적인 가락으로 '보현십원가'를 만들었던 것입니다.

그리고 뒤에 이어지는 설명은 승려로서 대중적인 불가를 만든 것에 대한 부담스러움이 엿보입니다. 그렇지만 이와 같은 불가를 부름으로써 "모든 사람들이 선근을 쌓게 되기를 바란다."고 결론지어 말하고 있습니다.

'보현십원가'의 가사는 앞에서 언급한 바와 같이 보현행원품의 10대원을 소재로 하여 만든 것입니다. 곡의 가사 내용을 요약해보면 다음과 같습니다.

1) 예경제불가

　마음의 붓으로 그리워 삶은 부처 앞에 절하는 몸은 법계(法界) 다하도록 이르거라(到達) 티끌마다 부처의 절이오, 절마다 뫼실 바이신 법계에 가득 차신 부처 아홉 대(代)까지 다 예배하고저. 아--몸과 말과 뜻의 세 업(業)이 고단하고 싫음이 없이 이렇게 사뭇 부지런하고 싶다.

　예경제불가(禮敬諸佛歌)에서는 불심을 '마음의 붓'으로 표현하였습니다. 불심으로 법계가 다 하도록 부처님을 찬탄하고 자신의 귀의를 강조하고 있습니다.[56]

2) 칭찬여래가

　오늘 중생들을 위하여 나무불(南無佛)을 삶은 혀에 무진변재(無盡辯才)의 바다들아 일념(一念)안에 솟아나거라. 티끌 같은 헛된 것 뫼신 공덕의 몸을 대(對)하 삶기, 갓 없는 덕(德)바다를 간왕(間王)으로 칭찬하옵고져. 아--비록 한 터럭 덕(德)도 다 못삶나이다.

　칭찬여래가(稱讚如來歌)는 삶의 근원이 되는 법해(法海)와 덕해(德海)를 불성(佛性)으로 상징하였고, 바다의 넓고 원융함을 부처님의 큰 이상에 비유했습니다. 그리고 부처님을 염하는 경건한 음성이 너무나 간절하니 바다에 이르게 해달라고 소망했고, 나무불과 중생은 바다와 털의 관계로 비유하여 넓음과 적음을 대비하였습니다.

3) 광수공양가

> 부져 잡으며 부처 앞 등잔을 고치란대, 불 심지는 수미산(須彌山) 같고 불 기름은 큰 바다 이루거라. 손은 법계(法界) 어디나 다 이르도록 하며, 손에마다 법(法)의 공양으로 법계에 차신 부처께 부처 모다 공양하시옵고져. 아--법계 공양 많으나 이것이 아-- 최승(最勝)의 공양이여.

광수공양가(廣修供養歌)는 부처님께 올리는 공양 중에 등 공양(燈供養)이 제일이라고 강조하는 내용이 돋보이는 노래입니다. 위의 가사 중에 흥미로운 것은 불심지를 수미산에, 불 기름은 바다에 각각 비유했다는 겁니다. 즉 심지는 수직적 이미지로서 '부처님에 대한 나의 경배'를, 불 기름은 수평적 의미로 나의 신심의 무한함을 상징하는 것으로 풀이됩니다. 즉 심지는 높은 수미산으로, 기름은 대해(大海)로 표현하여 부처님의 공양 중에 등 공양이 가장 높은 것임을 강조하고 있습니다.[57]

4) 참회업장가

전도(顚倒)를 이루어 보리(菩提)에 향한 길을 어즈럽게 하여 지은 악한 사람은 법계나마 나는 것이니이다. 모진 버릇 떨어지는 3업(三業)을 정계(淨戒)로 가지고, 오늘 중생돈부(衆生頓部)의 참회를 시방 부처는 알고 계시소서. 아--중생계에서 나의 참회를 다하여 미래에 영원히 악한 조물(造物)을 버리고져.

참회업장가(懺悔業障歌)는 인간이 짓는 죄가 너무나 굳어져 있어, 그것이 정상적인 줄 알고 살아가는데, 이러한 인간 죄업에 대해 중생들에게 참회할 것을 강조한 시가입니다.

5) 수희공덕가

미(迷)와 오(悟)가 같은 한 몸인 연기(緣起)의 이치를 찾아보면, 부처와 중생 모두 다 내 몸이 아닌 남이시랴. 닦을(修行) 것은 돈부(頓部)인 내가 닦을 것이로다. 얻으신 사람마다 남이 아니고, 어느 사람의 선(善)인들 아니 기쁨을 두오릿가. 아--이렇게 너겨 행할진대 질투하는 마음인들 날 수 있으랴.

수희공덕가(隨喜功德歌)는 피아일체(彼我一體)의 사상을 표현한 것입니다. 즉 미오(迷悟)가 동체(同體), 부처와 중생도 나와 남이 없다는 것입니다. 남이 지은 공덕을 자신이 이룬 것처럼 기뻐하고 따르는 경전의 내용을 시로 만든 것입니다.

6) 청전법륜가

저 넓은 법계 안의 불회(佛會)에 나는 또 나아가서 법우(法雨)를 내리라고 빌도다. 무명(無明)의 흙으로 깊이 묻어 번뇌의 열(熱)로 다려내매, 착한 싹을 못 기른 중생의 밭을 젖이심이여. 아--보리수의 열매 열은 각월(覺月)이 밝은 가을밭이여.

청전법륜가(請轉法輪歌)는 절실한 예찬의 어법을 구사하고 있습니다. 자비와 은혜를 법우(法雨)로 표현했고, 중생의 마음을 심전(心田)으로 표현했는데, 이는 좋은 싹이 자라 산업의 열매를 맺을 수 있는 바탕으로 상징화한 것입니다. 깨달음의 달이 비추는 수확의 가을밭이 되도록 해달라고 청원하는 내용입니다.

7) 제불주세가

모든 부처는 비록 화연(化緣)은 마치셨으나 손을 부비어 올림으로써 세상에 머물게 할러라. 새벽 아침부터 밤중까지 부처를 향

(向)하고 있을 벗들아 알세라. 이같이 알게 하오매 깊을 어즈럽게 한 무리만 섧도다. 아--우리 마음의 물(心水)이 맑은 다음에야 부처의 그림자가 어찌 아니 응(應)하시리.

제불주세가(諸佛住世歌)는 중생의 길을 고해와 방향을 잃은 미로로 보고, 인간의 안주를 기원하고 있습니다. "손을 부비어 올림으로써 세상에 머물게 할러라", "아! 우리 마음의 물이 맑은 다음에야 부처의 그림자가 어찌 아니 응하시리" 마음의 물이 맑고 고요하면 그림자가 생기는데, 그 그림자를 곧 부처님의 감응으로 생각했습니다. "새벽 아침부터 밤중까지 부처를 향하고 있을 벗들아 알세라" 아침부터 밤까지 부처님의 감응을 얻고자 정진하는 모습을 그리고 있습니다.

8) 상수불학가

우리 부처가 지나간 세상에 닦으려시던 난행고행(難行苦行)의 원(願)을 나는 돈부(頓部)를 쫓으리이다. 몸이 바스러져 가루가 되매 신명(身命)을 버릴 사이에도 그렇게 배우리라. 모든 부처도 그렇게 하신이로다. 아--불도(佛道)에 직면(直面)한 마음아 다른 길로 아니 빗나가게 하소서.

상수불학가(常隨佛學歌)는 부처님의 고행을 찬탄하고 이를 수행하려는 자의 다짐을 노래한 것입니다. "몸이 바스러져 가루가 되매 신명을 버릴 사이에도 그렇게 배우리라" 등은 굳은 다짐의 맹세를 보여주며, "불도에 직면한 마음아 다른 길로 아니 빗나가게 하소서"는 불도를 향한 마음에 변화가 있을 것을 염려하여 그렇게 되지 않도록 서원하고 있는 것입니다.

9) 항순중생가

각수왕(覺樹王)은 중생들을 뿌리로 삼으신 이라. 대비(大悲)의 물로 젖이어 아니 이울어질 것이더라. 법계(法界) 가득 차서 꾸물꾸물할 나도 동생동사(同生同死)(하는 터이라), 염념(念念)히 서로 이어 간단(間斷)이 없이 부처께 하듯이 공경하더라. 아--중생(衆生)이 편안(便安)하면 부처도 또 기뻐하리라.

항순중생가(恒順衆生歌)는 부처님은 항시 길 잃은 중생들을 뿌리(根本)로 삼으시고, 대비(大悲)의 물로 중생의 마음을 시들지 않도록 항상 적셔 주시어 새롭고 싱싱하게 자랄 수 있게 하여, 중생이 편안하고 안락하면, 그것이 곧 부처님의 기쁨이라는 내용입니다.

10) 보개회향가

모든 나(一切我)의 닦는 일체선(一切善)은 돈부(頓部)를 돌리어 중생의 바다 안에 입은 무리 없이 알리어 가고져, 부처의 바다를 이룬 날은 뉘우친 악업(惡業)도 법성(法性)집의 보배라. 예로부터 그리하더라. 아--위하는 부처도 나의 몸이니 딴 남이 있으랴.

보개회향가(普皆廻向歌)는 모든 것을 중생들에게 들려주고 싶어 하는 노래입니다. 넓은 바다의 세계를 부처님의 세계로 비유하여 설명했고, 그 바다를 이룬 날은 뉘우친 악업도 법성(法性)의 집의 보배라고 하였습니다.

11) 총결무진가

중생계(衆生界)가 다하면(없어지면) 나의 원(願)도 다할 날도 있을 것인가. 중생 깨우침이 갓 없는 원해(願海)이고, 이같이 가면 향(向)한 바가 곧 선(善)한 길이라. 이와, 선현행원(善賢行願)이 또한 부처 일이라. 아--선현(善賢)의 마음을 알고 싶어 이 방면으로 마음이 남아, 다른 일은 버리고저.

총결무진가(總結無盡歌)는 보현보살의 원이 중생을 제도하는 데 그 목적이 있는 만큼 보현원을 따르기 위해 정진하여 힘을 얻자는 것입니다. '중생 깨우침이 갓 없는 원해(願海)'는 행원의 시간을 초월한 영원성을 상징하고 있습니다.

균여스님의 보현십원가는
광덕스님의 보현행원송으로 새로 태어나다

이상으로 균여스님이 지은 보현십원가 11수에 대해 살펴보았습니다. 균여스님의 향가와 신라의 향가가 같은 것이냐에 대한 의문도 제기되고 있습니다만 균여스님 자신이 서문에서 밝혔듯이 본인이 만든 보현십원가는 사뇌가(鄕歌) 형식을 취하고 있다고 했음을 생각해 볼 때, 음악적으로는 신라향가와 같은 범주에 속하는 것으로 볼 수 있습니다.

균여스님의 향가 11수는 승려가 지어 불렀던 노래지만, 대중적 성격을 띠고 있음을 짐작케 합니다. 향가는 앞에서 언급했듯이 '일반적인 향가'와 '불교적인 향가'로 나누어 생각해볼 수 있는데, 균여스님의 향가는 경전의 내용을 골자로 하고 있어 불교적인 향가로 볼 수 있습니다. 그러나 가사를 대중들을 위해 향찰로 지었고, 곡의 형식도 당시에 대중들이 좋아했던 사뇌가 풍을 따랐다고 한 것으로 보아 곡조는 일반적인 향가풍이었을 것으로 짐작됩니다.

이상 소개한 보현십원가 가사의 해석은 그동안 국문학계의 석학들이 분석한 내용을 인용해서 소개했습니다. 음악의 실체가 전하지 않고 있어 소개에 한계가 클 수밖에 없습니다.

균여스님의 보현십원가는 광덕스님에 의하여 보현행원송으로 새롭게 태어났습니다. 보현보살의 열 가지 대원을 노래로 부를 수 있도록 작사를 해 주셔서 곡을 붙여 관현악과 대합창으로 세종문화회관 대극장에서 성대하게 공연을 했습니다. 없어진 균여스님의 보현십원가의 선율이 광덕스님으로 인해 새롭게 탄생하게 된 것입니다. 이 곡에 대해서는 뒤에 '불교음악과의 인연' 편에서 상세하게 소개해 드리겠습니다.

4. 진감선사(眞鑑禪師)와 범패(梵唄)

중국의 당풍 범패와 신라풍 범패

중국으로부터 우리나라에 불교가 초전된 시기를 372년(고구려 소수림왕2)으로 보고 있는데 당시의 불교의식에는 중국풍의 불교음악이 존재했을 것으로 생각됩니다. 불교는 항시 의식을 수반하고 있기 때문에 스님이 부르는 단순한 중국 불교의식 음악이 존재했을 것으로 보고 있습니다. 기록에 의하면, 고구려에 불교가 들어온 지 20년이 지난 후에야 평양성 내에 아홉 개의 절이 건립됐고, 불교를 학문적으로 연구하고 교단을 세우려는 수계법(受戒法)이 이행되었다고 합니다. 이때는 시기적으로 신라풍의 범패나 불교음악이 만들어지지 않았을 때로 보입니다. 그러나 당시에 어떤 불교음악이 연주됐는지는 알 수가 없습니다.

우리나라에 정식으로 중국 당나라의 범패가 전래된 기록은 쌍계사에 있는 '진감선사대공탑비문(眞鑑禪師大空塔碑文)'이 유일합니다. 최치원 선생이 쓴 이 비문에는 830년에 진감선사가 당(唐)에서 유학을 마치고 옥천사(쌍계사)에서 범패승을 대상으로 당풍의 범패를 전수한 내용이 기록되어 있습니다. 이 기록에 의하여 범패의 초전 시기를 830년으로 되어 있으나 중국으로부터 불교가 초전된 372년 이후 400여 년간 향가와 같은 우리의 범패(梵唄)가 존재했던 것으로 보여집니다. 확인할 수 있는 기록으로는 『삼국유사』의 월명사도솔가조(月明師兜率歌條)가 있습니다.

"경덕왕 19년(760) 4월에 해가 둘이 병행하여 왕이 일관에게 불었더니 연승(緣僧)을 불러 산화공덕(散花功德)을 하면 된다고 해서 마침 지나가던 월명사(月明師)에게 명했으나 월명사는 향가(鄕歌)는 알고 있지만 범패(梵唄)는 모른다고 하였다."는 기록이 있습니다. 그리고 신라 법흥왕 15년(528)에 불법이 처음 행해졌다는 내용과 진평왕 15년(613) 황룡사에 백고좌가 설치됐다는 기록이 전하고 있음을 볼 때, 진감선사가 중국 범패를 전수한 830년보다 앞서 범패가 존재했던 것을 예측할 수가 있습니다. 또한 삼국시대에 국가적 행사로 열렸던 팔관회

(八關會), 인왕백고좌회(仁王百高座會) 등에 불교의식 음악이 수반됐을 것으로 보여집니다.

다음으로는 일본 승 엔닌(圓仁)의 『입당구법순례행기』의 내용입니다. 838년에 일본승 엔닌이 그의 제자들과 함께 산동반도에 있는 신라 절 적산원(赤山院)에 머물면서 예불의식에 대한 내용을 기록했는데 당시 신라풍속에 따른 예불의식과 그에 따른 탄불곡이 당음(唐音)이 아니라 신라의 것이었다고 했습니다.[58]

이상의 기록을 보면 839년에도 중국에 있는 신라의 절(赤山院)에서는 당풍(唐風)이 아닌 신라의 찬불음악(梵唄)이 불려졌다는 사실을 알 수가 있습니다. 또한 예불의식에 따라 당풍과 신라풍이 병행됐다는 기록을 보면 신라풍의 찬불음악(梵唄)이 존재했었다는 사실을 확인할 수 있습니다. 다시 말해 중국 범패가 전래되기 이전부터 신라에는 향가(鄕歌)가 존재했고, 화청과 같은 민요풍의 순수한 우리 불교음악이 존재했다는 것입니다.

5. 진감(眞鑑)[59] 국사와의 만남

쌍계사 진감선사대공탑비문(眞鑑禪師大空塔碑文)

화개십리로 유명한 경남 하동군 화개면에 있는 대한불교조계종

제13교구본사 쌍계사는 840년(신라 문성왕 2년)에 진감선사가 개창한 것으로 전합니다. 처음에는 옥천사(玉泉寺)였는데 헌강왕(憲康王) 때, 앞에 흐르는 두 개의 개울을 상징하는 쌍계사(雙磎寺)로 이름이 바뀌었습니다. 경내 대웅전 앞에 국보 제47호인 '진감선사대공탑비문(眞鑑禪師大空塔碑文)'을 비롯하여 보물 제380호의 쌍계사 부도와 보물 제500호 대웅전 등의 지정문화재가 있습니다.

진감선사의 부도가 쌍계사 뒷산에 숨겨져 있다

　진감스님과의 만남을 위해서는 먼저 쌍계사에 있는 진감선사대공탑비문를 보고 쌍계사 뒤쪽에 있는 국사암(國師庵)을 봐야 합니다. 진감스님이 국사 호칭을 받아서, 국사암이라 했다는 설이 전하고 있습니다. 그리고 국사암에서 불일평전 쪽으로 조금 올라가다 보면 좌측 능선 위에 진감스님의 부도가 있습니다. 안내 표시가 없어서 일반인들은 찾기가 어렵습니다. 국사암 스님의 말에 의하면 부도가 크지 않아서 도난의 위험 때문에 알리지 않고 있는 것 같다고 했습니다.
　우리나라에 중국의 당풍 범패가 최초로 전래된 역사는 쌍계사의 진감선사대공탑비문의 기록에 의거합니다. 이 기록이 없었다면 우리나라에 중국 범패의 전래 시기는 밝혀지지 않았을 것입니다.
　쌍계사 대웅전 앞에 있는 진감선사대공탑비문은 천년의 세월을 이겨낸 고난의 실상을 그대로 보여주고 있습니다. 한국전쟁 때 총탄의 흔적까지 품고 있으면서도 신라의 범향(梵香)을 풍겨주고 있습니다. 최치원 님은 진감선사와 범패에 대해 이렇게 썼습니다.

"선사는 범패를 잘하여 그 소리가 금이나 옥처럼 아름다웠다. 곡조와 소리는 치우치듯 날 듯 경쾌하면서도 애잔하여 천인들이 듣고 기뻐할 만하였다. 소리가 먼 데까지 전해져서 절이 배우려는 사람들로 가득 찼으나, 싫은 내색 없이 이들을 가르쳤다. 지금 중국 어산(魚山)의 아름다운 범패를 배우려는 자들이 앞다투어 콧소리를 흉내 내어 옥천사에 전해져 온 소리에 영향을 주고 있으니, 이 어찌 소리로써 중생을 제도하는 것이 아니겠는가."

범패의 소리가 금이나 옥처럼 아름다웠다

범패의 음악적 아름다움의 표현이 『고승전』의 기록에서 볼 수 있는 범패의 감동에 관한 기록을 연상케 합니다.[60] '범패의 소리가 금이나 옥처럼 아름다웠다(雅善梵唄 金玉其音)'고 했으며, 천인(天人)들이 듣고 기뻐할 만하다고 했습니다. 구르는 곡조와 날리는 소리는 상쾌하면서도 슬프고 우아하여 모든 천상의 사람들이 기쁘게 할 만한 것이었고, 범패를 부르는 방법이 멀리까지 전해지니 배우려는 자가 절에 가득 찼으나 가르치는 것을 권태롭게 생각하지 않았습니다. 당시 신라에서는 '중국 범패의 묘음(妙音)'을 배우려고 앞다투어 콧소리

_ 진감선사대공탑비문.

를 흉내 내어 옥천사(쌍계사)에 전해온 소리에 영향을 주고 있으니 어찌 소리로써 제도하는 교화가 아니겠는가'라고 했습니다.

　이상의 기록을 통해서, 범패는 신라 후기에 진감선사로부터 옥천사에서 전수됐던 것을 확인할 수 있고, 당시에 진감선사가 가르친 범패는 중국 당풍의 범패였던 것을 알 수 있습니다. 전국적으로 많은 승려들이 범패를 배우기 위하여 옥천사로 몰려들어 만당(滿堂)을 이루었다고 하는 것은 이미 그 당시에 범패가 전국적으로 널리 알려져 있었음을 증명해 주는 동시에 중국 본토에서 범패를 배운 진감선사에게 직접 전수받기 위한 것으로 보여집니다. 그리고 한편으로는 전국적으로 많은 범패승이 있었다는 것을 말해 주고 있는 것입니다. 당시 신라에는 진감선사가 범패를 가르치기 이전부터 향가를 비롯하여 신라풍의 범패가 있었던 것으로 보고 있는데, 이러한 신라풍의 범패를 알고 있는 승려들이 중국 본토의 범패를 배우기 위해 모여든 것입니다. 지금의 상황에 비교해 보면 외국의 유명한 음대에서 연수하고 온 교수한테 그 나라의 음악을 배우려고 학생들이 몰려드는 것과 같다고 할 수 있습니다.

　진감선사의 초기 범패교육은 중국 당풍의 범패가 중심이었을 것으로 생각됩니다. 그러나 이러한 범패교육이 결과적으로 우리 범패의 발전과 활성화를 위한 계기가 됐음에는 의심의 여지가 없습니다. 확실한 기록은 없으나 진감선사가 섬진강에 노니는 물고기의 모습을 보고 우리의 어산(魚山), 범패를 창안했다는 구전설은 진감선사가 우리 고유의 범패를 창안했거나 중국의 범패를 우리식의 범패로 재창안했음을 의미합니다. 현존하는 우리 범패의 역사적 근원을 진감국사로 보는 이유도 여기에 있습니다.

개인적으로 진감국사를 찾아 쌍계사 국사암과 인연을 맺은 지 어느덧 35년이 되어 갑니다. 우리나라 불교역사상 인간문화재를 모시고 국사암에서 산사음악회를 최초로 열게 된 것도 진감국사의 얼을 기리기 위함이었습니다. 국사암 산사음악회에 관해서는 뒤편에서 자세히 소개해 드리겠습니다.

6. 현존하는 한국 범패

범패는 인도에서 발생한 불교음악이나 곡의 율(律)은 각국의 어음(語音)에 따라 변화됐음을 알 수 있습니다. 중국의 언어는 사성(四聲)의 발음을 필수요건으로 하므로 그런 이유로 인도의 범패가 중국의 범패로 변천되었고, 같은 한문 문화권인 한국과 일본에서도 한문에 대한 어음 발성의 차이에 따라 각각 중국 범패, 한국 범패, 일본 범패로 분류되고 있습니다. 일본승 엔닌이 쓴 『입당구법순례행기』에서 당시에 신라 절이었던 적산원(赤山院)의 불교의식에 당풍의 범패, 신라풍의 범패, 일본풍을 닮은 범패가 있었다고 했습니다.

한국에 전승된 범패도 신라시대 진감국사에 의하여 중국에서 전해진 범패가 있고, 그보다 먼저 향가를 비롯해 신라풍의 범패가 있었던 것으로 여겨집니다. 그러나 현재 전승되고 있는 한국 범패가 진감국사가 전수한 중국 당풍의 범패인지 아니면 신라시대부터 존재하고 있던 우리의 범패인지 확실하게 구분할 수는 없지만 『범음집(梵音集)』, 『작법귀감(作法龜鑑)』[61]에서 범패는 사성의 법에 정확히 따라야 한다고 주장하고 있는 것으로 보아 중국식 범패를 따르려고 했던 것을 알 수 있습니다.

없어진 팔공산조 범패

현존하는 한국 범패는 경산조(京山調)와 팔공산조(八公山調)로 구분합니다.

경산조는 서울을 중심으로 호남의 좌도지방에 전파되었고, 팔공산조는 영남을 중심으로 호남 우도지방에 분포되어 있었습니다. 선율적 특징은 경산조가 경쾌한 느낌을 주는 반면, 팔공산조는 유연한 느낌을 줍니다. 경산조는 한자의 사성을 따르려고 했으나 팔공산조는 사성에 충실하지 않은 것으로 전합니다. 불행하게도 팔공산조의 음률이 전하고 있지 않아 경산조와 팔공산조의 율적 비교가 어려운 상황입니다. 다행히 필자의 스승인 홍윤식 선생님이 부산 금정산 국청사(國淸寺) 승려의 팔공산조의 범패를 녹음해 놓은 자료가 있다고 하여 앞으로 일부분이라도 비교할 수 있는 기회가 있을 것으로 기대

_ 보물 제380호 진감선사 부도탑.

하고 있습니다. 팔공산조에 관심이 가는 것은 경산조에 비해 중국식 사성을 따르지 않았다는 점에서 가락이 한국식 범패로 변화한 것으로 보기 때문입니다.

현존하는 범패의 음악적 스타일은 일반 승려들이 부르는 '안채비 소리'와 범패승들이 부르는 '바깥채비 소리', 그리고 '작법반주 소리'와 화청(和請)으로 구분합니다.

일반 승려들이 부르는 안채비 소리는 보통 사찰에서 법주(法主) 또는 일반 스님들이 부르는 염불을 말합니다. 가사가 한문으로 된 산문형식을 띠고 있으며, 근래에 와서는 한글로 번역된 경문을 부르기도 합니다. 유치, 청사 같은 축원문을 요령이나 목탁을 치면서 낭송합니다.

범패승이 부르는 바깥채비 소리는 일명 겉채비 소리라고도 하는데, '홋소리'와 '짓소리'로 구분합니다. 범패는 대부분 바깥채비 소리를 전문으로 하는 범패승들이 부르며, 작법반주 소리도 동일합니다.

화청은 일반 대중들이 쉽게 알아들을 수 있는 가락과 가사로 짜여져 있고, 범패에 비하여 순수한 우리적인 범패로 볼 수 있는 곡입니다. 화청에 관해서는 다음 장에 상세하게 소개해 드리고자 합니다.

현존하는 범패의 종류는 다음과 같습니다.

안채비 소리

유치성(由致聲) 20곡, 착어성(着語聲) 4곡, 소성(疎聲) 17곡, 편게성(偏偈聲), 청문성(請文聲), 축원성(祝願聲), 가영성(歌詠聲), 고아게성(故我偈聲), 헌좌게성(獻座偈聲), 종성(鐘聲), 탄백성(歎白聲), 창혼(唱魂).

바깥채비 소리(홋소리)

갈향게성(喝香偈聲), 개계성(開啓聲), 가영성(歌詠聲), 송자성(松子聲), 소성(疎聲), 창혼성(唱魂聲), 원아게성(願我偈聲), 창불성(唱佛聲), 삼례사부청성(三禮四府請聲), 욕건성(欲建聲), 향수라열성(香需羅列聲), 가지게성(加持偈聲), 보공양(普供養), 보회향성(普回向聲), 헌좌게성(獻座偈聲).

바깥채비 소리(짓소리)

인성(引聲), 거령산(擧靈山), 관욕게(灌浴偈), 목욕진언(沐浴眞言), 단정례(單頂禮), 보례(普禮), 식영산(食靈山), 두갑(頭匣), 오관게(五觀偈), 영산지심(靈山志心), 특사가지(特賜加持), 거불(擧佛), 사마타(三嘛馱), 사마하(三摩訶), 옴아훔.

작법반주 소리

도량게(道場偈), 다게(茶偈), 운심게(運心偈), 향화게(向花偈), 목단찬(牧丹讚), 오공양(五供養), 삼귀의(三歸依), 창혼(唱魂), 지옥게(地獄偈), 사마타(三嘛駄), 구원겁중(久遠劫中).

이상 소개한 범패 곡들은 진감선사가 당풍의 범패를 전수한 이후 오랜 시공을 거치면서 한국 불교의 대표적인 의식음악으로 전승된 곡들입니다. 역사적으로 보면 중국으로부터 전래된 곡들이지만 현재 중국에서는 찾아볼 수 없는 세계적으로 유일한 한국 불교 의식곡으로 인정받고 있습니다. 역사성과 예술성에서도 최고의 곡으로 평가받고 있습니다. 현재 영산재와 함께 국가중요무형문화재 제50호로 지정하여 전수·보존하고 있습니다.

7. 불교의식과 범패

불교의식과 범패에 관한 연구는 그동안 여러 학자들에 의하여 이루어져 왔습니다.[62] 불교의식에 관해서는 이전에 연구된 내용과 안내자가 동국대 문화예술대학원 학생들을 인솔하여 범패보유자 박송암(朴松岩) 스님에게 직접 범패를 배우면서 조사한 내용을 토대로 소개하고자 합니다.

상주권공재(常住勸公齋)

상주권공재는 재(齋)의식 중에 규모가 가장 작습니다. 49재를 비롯하여 대상(大祥), 소상(小祥) 때 이 재를 지내며, 이 재에서 부르는 범패는 가장 기본이 되는 것입니다. 범패승이 범패를 배울 때 이 상주권공부터 배웁니다. 재를 올리는 순서와 그때 부르는 범패는 다음과 같습니다.

옹호게, 할향, 연향게(일명 등게), 쇄수게(일명 관음찬), 복청게, 천수, 사방찬, 도량게, 참회게, 거불, 진령게, 보소청진언, 유치, 청사, 가영, 고아게, 헌좌게, 다게, 사다라니, 가지게.

위의 곡목 중에 게(偈) 자로 된 것은 사설이 한문의 4언, 5언 또는 7언으로 되어 있는 4구 정형시의 형식으로 되어 있고, 게 자가 붙지 않은 '유치', '청사' 등은 시가 아닌 산문 형식입니다.

시왕각배재(十王各拜齋)

상주권공보다는 약간 규모가 큰 재입니다. 일명 대례왕공문(大禮王供

文)이라 하며, 주로 재수(財數)를 위해 드리는 의식이며, 저승에 있는 십대왕(十大王)에게 행운을 비는 재입니다. 재의 절차는 다음과 같습니다.

1. 시왕도청(十王都請) : 시왕을 모두 불러들이는 절차
2. 중단대례청(中壇大禮請) : 명부단(冥府壇)
3. 하단(下壇) : 잡혼(雜魂)들을 위한 재식
4. 회향단(回向壇) : 신들을 봉송(奉送)

생전예수재(生前豫修齋)

생전에 미리 극락왕생을 기원하는 재입니다.

1. 사자단(使者壇) : 자자들을 위한 재
2. 상단(上壇)·중단(中壇) : 명부(冥府)의 시왕(十王), 26판관, 37귀왕혼(三七鬼王魂), 5사자(五使者) 및 고사판관(庫司判官)들을 위한 재의식
3. 하단(下壇)
4. 회향단(回向壇)

수륙재(水陸齋)

수중고혼(水中孤魂)을 위한 재로 알려져 있으나 반드시 그런 것만은

아닙니다. 강이나 바다 등에서 행하는 것이 원칙입니다만 큰 재의 경우에는 절에서 먼저 의식을 행하고 강이나 바다로 가서 방생재(放生齋)를 하기도 합니다.

삼화사와 진관사에서 거행되는 수륙재는 2013년 12월 31일자로 대한민국의 국가민족문화재 125호와 126호로 각기 지정되었습니다. 조선 초기부터 양사(兩寺)에서 수륙의 고혼천도를 위하여 행해졌던 불교의례임을 인정받아 지정된 것입니다. 앞으로 불교문화재가 유형뿐만 아니라 무형의 문화재 지정이 더 확대될 것으로 보고 있습니다.

1. 서찬편(序讚篇) : 영산재를 간략하게 하는 것
2. 상단 : 본존불 석가모니 부처님을 모셔 놓은 재단에 올리는 재의식
3. 사자단 : 명부의 사자들을 모셔 놓은 재단에 올리는 재의식
4. 오로단(五路壇) : 동·서·남·북 중앙의 평등세계, 즉 자연계에 올리는 재의식
5. 상단
6. 중단 : 명부단으로서 천장보살(天藏菩薩), 지지보살(持地菩薩)을 모셔 놓은 제단에 올리는 재의식
7. 하단 : 일체무주고혼(一切無主孤魂) 즉, 잡신들을 위한 재의식
8. 회향단 : 모든 재의식의 마무리

_ 봉은사 수륙재.

영산재(靈山齋, 국가무형문화재)

재의식 중에 규모가 가장 큽니다. 국가의 안녕과 군인들의 무운장구(武運長久), 그리고 죽은 자들을 위하여도 행합니다. 이 영산재는 3일 정도 걸리는 대규모의 의식이기 때문에 연주되는 곡의 수도 다른 재에 비하여 많습니다.

1. 시련(侍輦) : 연(輦)을 메고 도량으로 들어와서 대령(對靈)과 관욕(灌浴)을 하는 절차
2. 괘불이운(掛佛移運)
3. 영산작법(靈山作法)
4. 식당작법(食堂作法)

식당작법을 마친 후에 각배재(各拜齋)와 예수재를 거행한다.

1. 운수상단(雲水上壇)
2. 중단(中壇)
3. 조전점안(造錢點眼)
4. 각이운(各移運 : 金銀錢移運, 經函移運, 袈裟移運)
5. 화엄39위(華嚴三十九位)

이상의 불교의식은 현재 실행되고 있는 의식 절차입니다. 이러한 의식과 더불어 범패가 불려지고 있습니다. 그러나 이러한 의식은 일반 사찰에서는 거행되기가 쉽지 않습니다. 현재는 봉원사(奉元寺)를 중심으로 무형문화재로 지정받은 범패승들이 보유·전승하고 있습니다. 영산재는 현재 국가문화재 제50호로 지정되어 있고, 범패는 영산재와 함께 무형문화재에 포함되어 있습니다. 그리고 진관사와 삼화사의 수륙재가 중요무형문화재로 추가 지정을 받았는데 조계종단의 사찰에서 불교의식이 국가의 중요무형문화재로 지정받은 것은 처음 있는 일입니다. 불교의식과 범패는 종단과 관계없이 범불교 차원에서 전수·보존되어야 한다고 생각합니다. 조계종단에서 어장을 지명하여 범패를 전수하고 있어서 다행으로 생각합니다만 앞으로는 많은 스님들이 범패를 배워 일반 사찰에서도 범패를 부르는 의식이 거행되기를 기대해 봅니다.

불교음악 여행에 동참하시는 분들께서는 봉원사의 영산재를 꼭 한번 보시기를 추천합니다. 그리고 영산재에 대해 관심이 있으신 분은 국립문화재연구소에서 출판한 『영산재』와 법현스님이 저술한 『영산재 연구』를 참고하시기 바랍니다.

범패의 가사(文)와 선율(律)의 특징

범패는 가사와 선율이 맞지 않는 음악적 특징이 있다

　범패 짓소리와 홋소리의 가사와 선율을 분석해보면 가사와 선율이 전혀 맞지 않는 곡임을 알 수 있습니다. 기독교의 고대음악인 그레고리안 찬트(Gregorian chant)에서 그 예를 잠시 볼 수 있으나 범패의 경우는 그 심도가 다릅니다.

　이해를 돕기 위해서 범패 짓소리의 특사가지(特賜加持) 곡의 가사와 선율을 보면 특(特)·사(賜)·가(加)·지(持)의 4자를 짓소리로 부르는데 약 8분 정도 걸립니다. 의식의 연출과 창자에 따라 곡의 길이가 더 길어질 수도 있습니다. 이러한 성악곡은 세계적으로 찾아볼 수가 없습니다. 문과 율이 맞지 않는 대표적인 곡입니다. 일찍이 범패를 율적 측면에서 연구한 학자들도 이 문제에 대해서는 별다른 언급이 없습니다. 다만 범패의 홋소리와 짓소리는 일자다음(一字多音 : melismatic style)으로 되어 있고 장인굴곡(長引屈曲 : 음을 길게 끌어 굴절함)의 특징을 가지고 있기 때문에 글자와 글자 사이에 무의미한 모음창(母音唱)이 들어간다고만 언급했습니다.

　이러한 현상은 중국이나 일본의 범패에서는 찾아볼 수가 없습니다. 다만 티베트 범패에서 모음창이 들어가는데 이는 인도의 베다 찬트(Veda chant)에서 유래된 것으로 추측하고 있지만 왜 이런 현상이 생겼는지 자세한 연구결과는 없습니다.

이해를 돕기 위해서 박송암 스님이 부른 짓소리 특·사·가·지, 네 자의 가사를 소개하고자 합니다.

"특(特)- 우오 아- 어-어 허아- 이에- 이에이 -어-어-어-으 -
ㄱ 사(賜) 여어어 - 어--어으이 -우엉-어 어 -이에- 이- 우엉
어 어 - 에-이-우아에- 이 -우아 에이우아 -에우아 에헤에 이
에 이에 이에이에이에이이 이이어이- 이이이이- 이이이-이 이
이이이이이이 엥 -야- 애헤 우어- 오호오-앙--허 가(加)지(持)
어허 에 헤 이이에 헤 아 아 하-"

예시와 같이 이와 같은 노래 곡은 범패가 유일합니다. 어떤 이유에서 이렇게 가사와 선율이 맞지 않게 되었는지 이것이 범패의 특징으로 볼 수 있다고 해도 그 원인은 밝혀져야 할 것으로 생각됩니다.

경전에서는 선율과 가사가 부합되어야 한다고 했는데
실제의 범패는 달라

『법원주림』에서는 "가사는 노래에 들어 있는 이치와 서로 부합해야 한다."고 했고, 『고승전』에서는 "전독(梵唄)이 아름답다고 하는 이유 중에 가장 귀한 것은 성(聲 : 가락)과 문(文 : 가사)을 둘 다 습득하는

것이다. 만약 가락만 중시하고 가사를 소홀히 하면 도를 얻을 수 없고 가사만 중시하고 가락을 소홀히 하면 세속의 정의(俗情)를 얻을 수 없게 된다."고 하였습니다.

인도로부터 범패가 중국에 전래됐을 때 인도 범패가락에 중국 말이 맞지 않아서 인도 범패를 부르지 않고 중국 범패를 새로 만든 예를 볼 수 있었습니다.

중국 범패가 우리나라에 전래된 이후에 혹시 중국의 범패가락이 우리말과 맞지 않은 데서 비롯된 것인지는 앞으로 좀 더 연구해야 할 과제라고 생각됩니다. 의식음악으로서의 특징으로 볼 수도 있지만 음악적인 측면에서는 보다 확실한 이유를 밝혀볼 필요가 있다고 생각합니다.

8. 어산(魚山)

어(魚) 자가 들어가는 지명은 음악과 관계가 있다

우리나라에서는 범패를 일명 어산(魚山), 또는 인도(印度 : 引度)소리 등으로 부릅니다. 범패를 어산이라고 하는 것은 중국의 조식왕이 어산에서 범패를 창안했다는 데서 비롯된 것입니다. 그리고 인도(印度) 소리는 인도에서 유래된 소리를 뜻하고 인도(引度) 소리는 범패를 부르는 방식에서 비롯된 것입니다. 범패는 합창으로 부를 때 소리를 이끌어주는 리더의 인도(引度) 역할이 매우 중요하기 때문에 이런 이유에서 비롯된 것입니다. 불전의 기록이나 인도, 중국에서는 범패를 어산이라고 부르지 않습니다.

'어산'은 중국 산동성에 있는 산 이름입니다. 위(魏)나라 무제(武帝)의 넷째 아들 조식이 어산에서 노닐다가 범천의 노랫소리를 듣고 그 음을 터득하여 범패를 창시했다는 설에 의하여 어산이란 이름이 전해졌습니다.

'어산'에 관한 내용이 인도에서도 전해지고 있습니다. 『인자경(人慈經)』 성결서(聲決書)에 다음과 같은 내용이 전합니다.

석존께서 범곡음률(梵曲音律)의 범을 우바리 존자에게 일러주었는데 우바리 존자는 부처님이 입멸하신 후 물려받은 범곡을 가지고 어산이라고 부르는 영산(靈山)에 들어가 이 산을 근거지로 하여 성대하게 칭도(稱道)하였다고 전합니다. 인도에도 범패와 관련된 '어산'이 있었다는 것입니다. 그리고 『일본어산사초』의 주서에 천축에 어형(魚形)의 산이 있는데 그 산의 대나무는 자연히 오음(五音)을 낸다고 했습니다. 이 또한 인도의 '어산'입니다.

『구사론』 권11에서는, 수미산 주위에 있는 구산팔해(九山八海) 중에 일곱 번째 산이 '어산'이라고 합니다. 이 산은 당시 인도 히말라야 산중에 일곱 번째에 해당하는 산으로서 그 이름이 '어산'이었던 것으로 전합니다.

이상의 기록에 의하여 어산은 중국뿐만 아니라 인도에도 범패와 관련된 어산이 있다는 사실을 알 수가 있습니다. 흥미로운 것은 어산의 명칭과 음악과의 관계설이 우리나라에도 전하고 있습니다.

우리나라의 어산(魚山) 이야기

먼저 어(魚) 자가 들어가는 지명 사찰을 살펴보면 부산 김해시 뒤편에 자리하고 있는 진산(鎭山)의 이름이 신어산(神魚山)이고, 부산 동래 금정산에 범어사(梵魚寺)가 있습니다. 그리고 밀양 만어산(萬魚山)과 만어사(萬魚寺)가 있는데 만어산에 음악과 관련된 재미있는 설화가 있습니다.

『삼국유사』의 어산불영조(魚山佛影條)에 이르기를, 이곳을 답사했던 일연스님이 확인해본 결과 믿을 만한 것이 둘이 있는데 하나는 골짜기의 돌중에 3분의 2는 금과 옥의 소리가 난다고 합니다. 그리고 또 하나는 부처님의 영상이 멀리서 바라보면 나타나고 가까이 보면 보이지 않는 것으로, 만어사의 이러한 기이한 자취는 북천축 가락국의 불영(佛影)에 관한 일과 똑같아서 북천축의 기사를 취하여 산 이름을 일컬었다고 하였습니다.

흥미로운 것은 만어산의 돌이 금과 옥의 소리를 낸다는 것이고, 만어사 미륵전 뒤의 미륵바위에 부처님의 영상이 비친다는 것입니다. 이러한 점이 북천축 어산의 불적과 유사하여 같은 이름을 붙였

_ 금과 옥의 소리를 내는 만어사의 돌.

다는 것입니다. 우리나라에 있는 '어산'이란 지명 역시 불교와 음악에 관계가 있음을 말해 주고 있습니다.

김해의 '신어산'은 물고기 신앙과 관계가 있는 것으로 전하고 진감선사가 섬진강에 노니는 물고기의 모습을 보고 '어산'을 지었다는 설과 범패의 선율이 고기가 노니는 것과 같다는 뜻에서 붙여진 명칭이라는 설들도 물고기와의 관계에서 비롯된 것이 아닌가 생각됩니다.

'어산'의 명칭은 일본에서도 볼 수 있습니다. 일본 교토(京都) 오하라(大原) 근처에 '어산'이라는 지명이 있습니다. 그 양옆으로는 어천률(魚川律)이라는 강이 흐르고 있는데, 이곳에 대원성명(大原聲明)의 원조 양인(良忍)이 살았다고 합니다. 그런 이유에서 그의 성명(日本梵唄)을 '어산여율(魚山呂律)'이라고 칭하게 됐다고 합니다.

이상 '어산'에 대하여 소개를 드렸는데 '어산'은 중국에만 있는 것이 아니고 인도, 중국, 한국 일본에까지 모두 지명이 있고 불교음악과 관계가 있다는 사실을 알 수 있었습니다. 하지만 불전에 기록된 중국 범패의 탄생지는 중국 산동성에 있는 '어산'입니다.

9. 화청(和請)

화청의 용어적 풀이는 여러 불보살을 청한다는 뜻입니다. 그러나 화청이 불교적이면서도 가락 자체가 생활요, 즉 민요적인 성격을 띠고 있어 원래의 뜻을 벗어나 음악적 용어로 해석되고 있습니다. 화청은 일명 걸청(乞請), 또는 지심걸청(至心乞請)이라고 합니다.

화청은 범패와 달리 쉽게 교리를 이해할 수 있고, 가락 자체가 민요풍으로 되어 있어 대중성을 띠고 있는 불가입니다. 어떤 면에서는 범패에 비하여 순수한 한국적인 범패로 인식되기도 합니다.

화청은 대부분 천도의식의 회향 시에 부릅니다. 망인의 극락정토 왕생을 발원하는 뜻으로 불리고 있습니다. 불교의 정토사상에 입각하여 불교의 대중화 과정에서 폭넓게 불렸던 것으로 보입니다. 화청은 불교의식에서만 불리는 범패와 달리 대중의 집회나 법회 시에 불교를 쉽게 이해하고 신봉하게 하는 포교적 차원에서 쓰이기도 합니다.

화청의 생성 시기는 확실하게 알 수 없으나 불교가 우리나라에 전래된 이후에 범패와는 달리 탄생된 순수한 우리 고유의 불가로 보고 있습니다. 홍윤식 님은 화청이 원왕사상에 바탕을 둔 이유를 들어 그 유래를 원효스님의 '무애가'에서 찾는 것도 무리가 아닐 것이라고 하였습니다.

현재 불교의식에서 불리는 화청은 "상단축원화청"과 "중단축원화청"으로 구분됩니다. 하지만 화청의 쓰임새에 따른 가사의 내용과 관계가 있습니다. 화청의 가사에 따라서 곡명이 구분된다는 뜻입니다. 현재 전하고 있는 화청의 곡명은 축원화청과 회심곡 등을 비롯하여 36곡이 전하고 있습니다.

화청은 승려와 더불어 걸립패들이 불렀다

　화청은 불교의식에서 뿐만 아니라 불사를 위한 탁발행의 수단으로도 불렀고, 승려가 아닌 걸립패에 의하여 불려지기도 하였습니다. 그런 이유에서 화청을 일명 '걸청(乞請)'이라 부릅니다.
　화청의 생성 원인은 대중을 상대로 한 불교 포교에 근거한 것으로 볼 수 있습니다. 이런 이유에서 화청은 추도식에서만 불린 것이 아니라 일상적인 생활 속에서 부른 생활요와 같은 곡입니다. 화청을 신라승인 원효(元曉), 혜숙(惠宿), 혜공(惠空) 등이 불교대중화를 위해 불렀던 세속적 가요와 맥을 같이하는 이유가 여기에 있습니다.
　현재 사찰에서는 대부분 비구니 스님이 화청을 부릅니다. 그러나 예전에는 박송암 스님을 비롯해 비구 스님들이 불렀습니다. 앞으로 예불의식과 더불어 일상적인 불교행사에서도 화청이 자주 불려지기를 바랍니다.

화청을 걸청(乞請)이라고 하는 이유

　화청이 대중들에게 관심을 끌게 된 이유는 노래가사의 이해가 쉽고 곡이 민요조이기 때문입니다. 불교음악의 장르에 속하면서도 대중적 성격을 띠고 있어 일반인을 상대로 한 포교에 활용된 것입니다. 이러한 이유에서 화청은 불사를 위한 탁발행(托鉢行)의 수단으로 쓰였습니다. 대중들을 감동시키는 데 화청이 제격이었기 때문입니다. 그러나 화청을 걸량승(乞粮僧)이 부르며 탁발을 하게 되면서 사회적으로 문제가 생겼습니다. 걸량승 뿐만 아니라 걸립패(乞粒牌)까지 부르게 되면서 사회적 문제가 되었습니다. 이러한 이유로 종단차원에서 걸량승 탁발행을 금지시키면서 걸량승의 화청은 들을 수 없게 되었습니다.

『불교통사』에 "조선자고래, 걸량승, 명왈동량승(朝鮮自古來, 乞粮僧, 名曰棟樑僧)"이라 하여 걸량승을 일명 동량승이라 칭한 사실을 알 수 있습니다. 조선말에 이르러서는 동량승의 탁발행위와 함께 화청, 무고(舞鼓)의 금지령이 내려지기에 이르렀습니다.

한편 화청은 승려가 아닌 걸립패가 불렀습니다. 걸립패는 유랑 민간예능 집단으로 볼 수 있는데 이들은 전국을 무대로 순회하면서 악·가·무·기에 해당하는 종합적 예술행위를 하며 생활하는 단체입니다. 이들은 때때로 사찰에 머무르면서 사찰의 불사를 위한 동량승의 행위를 대신했던 것으로 전합니다. 그 대표적인 예로 안성 청룡사에 머물던 남사당패를 들 수 있습니다. 걸립패들은 많은 식솔들을 거느리고 거처하기가 사찰이 안성맞춤이었고 사찰 측에서는 동량승을 대신해서 탁발을 해오기 때문에 상부상조의 관계를 유지하였습니다. 걸립패들이 탁발행을 할 때 대부분 불가에 해당하는 화청을 불렀습니다. 고사를 지내면서 고사염불을 해주고 회심곡, 비나리 덕담 등을 하면서 불교음악을 민간음악으로 변화시키는 역할을 하였습니다. 일반적인 고사소리는 정초에 농악을 치며 가가호호 방문해서 고사를 지내주는 것이 대표적입니다. 이러한 고사소리는 황해도는 '서낭소리', 경기, 강원, 충청북도는 '고사반' 경상도는 '지신밟기', 또는 '농악 고사요' 등으로 분류하고 있습니다.[63]

안성 바우덕이 남사당패가 부른 비나리

절 걸립패는 앞에서 소개한 대로 절에서 기거하는 남사당패와 같은 단체로서 경기도, 강원도, 충청북도 등 가장 넓게 활동하는 지역을 가지고 있습니다. 절 걸립패의 고사소리는 다른 집단과 달리 소리를 길게 빼고, 소리 끝에는 '뒷 염불' 등 불교적 염불이 덧붙여지는 것이 특징입니다. 시작할 때 부르는 앞소리도 고사의 선염불로 보고 있습니다. 절 걸립패 고사소리는 남사당 계통에서 잘 보존하고 있고, 사찰에서도 보존되고 있습니다. 예전에는 사찰에서 '중매구'라 하여 스님이 직접 꽹가리 등을 치거나 민간인을 고용해 걸립패를 조직해 민가를 돌며 염불하며 탁발을 했는데 이들은 농악을 잘하는 것보다 고사염불을 잘하는 것이 목적이었습니다. 이러한 이유로 절에서 부르는 화청이 '중매구' 걸립패에 의하여 민가에 넓게 퍼지고 유행할 수 있게 된 것입니다. 화청을 일명 걸청(乞請)이라고 부르게 된 이유가 여기에 있습니다. 대표적인 남사당패로는 경기도 안성 청룡사에 기거하고 있던 꼭두쇠 바우덕이가 이끌었던 남사당패를 들 수 있습니다. 이들이 불렀던 고사염불과 비나리 등의 불가는 지금까지 그 맥이 이어지고 있습니다.

청룡사와 바우덕이 남사당패의 역사적 관계를 근거로 하여 '안성 바우덕이 축제'를 만들게 되었습니다. 초대 바우덕이 축제위원장을 맡았고, 4년간 중앙대학교 국악과 학생들과 합동으로 축제를 개최했습니다. 지금은 국제적인 행사로 확대되었고, 안성시에서는 남사당놀이 전수관을 건축해서 남사당패의 예능적 기능을 보존·전승하고 있습니다.

화청의 종류

화청은 원래 불교의식에 속하는 용어였으나 가락이 붙어 노래로 불리면서 음악적 용어로 그 목적이 바뀌었습니다. 이러한 이유로 범패성(梵唄性)에 속하지 않는 민속적인 염불송(念佛頌)은 모두 화청의 범주에 속한다고 볼 수 있습니다. 1965년에 조사된 『무형문화재조사보고서』[64]에 기록된 화청은 총 36곡의 곡목이 수록되어 있습니다.

축원화청(祝願和請), 육갑화청(六甲和請),
팔상화청(八相和請), 평염불(平念佛),
회심곡(回心曲), 고사염불(告祀念佛),
부모은중경화청(父母恩重經和請), 자책가(自責歌),

서왕가(逝往歌), 원적가(圓寂歌),

신년가(新年歌), 원불(願佛),

십악업(十惡業), 참선곡(參禪曲),

별회심곡(別回心曲), 백발가(白髮歌),

왕생가(往生歌), 가가가음(可歌可吟),

신불가(信佛歌), 성도가(成道歌),

오도가(悟道歌), 열반가(涅槃歌),

조학유(曹學乳), 어설인과곡(魚說因果曲),

지옥도송(地獄道頌), 방생도송(傍生道頌),

아귀도송(餓鬼道頌), 인도송(人道頌),

천도송(天道頌), 별창권악곡(別唱勸樂曲),

권선곡(勸禪曲), 선중권곡(禪衆勸曲),

명리권곡(名利勸曲), 재가권곡(在家勸曲),

빈인권곡(貧人勸曲), 수선권곡(修善勸曲) 총 36곡.

위에 소개한 화청은 곡명만 보아도 불가에 속한 노래라는 것을 알 수가 있습니다. 곡 중에는 불교적인 것만 아니라 민속신앙적인 것도 있고 일상적인 생활요와 같은 곡들이 다양하게 포함되어 있어 화청의 폭넓은 쓰임새를 짐작할 수가 있습니다. 곡 중에는 국악계에서 부르는 '회심곡'을 비롯하여 사당패에서 부르는 '고사염불' 등이 포함되어 있고, 특이한 것은 23번째 '조학유'라는 곡입니다. 조학유는 나중에 창작찬불가 편에서 소개하겠습니다만 1910년대부터 찬불가운동에 참여한 승려입니다. 승려의 이름이 화청 곡목으로 들어갔다는 것이 이해가 되지 않는데, 아마도 신(新) 불교운동과 찬불가운동에 기여한 공적을 노래로 부른 것이 아닌가 생각됩니다. 승려의 이름이 화청의 곡명이 될 정도로 자유롭게 불려졌던 것입니다.

화청의 가사를 소개하면 이해에 도움이 될 수 있을 터인데 가사의 양이 많아서 소개하지 못해 아쉬움이 남습니다. 대표적으로 박송암 스님이 부른 화청 가사를 소개하고자 합니다.[65]

화청 가사

아- 지심 걸 청, 지심 걸 청, 일해 대중은 일심 봉 청. 이 세상에 나왔다가 동서남북 바라보니 초로인생 살아가니 해와 달 공하거니 세월 믿어 무엇하며 처자권속이 공하거니 황천길에 쓸 데 없고 대장경에 공즉시색 반야경에는 색즉시공 행화도화 곱다 마소 꽃이 피면 며칠 가며 공경세상 복을 보소 죽어 지면은 허사되고 돌아보고 다시 보니 세상일이 허망하고 둥근 세상 지내가나 근본 마음을 청청하오. 종일탐심 언제 쉴고. 재물마저 걱정일세. 죽음 길에 노소 있나. 금은 진보도 소용없고 부귀빈천은 돌고 돌아 북망산천 무덤 되고 화장장에는 연기된다. 동쪽에서 돋는 해가 서산낙일 되었으니 밤이 되고 닭이 운다. 청춘세월 웃지 말고 허송세월 하지마소 일촌광음 지나가면 어린아이 청춘 되고 찰나 간에 노인 되면 세상사가 괴롭고 부귀영환들 쓸데 있나 사라갈수록 업만 따라 죄만 짓소. 무명함야 깊은 밤에 광명 있는 등불이요 생사고해 너른 바다 건너가는 돛대로다. 염불 않고서 어찌 가오. 염불이라 따로 없소 착한 마음도 염불이오. 순한 마음도 염불이오. 탐심 덜어 보시함도 염불이라.

위의 화청가사는 일반 불자들이 쉽게 이해할 수 있는 내용입니다. 인생의 무상함을 노래하며 중생들이 탐심을 버리고 불법에 따라 염불하며, 착한 마음으로 살아가도록 교화하는 내용입니다.

화청의 음악적 특징

화청의 음악적 특징을 소개하려면 화청의 음악형식, 음계, 장단, 시김새[66] 등을 모두 소개해야 하는데 이번 여행에서는 불가로서의 특징과 그 쓰임새에 대해서만 소개하고자 합니다. 음악의 실체에 대해서는 음계와 장단 정도로 생략합니다.

화청의 음계

화청은 대부분 5음계로 구성되어 있습니다. 우리 민요가 대부분

5음계로 되어 있는 것과 같습니다. 같은 5음계라도 주음을 중심으로 음의 순서가 어떻게 배열되느냐에 따라 곡의 조성이 달라집니다. 세계적으로 많은 나라에 5음계 음악이 있습니다만 우리와 다른 점은 음의 배열과 시김새가 다르다는 것입니다. 외국의 5음계는 대부분 도·레·미·솔·라의 5음계가 사용됩니다. 하지만 우리나라는 각 지방에 따라 다릅니다. 예를 들어, 경기도 지방의 민요는, '창부타령', '노래가락'과 같이 솔·라·도·레·미의 5음계로 되어 있습니다. 국악계에서는 〈솔음계〉, 또는 〈창부타령조〉라고 부릅니다. 경상도, 강원도 지방의 민요는 '한오백년'. '강원도아리랑'과 같이 미·솔·라·도·레의 5음계로 되어 있습니다. 〈미음계〉 또는 〈메나리조〉라고 합니다. 스님들이 부르는 염불조가 바로 메나리조입니다. 전라도 지방의 음계는 강원도와 같은 미음계 풍으로 되어 있으나 '육자백이', '진도아리랑'과 같이 아래의 미 음을 굵게 떨고 도 음을 시음으로 꺾어 내리는 슬픈 음계입니다. 그래서 〈남도계면조음계〉 또는 〈육자백이조〉라고 합니다.

   화청은 경기 지방의 민요와 같은 솔·라·도·레·미의 5음계로 되어 있습니다. 그러나 곡 도중에 일부분이 5음계에서 벗어나 '화'에 해당하는 소리가 출연할 때가 있습니다. 조성이 바뀌는 기분이 드는 가락이 있는데 길게 지속되지 않고 곧바로 본 음계로 돌아옵니다. 잠시 조성을 이탈하여 멋을 부린 것인데 이것을 주음이 바뀐 것으로 보는 경우도 있습니다. 이러한 경우는 회심곡에서도 볼 수 있고 특히 서도소리에서 나타나는 경우가 많습니다.

화청의 장단

화청은 민요와 같이 장단에 곡이 짜여져 있습니다. 목탁이나 요령 등의 반주에 불리는 평 염불도 장단에 짜여져 있는 곡으로 볼 수 있겠으나 화청의 경우와는 다릅니다. 화청은 단순한 장단이 아니라 국악장단 중에서도 독특한 장단으로 꼽히고 있는 '엇모리장단'입니다. 이 장단은 고대로부터 무속음악과 민요 등에서 쓰였던 것입니다. 불교가 들어오기 이전부터 존재하고 있었던 향가를 비롯한 가요와 민요 등에 이 장단이 활용된 것으로 보여지는데 이 장단은 아주 특이합니다. 그러면서도 우리의 정서가 담겨 있습니다. 원래 '엇'자가 들어가는 것은 '정상적이지 않다'는 뜻이 내포되어 있습니다. 정상적이지 않은 박자를 '엇박자', 정상적이지 않은 가락을 '엇가락' 등으로 부릅니다. 정상적이지 않은 장단을 '엇장단', 즉 '엇모리장단'이라고 합니다. 산간 지방에 나무꾼들이 지게를 메고 작대기로 지게 목발을 치며 부르는 민요장단이 바로 엇모리장단입니다. 국악계에서는 많은 장르의 음악에 엇모리장단이 쓰입니다. 굿 음악, 농악, 민요, 기악곡, 판소리 불교음악에 이르기까지 다양한 분야에서 활용되고 있습니다.

엇모리장단은 5박으로 되어 있습니다. 일반적으로 장단은 짝수가 맞게 되어 있습니다. 원래 6박이어야 짝이 맞는데 1박이 부족합니다. 3+2박입니다. 그래서 '엇'자가 들어가 '엇모리장단'이라는 이름이 된 것입니다.

화청에서는 엇모리장단을 느리게 치면서 부르는데 창자에 따라 장단이 약간씩 늘거나 줄어드는 경우도 있습니다. 그러나 기본 장단은 엇모리장단입니다.

10. 세종대왕이 창제한 불교음악

세종대왕이 불당을 짓고 불가를 작곡하여 연주하였다

세종대왕(재위, 1418~1450)은 우리 역사상 정치, 경제, 사회, 과학, 문화 등 다방면에 걸쳐 찬란한 업적을 남긴 가장 훌륭한 임금으로 평가되고 있습니다. 그중에서 음악 분야에 관한 대왕의 업적은 가히 특출하여 음악의 공용과 가치에 대해 남다른 시각을 가지고 한민족의 새로운 음악 문화를 창출해 내는 데 크게 기여했다고 말할 수 있습니다.

음악분야에서 세종대왕이 이루어 놓은 업적으로는 율관(律管)과 악기제작, 아악보(雅樂譜) 제정, 신악창제(新樂), 정간보(井間譜) 발명[67] 등을 꼽을 수 있습니다.

세종대왕이 만든 여민락(與民樂) 곡이 현재까지 연주되고 있지만 세종대왕이 불교음악을 작곡했다는 사실은 널리 알려져 있지 않은 것 같습니다. 조선왕조에 이르러 숭유억불 정책으로 인하여 불교가 정치적으로나 사회적으로 탄압받던 시대였기 때문에 세종대왕이 불교음악을 작곡했다는 것은 믿기 어려운 일이 아닐 수 없습니다. 그러나 월인청강지곡(月印千江之曲)과 같은 대삭의 찬불곡을 창작했다는 것은 주목할 여지가 있습니다. 왜 세종대왕이 신하들의 반대를 무릅쓰고 불교음악을 고집스럽게 창제했는지 그 이유가 『사리영응기』[68]에 상세하게 기록되어 있습니다. 그리고 세종대왕의 불심과 그에 따른 불교의식음악의 창제는 불교음악의 새로운 역사를 장식하고 있습니다. 이러한 중요한 사실이 그동안 불교계에서조차 알려져 있지 않았습니다. 신라시대의 '향가', 원효스님이 불렀던 '무애가', 진감선사가 불렀던 '범패', 그리고 고려시대 균여스님의 '보현십원가' 등의 불교음악이 조선시대에 이르러 세종대왕이 창제한 불교의식음악으로 그 역사의 흐름이 이어지고 있습니다.

사리영응기(舍利靈應記)에 기록된 세종대왕의 불교음악

『사리영응기』는 1449년(세종31)에 역대 선왕의 명복을 기원하기 위해 세종대왕이 인왕산에 불당을 건립할 때 당시의 상황을 병조정랑

(兵曹正郞) 김수온(金守溫)이 1450년에 기록한 것입니다. 이 『사리영응기』를 최초로 발견한 사람은 퇴경(退耕) 권상로(權相老)입니다. 그리고 이 자료를 학계에 처음 소개한 사람은 안확(安廓)이라는 국학자입니다.[69] 안확은 『불교』라는 월간지에 '조선음악과 불교'라는 제목으로 조선시대의 불교음악에 대하여 몇 회에 걸쳐 발표를 했는데, 그중 『불교』 제72호에서 『사리영응기』에 대한 내용을 소개했습니다.

안내자는 동국대학교 일반대학원 불교학과에서 불교음악과 관련된 박사학위 논문을 쓰면서 동국대학교 도서관에서[70] 『사리영응기』를 발견하여 세종대왕이 불당을 건립하고 불교음악을 손수 창제했다는 기록을 보고 곧바로 논문에 인용하기로 하였습니다. 마침 조선시대의 불교음악에 대한 자료를 찾고 있었던 때여서 그 당시의 흥분은 지금도 잊을 수가 없습니다.

『사리영응기』의 발견은 화제가 되었습니다. 언론에 보도가 되면서 서로 먼저 발견했다는 학자들이 나타나기 시작했습니다. 그러나 자료는 보았는지 몰라도 논문으로 발표한 것은 안확 님 외에는 없었습니다. 안확 님도 일부에 국한된 것이었고 전체를 발표한 것은 안내자가 최초였습니다. 필자의 논문을 지도해준 목정배 교수님에게 불교학과 어느 노교수님이 본인이 『사리영응기』를 최초로 보았다고 말하자, 그 책을 처음 본 사람은 책을 정리하는 도서관 직원이었을 거라고 농을 하기도 했습니다.

『사리영응기』에는 세종대왕이 불교음악을 작곡하게 된 동기와 작곡된 불교음악의 곡명과 가사 내용이 소개되어 있습니다. 그리고 세종대왕 31년(1449) 7월 28일에 불당 26칸을 시공하여 동년 11월 20일에 준공했고, 11월 28일부터 관내에서 재계(齋戒)를 베풀고, 12월 3일 불상을 봉안하여 동 6일에 낙성하면서 그날 연주될 음악을 세종대왕이 작곡했다는 기록이 전합니다.

세종대왕이 작곡한 불가 7곡

세종대왕이 작곡한 곡은 봉불의식(奉佛儀式)에 해당하는 곡으로 보입니다. 인왕산 자락에 불당을 짓고 부처님을 봉안하는 의식에 필요한 불곡을 손수 작곡한 것입니다. 불가의 노래뿐만 아니라 관현악기가 함께 연주하는 곡도 모두 작곡을 했으며 연주에 필요한 악기까지 새로 제작하였습니다.

세종대왕이 작곡한 봉불의식 곡은 총 7곡인데 가사는 9곡입니다. 그 이유는 설명이 없어 알 수 없으나 같은 선율에 가사를 추가하여 부른 것으로 보입니다.

1. 앙홍자지곡(仰鴻慈之曲), 2. 발대원지곡(發大願之曲), 3. 융선도지곡(隆善道之曲), 4. 묘인연지곡(妙因緣之曲), 5. 보법운지곡(布法雲之曲), 6. 연감로지곡(演甘露之曲), 7. 의정혜지곡(依定慧之曲)

세종대왕이 작곡한 불가의 가사

1. 귀삼보(歸三寶)   - 삼보님께 귀의합니다. -
   상주시방계(常住十方界)   시방세계에 항시 계시는 삼보님
   무변승공덕(無邊勝功德)   수승한 그 공덕 끝이 없어라.
   대사대자비(大捨大慈悲)   크나큰 평온과 대자대비로
   광위중생익(廣爲衆生益)   중생을 이익 되게 하시네.
   귀의지심례(歸依至心禮)   내 이제 마음 바쳐 귀의하오니
   소아전도업(消我顚倒業)   전도된 업장 소멸하게 하소서.

2. 찬법신(贊法身)   - 법신을 찬탄합니다. -
   진여묘법계(眞如妙法界)   진여의 오묘한 법계는
   응연상담적(凝然常湛寂)   항상 변함없고 고요하여
   원명부동지(圓明不動地)   동요 없는 그 자리 원만히 밝히네.
   구차진실덕(具此眞實德)   진실한 공덕 갖추신
   무등최상존(無等最上尊)   다 없고 위없는 존귀하신 이여
   청정무염착(淸淨無染著)   맑고 순결하여 물들 것 없어라.

3. 찬보신(贊報身)   - 보신을 찬탄합니다. -
   항수법락경(恒受法樂慶)   법락의 기쁨 항상 하시고
   장엄상원만(莊嚴相圓滿)   장엄하고 원만한 그 모습

중중순정토(重重純淨土)　겹겹이 펼쳐진 순수정토는
십지위주반(十地爲主伴)　모든 보살이 가야 할 길
평등전법륜(平等轉法輪)　평등한 법륜 굴리시니
결중의강단(決衆疑綱斷)　의심의 그물 결단코 끊으리.

4. 찬화신(贊化身)　　　- 화신을 찬탄합니다. -
　이지본무애(理智本無碍)　깨달음은 본래 장애 없으니
　변몰항사국(變沒恒沙國)　항하사처럼 수많은 불국토와
　수순승기열(隨順勝記劣)　진여 따라 일어나는 성품은
　분형천백억(分形千百億)　천백억 갈래로 나투신 몸이라네.
　설법두기선(說法逗機宣)　근기 따라 법을 설하시니
　점돈분권실(漸頓分權實)　본래 모습이 방편 따라 나투시네.

5. 찬약사(贊藥師)　　　- 약사여래를 찬탄합니다. -
　과차십긍가(過此十殑伽)　십 긍가사의 불국토 지나
　유리세계정(琉璃世界淨)　정유리국 세계가 있으니.
　유불유리광(有佛琉璃光)　그 부처님은 약사유리광불
　여약제질병(與藥除疾病)　온갖 병 없애주는 약 주시어
　이락제유정(利樂諸有情)　모든 유정 이롭고 즐겁게 하시며
　보리도구경(菩提到究竟)　보리로 구경열반에 이르게 하시네.

6. 찬미타(贊彌陀)　　　　- 아미타불을 찬탄합니다. -
　　서방대도사(西方大導師)　서방세계에 계신 큰 스승이시어
　　발고능여락(拔苦能與樂)　괴로움 없애고 안락함을 주시니
　　기국호안양(其國號安養)　그 나라를 극락이라 하네.
　　중보소엄식(衆寶所嚴飾)　온갖 보배로 장엄하여
　　서원도함령(誓願度含靈)　모든 중생 제도하길 서원하시고
　　구품진제섭(九品盡提攝)　구품 중생 모두 껴안으시네.

7. 찬삼승(贊三乘)　　　　- 삼승을 찬탄합니다. -
　　근수광대행(勤修廣大行)　넓고 큰 덕행 부지런히 닦아
　　보제사생역(普濟四生域)　사생의 중생을 널리 구제하시고
　　제관무명원(諦觀無明源)　무명의 뿌리 자세히 살펴
　　독탈락적멸(獨脫樂寂滅)　홀로 벗어나 적멸의 즐거움을 누리시네.
　　유형수불래(留形受佛勑)　부처님 수기 받아 몸을 나투시니
　　응공인천복(應供人天福)　공양 받으실 이요, 인천의 복이시라.

8. 찬팔부(贊八部)　　　　- 팔부 성중을 찬탄합니다. -
　　권승발홍원(權乘發弘願)　방편의 법으로 큰 서원 일으키시는
　　위덕난사의(威德難思議)　위신력과 그 공덕 헤아릴 수 없어라
　　당어불세시(當於佛世時)　부처님 계실 적에
　　멸악흥선사(滅惡興善事)　나쁜일 안 하고 좋은 일 많이 하라.

호우정법륜(護佑正法輪)　　수호하신 정법의 법륜
유전어상계(流轉於像季)　　상법(像法) 지나 말법(末法) 시대까지 굴리시네.

9. 희명자(希冥資)　　　　－ 영가의 명복을 빕니다. －
　선령막난추(先靈邈難追)　영가시어, 가시는 길 멀고멀어 좇을 길 없네.
　차차정망극(嗟嗟情罔極)　아! 끝없이 펼쳐지는 그 마음
　삼보대비력(三寶大悲力)　삼보님의 대자대비하신 힘으로
　실개득해탈(悉皆得解脫)　해탈을 얻으시리니
　유원수애민(惟願垂哀愍)　자비의 마음 드리오니
　속성무상각(速成無上覺)　속히 위없는 깨달음 이루소서.

　위의 가사는 세종대왕이 직접 지었다는 노래 곡목을 열거한 뒤에 "그 음악의 가사는 아홉이 있다(其樂章則有九)"라고 기록되어 있습니다. 작사자가 별도로 밝혀져 있지 않고 곡목 소개에 이어서 작사가 기록된 것으로 보아 이 곡을 작곡한 세종대왕이 가사를 직접 쓴 것으로 보입니다.
　결과적으로 이 노래는 당시 불당을 새로 건립하고 낙성식을 위해 세종대왕이 특별히 작사, 작곡한 불교의식 음악으로 보고 있습니다.

불당 낙성식에 연주된 악기와 출연자

연주자 45명, 노래 10명, 무용 10명, 죽간자 2명, 총 67명 출연

『사리영응기』에는 불당 낙성식에 연주된 악기와 연주자 그리고 춤추는 무동(舞童)들에 대한 기록이 전합니다. 소개할 악기들은 중국불교음악에서 소개한 불전에 기록된 악기와 동일합니다.

정동발(正銅鈸) 1. 소동경(小銅磬) 2. 철박판(鐵拍板) 1. 특종(特鐘) 1. 편종(編鐘) 1. 방향(方響) 1. 소편종(小編鐘) 2. 특경(特磬) 1. 편경(編磬) 1. 현금(玄琴) 1. 가야금(伽倻琴) 1. 당비파(唐琵琶) 2. 월금(月琴) 2. 비파(琵琶) 2. 알쟁(軋箏) 1. 해금(奚琴) 2. 대적(大笛) 2. 필률(觱篥) 4. 중적(中笛) 2. 소적(小笛) 2. 통소(洞簫) 2. 간(竿) 1. 생(笙) 1. 화(和) 1. 훈(塤) 1. 대고(大鼓) 1. 소고(小鼓) 1. 장고(杖鼓) 4. 대박판(大拍板) 1.

악기를 종류별로 보면 29종이고, 연주자는 45명입니다. 악기의 편성도 다양합니다. 관악기, 현악기 타악기 편종, 편경과 같은 특수 악기까지 구성되어 있습니다. 이러한 악기 편성은 지금도 쉽게 볼 수 없는 광대하고 화려한 편성입니다. 악기와 연주자 외에, 죽간자(竹竿子)를 든 사람 2명, 노래하는 사람 10명 꽃 들고 춤추는 무동 10명, 등 총 67명이 출연합니다. 이러한 종합예술 형태의 대규모 출연은 지

금에 와서도 쉽게 볼 수 없는 공연 규모입니다. 출연자 외에도 임금의 명을 받들어 행사를 위한 통솔자로서 박연(朴堧), 임동(林童), 김윤산(金允山), 황귀존(黃貴存), 안충언(安忠彦) 등 5명이 참석했고, 수양대군이 악보를 받들고 통솔하였던 것으로 기록되어 있습니다.

세종대왕의 불심(佛心)

불당 짓고 불경 간행하고 불가 만들어 봉불행사

세종대왕이 불교음악을 작곡했다는 사실은 놀라운 일이 아닐 수 없습니다. 당시에는 숭유억불 정책으로 불교가 탄압받고 있을 때였는데 군왕이 불당을 짓고 불가를 만들어 봉불행사를 직접 지휘했다는 것은 이해할 수 없는 일입니다. 불교음악뿐만이 아니라 불경간행까지 합니다. 이러한 일들은 세종대왕의 깊은 불심에서 비롯된 것입니다. 『세종장헌대왕실록』에 불경 간행에 대한 기록이 있어 잠시 소개합니다.

세종대왕은 집현전에다 왕비를 위하여 불경(佛經)을 간행하겠다는 유시(諭示)를 내립니다. 그 명을 듣고 대신들이 반대 의견을 올리는데, 그 내용이 『세종실록』에 전하고 있어 흥미롭습니다. 신하들은 한목소리로 이렇게 반대를 합니다.

"만약 불경을 간행한다면 만세에 전해져서 후세의 자손들이 어느 조종(祖宗)에서 한 일이라고 말하게 될 것이고, 이로 인하여 불법이 크게 일어날 것은 필연적인 사실입니다. 본국(本國)은 태조와 태종께서 불교를 사태(沙汰)시킨 이후, 전하 대에 이르러 배척하는 법이 더욱 엄중해져서 불교가 거의 사라져 없어졌는데, 지금 전하께서 만약 한 부의 불경이라도 간행하신다면 사방에서 보고 들은 사람들이 바람처럼 몰려올 것이며, 불교가 이로부터 다시 일어나게 될 것입니다. 그러니 청하옵건대, 이 명령을 정지하소서."[71]

이러한 집현전의 반대 상소에 대하여 세종대왕은 다음과 같은 강력한 의지를 전달합니다.

"그대들은 고금의 사리를 통달하여 불교를 배척하니, 현명한 신하라 할 수 있으며, 나는 의리를 알지 못하고 불법만을 존중하여 믿으니 무지한 인군이라 할 수 있겠다. 그대들이 비록 번거롭게 굳이 청하지만은, 현명한 신하의 말이 반드시 무지한 인군에게는 합하지 않을 것이며, 무지한 인군의 말이 현명한 신하의 귀에는 들어가지 않을 것이다. -중략- 그대들이 만약 장소(章疏)를 올리더라도, 내가 친히 보지 않으므로, 그대들의 뜻을 환하게 알기가 어려울 것이니 번거롭게 다시 청하지 말라."

금지된 왕비 불교장례의식 거행

집현전에서 올린 상소에 대한 답이 너무 통쾌해서 더 이상 부연 설명이 필요 없을 것 같습니다. 현명한 신하의 말이 무지한 인군한테 통하지 않을 수 있고, 무지한 인군의 말이 현명한 신하들한테 통하지 않을 수 있으니 더 이상 상소를 올리지 말라고 단언합니다. 결국 세종대왕은 신하들의 반대에 개의치 않고 본인의 뜻대로 불경 간행을 합니다. 여기서 세종대왕의 깊은 불심을 확인해볼 수 있습니다. 이것뿐만이 아니라 같은 해 5월에는 성녕대군(誠寧大君) 집에서 금을 녹여 경(經)을 쓰고, 수양·안평 두 대군이 내왕하며 감독을 했는데 완성 후에 크게 법석을 베풀었다고 합니다.[72] 그리고 당시 불교의식의 장례를 금하고 있었는데 세종대왕은 왕비의 초재를 장의사(藏義寺)에서 지내고 많은 승려들과 대중들에게 먹을 음식까지 보시합니다.[73]

세종대왕은 경전 간행뿐만 아니라 불당까지 건립하는데, 이번에는 조정대신들과 성균관 유생들까지 나서서 결사반대를 합니다. 세종대왕은 반대하는 신하들에게, 선대의 명철한 임금이 부처와 중을 다 사태시켰으나 그 법을 다 없애버린 사람은 없으니 법을 제거하지 못한다면 선왕을 위하여 불당을 세우는 것이 무엇이 불가능하냐고 묻습니다. 집현전에서는 대왕께서 손수 지으신 '용비어천가'에 백만불찰(百萬佛刹)을 일조에 없애버린 태종의 성덕을 칭송하셨는데 시를 지으신 지 며칠도 못되어서 불법을 높이시니 어찌된 일이냐고 따져 묻습니다. 세종대왕의 답변이 일품입니다. "설사 1000명의 의정(議政)이 반대한다고 해도 이미 나의 뜻은 결정되었다."라고 끝을 냅니다. 그러나 반대하는 유생들의 뜻을 어느 정도 들어주는 뜻에서 궁궐 안에 지으려고 했던 불당을 인왕산에 지었습니다.

봉불(奉佛)의식

불상을 모시는 행사가 임금을 모시는 의식과 같았다

불당의 준공식에 관한 내용이 『세종장헌대왕실록』에 전합니다. 불당의 준공식은 대대적인 국가적 행사였고, 불상을 모시는 행사가 임금을 모시는 의식과 같았다고 합니다. 불상을 대궐로 모셔와 친히 임금이 관람한 후 불당에 모셨고, 종친과 대군들이 앞을 다투어 일재(日齋)를 올렸다고 했습니다. 그리고 세종대왕은 새로 악곡을 지어서 관현악으로 연주하게 하고 악기도 모두 새로 만들어 악공 50명과 무동 10명에게 미리 연습을 시켜서 부처님께 공양하였는데 이를 '음성공양'이라 불렀다고 했습니다. 종, 석경, 현악기, 관악기들의 소리가 대궐 안까지 들렸고, 정분, 민신, 이사철, 김수온 등은 온몸이 땀에 젖도록 승려들과 어울려 밤낮을 쉬지 않고 뛰고 놀면서 춤을 췄으나 조금도 피곤해 하는 기색이 없었다고 합니다.

이상의 기록 중에 『사리영응기』에는 연주자(樂工)가 45명으로 되어 있는데 실록에는 연주자가 50명으로 되어 있습니다. 그리고 무동 10명은 모두 같은데 노래하는 창자(唱者) 10명은 실록에 없습니다. 두 문헌의 기록을 비교해볼 때, 음악에 대한 기록은 실록보다 『사리영응기』의 기록이 더 상세한 것으로 보입니다.

새로 태어난 세종대왕의 봉불의식 노래

『사리영응기』의 기록을 통하여 세종대왕이 친히 불가를 작곡했다는 사실을 알게 됐습니다. 악보는 발견되지 않아 7곡의 실체는 알 수 없으나 9곡의 가사가 기록되어 있어 불가의 내용은 알 수 있습니다. 당시에 45명의 악공이 관현악을 연주하고, 10명의 무용수와 10명의 창자가 동원되어 총체적 예술 형태의 불교음악이 연출되었다는 것은 경이롭기 그지없습니다. 무엇보다도 숭유억불 정책 하에 군왕이 불당을 짓고 불가를 만들었다는 사실에서 조선시대의 불교는 사태(沙汰)된 것이 아니라 군왕을 비롯하여 온 국민들의 가슴속에 깊이 자리하고 있었다는 사실을 실감할 수 있습니다.

이번 여행을 안내하면서 불교음악을 작곡한 세종대왕의 깊은 뜻을 받들어 없어진 불가의 곡을 작곡해 보았습니다. 가사의 내용이 작곡하기 편하게 되어 있어 전통불교 음악의 분위기를 살려 합창곡으로 만들었습니다. 당시의 곡이 어떤 형태였는지는 알 수 없으나 가사가 불가로 되어 있어서 예불의식에서 부를 수 있는 분위기의 곡으로 만들었는데 이 곡은 앞으로 불교음악원에서 발표될 것입니다. 그리고 이번 기회에 향가를 비롯해 가사만 남아 있고 곡이 없어진 불가는 새로 곡을 붙여 부를 수 있도록 계속 추진해보고자 합니다.

11. 불교음악의 수난시대

조선시대 역대 왕조의 불교탄압

불교는 조선시대로 접어들면서 세종대왕 시대를 제외하고는 정책적으로 탄압을 받습니다. 태조 때의 승려도첩제(僧侶度牒制)[74]를 시작으로 성종(1457~1494)이 즉위하면서 승려들을 도성에서 추방하고, 도성 출입까지 금지시켰습니다. 중종(1506~1544) 재위 때에는 승과제[75]를 없애고 승려들을 군적(軍籍)에 올리게 했습니다. 인조(1623~1649) 때에는 승려들을 남한산성 등의 성 쌓는 노역에 동원했으며, 현종(1659~1674) 때에는 양민이 삭발하고 승려가 되는 것을 금지시켰습니다. 그리고 승려들을 보는 대로 환속시켰으며, 사원을 우범지역으로 취급했습니다. 이때 승려들의 사회적 계급은 조선사회의 8종 천민에 속하여 사역과 천대의 대상이 되었습니다. 사원은 철폐되고 재가신도들과 만날 수 없는 승려들은 깊은 산속에 은둔하면서 산승불교(山僧佛敎)

시대를 맞이하였습니다.

조선 불교의 타락

더 이상 하락할 수 없는 조선 불교

고종(1863~1907)대에 들어와서 외세에 밀려 어쩔 수 없이 문호를 개방하면서 1876년에 한일통상조약이 체결되었습니다. 기회를 노리고 있던 일본의 진종(眞宗)과 일련종(日蓮宗)이 경성에 포교소를 설치하면서 본격적으로 조선 불교를 일본 불교화하는 데 앞장섰습니다. 1884년에 갑신정변이 일어나고 다음해에는 300년 동안 금지됐던 승려들의 도성 출입이 부끄럽게도 일본 일련종 승려, 사노(佐野)에 의하여 해제되었지만 쓰러져가는 조선 불교는 더 이상 하락할 수 없는 쇠멸위기에 놓였고, 대신, 양반, 천민 가릴 것 없이 불교를 믿는 자체를 부끄럽게 여겼으며, 유생들의 멸시와 구박이 계속되어 불교 신도마저 신분을 밝히길 꺼려 했습니다. 한편 뜻있는 승려들은 깊은 산중에 은둔해 있고 타락한 승려들은 무분별한 행동으로 반항했습니다. 이것이 쓰러져 가는 조선 불교를 더욱 어렵게 만들었습니다. 당시의 상황은 백용성(白龍城) 스님이 쓴 건백서(建白書)[76]에 자세히 기록되어 있습니다.

사찰령과 불교의식 금지

불교의식음악의 소멸

다카하시(高橋 亨)의 『이조불교』에 의하면, 1911년(명치44) 6월 조선총독부로부터 사찰령이 발표된 뒤부터 모든 사찰에서는 불교의식행사를 할 수 없게 했다고 합니다. 예불의식은 물론이거니와 범패와 작법 등이 완전히 금지됐고, 사찰을 보존하기 위한 수단으로 간단히 올리는 재의식마저 할 수 없게 되어 그에 수반되는 불교음악은 자연히 사라질 수밖에 없었던 것입니다. 『조선불교통사』를 저술한 이능화 님은, 각 본사와 말사법이 시행되고 나서 화청, 법고무(法鼓舞)와 어산조(魚山調), 즉 범패가 흐트러지고 쇠퇴된 것을 안타깝게 여겼다고 기술했습니다.

이상의 기록과 같이 말사법 시행 이후 범패, 화청, 법고무 등이 모두 금지됐으나 다행인 것은 범패의 맥을 잇는 소수의 범패승들이 있었다는 것입니다. 당시 경성 교외의 백련사(白蓮寺)에 만월(滿月)이란 노승이 있었는데 범패를 잘했다고 하며, 경성의 동·서산에는 각각 범패를 잘하는 스님이 있었다고 합니다.[77] 다행히 이러한 범패승을 중심으로 범패는 그 맥을 이어갈 수 있게 되었습니다. 그러나 삼국시대부터 민족축제적 불교의식 행사와 그에 따른 의식음악들은 안타깝게도 이 시기에 대부분 소멸되고 말았습니다.

불교의식이 민중을 상대로 예능적 의식으로
바뀌면서 민속음악 발전에 기여

조선시대의 배불정책은 불교기반이 상류층에서 일반 민중층으로 확대되면서 민중을 상대로 한 불교의식이 변하였습니다. 그 예로 '범음집'과 같은 불교의식집의 등장을 들 수 있습니다. 이러한 의식집의 등장과 더불어 범패의 부흥을 꾀하는 본격적인 시도가 이루어지고 불교의식은 민중을 상대로 범패와 화청을 곁들인 예능적 의식으로 바뀌었습니다. 그런데 여기서 주목을 끄는 것은 불교의식이 민중을 상대로 한 예능적 의식으로 변하면서 판소리를 비롯한 민속음악의 발전에 기여하게 된다는 것입니다. 범패는 우리 전통음악의 3대성악 (범패, 가곡, 판소리)에 포함되고 국가 무형문화재로 지정되었습니다.[78]

한편으로는 불교가 민중을 상대로 확대되면서 민중의 주체성을 지닌 불교개혁 의식이 싹트기 시작하였습니다. 한용운 스님의 '불교유신론', 백용성 스님의 '불교개혁론'으로 이어지면서 새로운 불교운동과 함께 또 다른 불교음악이 탄생하였습니다. 이것이 바로 각 사찰에서 부르고 있는 '찬불가'입니다. 새롭게 창작된 찬불가가 쓰러져 가는 조선불교를 다시 세우기 위한 불교운동과 더불어 탄생하게 된 것입니다. 새로 창작된 찬불가에 대해서는 다음 장에서 상세하게 소개하고자 합니다.

12. 국악화된 불교음악

우리의 전통음악인 국악은 고대로부터 전해오고 있는 순수한 우리민족의 삶의 음악입니다. 가장 역사가 깊은 국악은 민중들이 불렀던 생활요와 같은 민요입니다. 그리고 무속음악입니다. 지금도 무속음악은 민속음악의 뿌리로 보고 있습니다. 앞에서 소개드린 바와 같이 이혜구 님은 신라시대 이전부터 있었던 것으로 보고 있는 향가, '사뇌가'를 무속음악인 '도살푸리'와 '시나위'로 보고 있습니다. 우리나라에 불교가 들어오면서 새로운 장르의 불교음악이 탄생하였습니다. 이것이 바로 신라의 향가이고, 균여스님의 보현십원가입니다. 그리고 신라풍의 범음(梵音), 즉 신라 범패입니다.

불교는 우리의 전통음악 전반에 걸쳐 영향을 주었는데 특히 궁중음악을 비롯하여 서민들의 생활음악까지 영향을 주었습니다. 현재 연주되고 있는 궁중음악 중에서도 불교의 영향을 받은 것으로 보이는 음악들이 다수 있습니다.

특히 조선조에 이르러 숭유억불 정책으로 말미암아 불교가 서민층으로 방향이 바뀌면서 불교음악이 민속음악으로 변합니다. 판소리에도 영향을 주고, 불가로 불렀던 노래들이 민가로 퍼지면서 무속음악에까지 영향을 주었습니다. 불교음악과 무속음악은 불교가 유입될 당시부터 교류가 시작된 것으로 보고 있지만 불교가 서민층으로 기반이 옮겨지면서 더욱 친밀한 관계를 형성하였습니다. 지금도 굿에서 부르는 노래 중에는 불가(佛歌)적인 가사가 들어가 있는 곡이 많습니다. 그 대표적인 곡이 진도의 씻김굿 중에 '천도(天道)' 대목입니다. 여기서 부르는 노래는 가사가 불가로서 있습니다.

국악의 대표적인 기악곡은 불가였던 영산회상

국악에서 대표적인 기악곡으로 꼽히고 있는 영산회상은 원래 '영산회상불보살'이란 불가였는데 가사가 없어지고 곡만 남아 기악곡으로 연주되고 있습니다. 이 곡뿐만 아니라 불교음악이 곧 국악이라고 말할 수 있을 정도로 많은 불교음악이 국악으로 전승되고 있습니다.

국악계에서도 이를 인정하여 '범패', '가곡', '판소리'를 국악의 3대 성악으로 분류하고 있습니다. 영산회상을 비롯하여 불교음악이 국악곡으로 연주되고 있는 곡들을 소개하고자 합니다.

영산회상(靈山會相)

영산회상곡은 국악곡 중에 기악 합주곡으로서 대표적인 곡입니다. 원래는 불가(佛歌) '나무영산회상불보살(南無靈山會相佛菩薩)'이라는 성악곡이었는데 가사는 없어지고 곡만 남아서 현재 국악기악합주곡으로 연주하고 있습니다.

영산은 영취산(靈鷲山)의 약칭이며, 회상(會相)은 석가여래의 설법회상(說法會相)을 뜻합니다.

이러한 설법 광경은 많은 불화를 통하여 묘사되고 있는데 그 대표적인 것으로 각 사찰에 모셔져 있는 본불(本佛) 뒤편에 그려져 있는 영산회상도(靈山會相圖)를 들 수 있습니다. 영산회상곡은 이러한 광경을 음악으로 표현한 곡입니다.

영상회상곡은 여러 문헌에 기록이 보입니다. 『악학궤범』에는 영산회상을 연주할 때, 노래로 영산회상불보살을 부르며 무용과 함께 연주된 상황을 소개하고 있습니다. 이 기록을 보면 영상회상은 기악곡으로만 연주된 것이 아니라 가(歌)·무(舞)·악(樂)이 함께 종합적으로 연출된 곡이었음을 알 수 있습니다.

『악학궤범』에 소개된 영산회상의 연주 상황은 이렇습니다.

> "음악이 영산회상의 만기(慢機)를 연주하면, 여기(女妓)와 악공(樂工)이 일제히 소리를 내어 영산회상불보살을 부르며, 들어가 좌로 세 번 회선(回旋) 벌려 선다. 박(拍)을 치고 대고(大鼓)를 치면, 영산회상의 영(슈)을 연주하고 음악이 점점 잦아지면 오방의 처용이 족도(足蹈)하며 환무(歡舞)하고, 여기에 악공 및 의물을 잡고 가면, 가면(假面)을 쓴 무동들이 따라 족도 요신(搖身)하며 극진하게 환희한다. 끝나면 음악이 그친다."[79]

_ 영취산 아래 목련존자의 석굴에 모인 스님들.

영산회상곡은 성악곡이며,
가(歌)·무(舞)·악(樂)이 함께 수반된 곡

『악학궤범』의 기록을 보면 영산회상은 성악곡이었던 것이 확실하며 연주만을 위한 곡이 아니라 처용무를 비롯하여 의물을 잡고 가면을 쓴 무동들이 몸을 흔들며 환희하는 종합적인 연출 형태로 공연되는 곡으로 보입니다.

『조선음악사』에는 영산회상은 세조대왕 때, 만들어진 것이고, 최초에는 단편의 가곡(歌曲)이었는데, 후에 노래가 없어지고 9편의 조합곡이 되었다고 했습니다.[80] 흥미로운 것은 영산회상 9곡 중에 여덟 번째의 '타령'곡은 서양인 Hollanender 씨가 작곡한 칸소네타 곡과 흡사하다고 하였습니다.

영산회상곡 중에 불교와 관계가 없는 곡명들이 끼어들어가 있습니다. 전체 9곡(상영산, 중영산, 하영산, 상현, 하현, 도드리, 염불, 군악) 중에 상영산, 중영산, 하영산, 그리고 염불은 곡명 자체가 불교와 관계가 있습니다만 그 외의 곡들은 전혀 관계가 없는 곡들입니다. 그런데 안확 님은 '타령'곡이 서양인 Hollanender 씨가 작곡한 칸소네타 곡과 흡사하다고 한 것이 흥미롭습니다.

영산회상곡에 대하여 이동명(李東鳴) 님은 영산회상곡의 악장이 '상영산' '중영산' '하영산'으로 구분된 것은 곡의 편성 내용상으로 보아 불교의 삼승법문(三乘法門)을 상징하고 있는 것으로 보았습니다.[81] 그

_ 영산을 영취산(靈鷲山)이라 불리는 이유는 바로
독수리 형상을 한 이 바위 때문이다.

리고 재미있는 것은 영산회상의 첫 번째 상영산 장단이 10박인데 그 이유를 보살십지(菩薩十地)와 비교하였고, 6박의 염불도드리 장단은 6바라밀(六婆羅蜜), 그리고 4박의 타령장단은 4대, 즉 지(地)·수(水)·화(火)·풍(風)에 비교하였습니다. 확실한 근거가 없어 신빙성은 없지만 영산회상곡을 불교적 입장에서 분석하고자 한 데서 나온 것으로 생각됩니다.

현재 연주되고 있는 영산회상곡은 '현악영산회상'(일명, 거문고 영산회상, 또는 줄 풍류)과 '관악영산회상'(일명, 대풍류) 그리고 '평조회상' 세 종류가 있습니다. 이러한 분류는 연주하는 악기 편성에서 비롯된 것입니다. 예를 들어 '현악영산회상'은 현악기 거문고가 중심이 되어 연주하기 때문에 일명, 거문고 영산회상이라 하고, 현악기가 줄로 되어 있어서 '줄 풍류'라고도 부릅니다. '관악영산회상'은 관악기가 중심이 되어 연주하기 때문이고, 관악기가 대나무로 되어 있어서 일명 '대풍류'라고 부르게 된 것입니다. '평조회상'은 '현악영산회상'을 4도 낮게 연주하는 것을 말합니다. 현악영산회상과 같은 곡인데 기본음을 낮춰 연주하는 데서 붙여진 곡명입니다.

영산회상의 고향 영산(靈山)을 찾아서

영산회상을 생각하며 인도의 영산을 찾아갔습니다. 묘법연화경이 설해진 장소로 알려진 마가다국 수도, 왕사성 안에 있는 영축산, 영

_ 영축산 정상에 운집한 사람들.

산입니다. 부처님이 법을 설하시고 제자들이 명상을 즐겼던 영산회상의 본산입니다.

　인도의 도로사정이 좋지 못하여 길고 긴 시간을 버스에 시달려 몸은 피곤했지만 영산회상곡을 통해 일찍이 가보고 싶었던 영산을 보니 마음이 흥분하기 시작했습니다. 주차장에서 걸어 올라가는 길에는 관광객이 줄을 잇고 있었습니다. 영산은 생각보다 그리 높지 않았습니다. 돌이 많았고, 산 위로 갈수록 큰 바위가 많았습니다. 정상에 이르기 전에 두세 곳 바위굴에는 짙은 주황색 가사를 두른 스님들이 기도를 하고 있었습니다. 영산의 정상에 오르기 직전에 바위가 독수리 모습을 하고 있었습니다. 영산을 영취산(靈鷲山)이라 불리는 이유가 여기에 있는 것 같았습니다. 정상은 생각보다 좁아서 기도터가 만들어져 있었지만 100여 명 정도밖에는 앉을 수가 없을 것 같았습니다. 산이 높지 않아서 혹시 부처님이 법을 설하셨을 때, 산봉우리 전체가 사람으로 덮여 있었던 것은 아닌가 하는 생각을 해봤습니다. 정상의 기도 장소는 순서를 기다리는 불자들이 줄을 지어 있었습니다. 대부분 단체별로 예불을 올리는데, 우리 팀은 함께 간 불교합창단 보살들이 예불을 올리면서 찬불가를 불렀습니다. 형형색색의 한복이 영산과 어울려 아름다웠습니다. 그리고 찬불가의 가락이 영산으로 퍼져 나갔습니다. 언젠가 기회가 되면 이곳 영산에서 영산회상곡을 연주하고 싶다는 생각이 들었습니다.

염불과 반염불

'염불'과 '반염불'은 승무반주 음악으로 연주되는 곡입니다. 승무 뿐만 아니라 탈춤과 무속음악으로도 연주됩니다. 이 곡은 곡목에서 알 수 있듯이 불곡(佛曲)이 확실합니다만 그 출처를 알 수가 없습니다. 1960년대에 지영희 님에 의하여 '대풍류(竹風流)'란 이름으로 새롭게 만들어져 기악합주곡으로 연주되었습니다.[82] 염불은 느린 6박 장단으로 구성되어 있어 일명 '긴 염불'이라고 부릅니다. 곡의 분위기가 엄숙하고 멋스러운 가락으로 짜여 있습니다. 불교 의식음악으로서 그리고 작법 반주음악으로서 잘 어울리는 특징을 갖추고 있습니다. 염불 곡은 범패와 같은 곡에서 유래된 것이 아닌지 생각해 봅니다. 그 이유는 예로부터 승무 반주음악으로 연주되어 왔고, 승무는 불교의식 무용인 작법에서 파생된 것이기 때문입니다. 유예지(遊藝志)에서는 염불장단이 6박인 점을 들어 이 장단을 육자염불(六字念佛)에 해당하는 것으로 보고 있습니다. 6자의 명칭, "나·무·아·미·타·불"을 염(念)하는 데에 근거를 두고 있습니다. 이 문제 역시 확실한 근거는 없지만 '염불'이라는 곡명을 불교와 연계해서 나온 것 같습니다.

반염불은 염불을 반으로 축소해서 연주한다는 뜻에서 붙여진 것입니다. 염불로 시작한 무용이 갈수록 빨라지면서 무용의 템포에 따라 변화된 곡입니다.

염불곡이 불교의식에서 어떻게 쓰였는지는 알 수가 없습니다. 영산회상과 같이 성악곡이었는지 아니면 작법(佛敎儀式舞) 반주음악으로 쓰였는지, 그 출처는 알 수가 없습니다. 그러나 경기 지방의 굿에서 염불과 반염불 등이 연주됩니다. 원래가 무속음악이었는지도 모릅니다. 향가처럼 불교가 들어오고 난 이후에 불교무용 반주음악으로 쓰이면서 이름이 염불로 붙여졌는지 모를 일입니다. 국악계에서는 민속음악으로 분류하고 있으며 주로 승무 반주와 탈춤 반주, 그리고 영산회상곡처럼 기악합주로 연주되고 있습니다.[83]

13. 민요로 부르는 불가(佛歌)

민요로 부르고 있는 불가는 각 지방의 독특한 민요 토리로 곡이 만들어져 있습니다. 현재 사찰에서 부르는 스님들의 염불도 예전에는 지방마다 특색이 있었다고 합니다. 예를 들면, 전라도 지방의 사찰에서는 전라도 '육자백이조'[84]로 염불을 했다는 겁니다. 강원도 경상도는 '메나리조'[85]로 하고, 경기도는 '경기제'[86]로 했는데 다음에 소개할 불가를 통해서 당시의 상황을 확인해볼 수 있습니다. 지금은 산승불교의 영향으로 염불이 모두 메나리조 가락으로 통일되어 있습니다만 앞으로 다시 복원됐으면 합니다.

회심곡(경서도 민요)

회심곡은 15세기경 서산대사가 지은 것으로 전합니다.[87] 회심곡은 별회심곡, 특별회심곡, 속회심곡 등이 있으나 지금은 경, 서도 창자가 민요조로 부르는 회심곡만이 전하고 있습니다. 스님들이 화청으로 부르는 회심곡은 별도로 있습니다.

회심곡은 임진왜란, 병자호란을 거치며 흉흉해진 신도들의 신앙심을 정화시키는 구실을 한 것으로 전합니다. 그리고 가사가 순수 우리말로 되어 있어 대중들이 쉽게 이해할 수 있고, 선율이 토속적인 가락으로 되어 있어, 불가보다는 경서도 지방의 민요로 애창되고 있습니다. 민요조 회심곡은 김영님 경기명창이 불러 널리 알려져 있습니다.

회심(回心)이란 좋지 못한 마음을 고치는 것, 즉 마음을 바로잡고 바른 길로 들어가서 선행(善行)을 하라는 것입니다. 이러한 회심류(回心類)에 속하는 작품으로는 '회심곡' '특별회심곡' '속회심곡' '몽중회심곡' '반회심곡' '법문곡' 등이 전하는데, 현재 민요로 불리는 것은 '회심곡' 한 곡뿐입니다. 그리고 회심곡에서 파생된 것으로 보고 있는 '별회심곡'은 휴정 서산대사가 지은 것으로 보고 있는데 내용은 악인은 죽어서 염라대왕 앞으로 가서 재판을 받으니, 나쁜 짓 하지 말고 선심공덕과 적선(積善)을 행하여 왕생극락하라고 권합니다. 또 '속회심곡'은 불의를 행한 자는 지옥으로 가서 무서운 형벌을 받으니 선심공덕으로 내생의 길을 잘 닦아 왕생극락하라고 권하고 있습니다.

> 회심곡은 스님이 부르는 불가조와 민요전공자들이 부르는 소리조가 있다

　회심곡의 선율은 서도창조가 중심을 이루고 있고 가락 중에는 경기 창의 멋스러움도 포함되어 있어 경서도 창자들이 즐겨 부르고 있습니다. 가사의 내용이 불교교리를 담은 포교성이 높은 노래로 널리 알려져 있습니다. 현재 불리는 회심곡의 가사는 화청으로 부르는 불가조(佛歌調)와 민요조로 부르는 소리조의 회심곡이 있습니다. 김영임 명창이 부르는 소리조 회심곡의 가사 내용은 불전『부모은중경』의 내용을 쉽게 풀어 민요가락에 얹어 만든 것입니다. 가사 내용은, 사람은 누구나 부모의 은덕으로 태어나서 부모의 정성어린 양육으로 자라나 성인이 되는 것인데, 이 모두는 지대한 부모의 공덕이니 잊지 말아야 한다는 내용과 인생의 무상함을 깨달아 부모님께 효도하고 선심 닦아 선행하길 발원하는 내용입니다. 그리고 어질고 착한 마음으로 선업을 닦아 사후에 선악의 인과로 극락과 지옥으로 나누어짐을 인과응보의 불교원리로 설명해 주고 있습니다. 민요조의 회심곡 가사는 다음과 같습니다.

"일심(一心) 정념(正念)은 아하아 아미이로다. 보홍오 오호~
억조- 창생(億兆蒼生)은 다 만민시주님네 이내 말씀을 들어 보소

인간 세상에 다 나온 은덕일랑 남녀노소가 잊지를 마소. 건명전(乾命前)에 법화경(法華經)이로구나. 곤명전(坤命前)에 은중경(恩重經)이로다. 우리 부모 날 비실 제 백일정성이며 산천기도라. 명산대찰을 다니시며 온갖 정성을 다 드리시니 힘든 남기 꺾어지며 공든 탑이 무너지랴. 지성이면 감천이라 부모님전 드러날 제, 석가세존 공덕으로 아버님전 뼈를 빌고 어머님전 살을 빌어 제석님전에 복을 빌고 칠성님전 명을 빌어 열 달 배설한 후 이 세상에 생겨나니 우리 부모 날 기를제 겨울이면 추울세라 여름이면 더울세라 천금 주어 만금 주어 나를 곱게 길렀건만 어려서는 철을 몰라 부모은공을 갚을소냐.

다섯 하니 열이로다. 열에 다섯 대장부라, 인간 칠십 고래희요 팔십 장년 구십춘광 백세를 산다 해도 달로 더불어 논하면은 일천하고 이백달에 날로 더불어 논하면은 삼만 육천 일에 병든 날과 잠든 날이며 걱정 근심 다 제하면 단 사십을 못 사는 인생 어느 하가(何暇) 부모은공 갚을소냐.

청춘가고 백발 오니 애닯고도 슬프도다. 인간공로 뉘가 능히 막아내며 춘초연년록이나 왕손은 귀불귀라 초로 같은 우리 인생 한번 아차 돌아가면 다시 오기 어려워라.

어제 오늘 성턴 몸이 저녁내로 병이 들어 실날같이 가는 몸에 태산 같은 병이 들어 부르느니 어머님요 찾느니 냉수로다, 인삼 녹용 약을 쓴들 약 효험이 있을소며 맹인 불러 설경한들 경덕인들 입을소냐.

혼미하여 누웠을 제 제일 전에 진광대왕 제이에 초강대왕 제삼에 송제대왕 제사에 오관대왕 제오에 염라대왕 제육에 변성대왕 제칠에 태산대왕 제팔에 평등대왕 제구에 도시대왕 제십전에 오도 전륜대왕.

열시왕전매인 사자 일직사자 월직사자 한 손에는 철봉 들고 또 한 손에 창검 쥐고 쇠사슬을 비껴 차고 활등같이 굽은 길로 화살같이 달려들어 닫은 문을 박차면서 성명 삼자 불러내니 정신이 아득하여 처자의 손을 잡고 만단설화 다 못하여, 정신 차려 살펴보니 약탕관을 벌여 놓고 지성구호 극진한들 갈 목숨이 머물소냐, 친구 벗님 많다 해도 어느 친구 동행하며 일가친척 많다 해도 어느 일가 대신 갈까. 구사당에 하직하고 신사당에 허배하고 대문 밖을 썩 나서니 적삼 내의 손에 들고 혼백 불러 초혼하니 없던 곡성 낭자하다 옛 노인 하신 말씀 저승길이 멀다더니 오늘 내게 당해서는 대문 밖이 저승이다. 청춘이 가고 백발이 올 줄 알았으면 십리 밖에다 가시성이나 쌓을걸. 세상천지 동포님네 회심곡 허소말고 부모님께 효도하며 마음 닦아 선심하여라. 나하아 아하아 아~아하아 아하 허나네~ 열의 열 사십소사 나하하 아하아 아~

나무아미타불 나무관세음보살"[88]

이상 소개한 회심곡은 현재 애창되고 있는 '소리조 회심곡'의 가사입니다. 대중들이 회심곡을 선호하는 이유는 가사 내용에서 보이는 바와 같이 인생의 무상함을 깨달아 부모님께 효도하고 선심 닦아 선행하길 발원하는 가사가 구슬픈 서도소리 가락에 얹어져 불리기 때문입니다.

탑돌이(경기민요)

탑돌이는 탑을 돌면서 부르는 노래로 전하고 있으나 곡의 성격상으로 보면 탑을 돌면서 발원하는 내용을 경기 민요조로 만든 것입니다. 장단은 느린 중모리로 시작해서 차츰 빨라지면서 자진모리로 넘어갑니다. 초파일 행사나 그 밖의 불교행사에 경서도 창자들에 의하여 불리고 있습니다.

탑(Sutupa)은 부처님의 사리를 모셔놓은 곳으로서 불교에서는 대표적인 예불의 대상입니다. 이러한 탑을 돌면서 부르도록 만들어진 곡입니다. 찬불가로 작곡된 '탑돌이' 곡이 있습니다. 광덕스님 작사, 박범훈 작곡의 찬불가 '탑돌이' 곡은 기존의 민요풍으로 작곡되어 있어서 불교합창단과 경기민요 창자가 함께 부르기도 합니다. 민요 탑돌이의 가사를 보면 기존의 민요 중에 가장 불가적인 곡임을 알 수 있습니다.

후렴 :

나무아미타불 관세음보살 도세 도세 백팔 번을 도세
사월이라 초파일은 관등가절이 아니냐.
봉축하세 석가세존 명을 빌고 복을비오
대자대비 넓으신덕 만세봉축 하오리다.
일천사해 개귀묘법 사은보시 인과응보
선남선녀 진수공덕 삼계육도 성실해득.
충효하여 입신하고 염불하여 극락가세.
오호사해 높은손님 불교도량 임의활보
명산대찰 불공하여 후세발원 하여보세.
이내몸이 나기전에 그무엇이 내몸인가.
팔풍오욕 일체경계 부동하는 태산같네.
백천만겁 차타하여 다시인신 망연하다.
망상번뇌 본공하고 아미타불 진실일세.
일체계행 지켜가면 천상인간 복수로세.
인간백년 산다한들 풍진속에 늙는구나.
지옥천당 본공하고 생사윤회 본래없다.
불생불멸 저국토에 상락아정 무위도라.
유연중생 제도하면 보불은덕이 아닌가.

-(중략)-

보렴(전라도 민요)

보렴은 행선축원문(行禪祝願文) 첫 구절인 상래소수공덕해(上來所修功德海) 회향이처실원만(回向二處悉圓滿)을 시작으로 남도창, 판소리 풍으로 만들어진 불가입니다. 지금은 남도잡가, 또는 남도민요로 불리고 있습니다. 이 곡은 남도민요나 판소리를 잘 알고 작곡 능력을 갖춘 스님이나 불자가 만든 것으로 생각합니다. 곡의 가사는 『축원문』을 인용하고, 뒷부분에는 호국불교의 뜻이 담겨 있는 주상전하의 만수무강과 국태민안을 기원해 주는 내용이 포함되었습니다. 그리고 불전 『천수경』의 경문이 인용되었습니다. 이 곡은 가사가 경문으로 되어 있고 곡이 판소리처럼 짜여 있어 부르기가 쉽지 않습니다. 남도창자 중에서도 경륜이 있고 실력이 있는 창자만이 제대로 부를 수 있는 곡입니다. 느린 중모리장단으로 시작해서 중중모리, 자진모리까지 장단이 다양하게 변합니다. 불교음악회에서는 국악관현악 반주로 합창단과 함께 안숙선 명창이 자주 부릅니다. 남도창의 멋스러움을 표현해주고 있는 불가로 가사 내용에 경문이 많아서 노래로 듣고 이해하기가 쉽지 않습니다.

상래소수공덕해(上來所修功德海)요,
회향삼처실원만(回向三處悉願滿)
봉위(奉位)

주상전하수만세(主上殿下壽萬歲)요

왕비전하수제년(王妃殿下壽齊年)에

세자전하수천추(世子殿下壽千秋)요

선왕선후원왕생(先王先后願往生)

제궁종실각안녕(諸宮宗室各安寧)

문무백료진충량(文武百僚盡忠良)

도내방백위익고(道內方伯位益高)

성주합하증일품(城主閤下增一品)

국태민안법륜전(國泰民安法輪轉)이라

나무청룡지신(南無靑龍地神)님네.

동방화류 서방화류 북방화류 나무남방화류야

오름이야 도름이야 천수천안관자재보살

광대원만 무애대비심 대다라니 계청(廣大圓滿 無碍大悲心 大陀羅尼 啓請)

무상심심미묘법 백천만겁난조우(無上甚深微妙法 百千萬劫難遭遇)라

아금문견득수지 원해여래진실의(我今聞見得受持 願解如來眞實意)

개법장진언(開法藏眞言) 옴 아라남 아라다

대다라니 계청(大多羅尼 啓請)

계수(稽首) 관음보살(觀音菩薩)

석가여래(釋迦如來) 문수보살(文殊菩薩) 지장보살(地藏菩薩) 옴 바라니 옴 바라요.

앞도 당산(堂山) 뒤도 주산(主山) 좌우 천룡(天龍) 수살(水煞)맥이라

성황님네 나무천룡 지신님네

동에는 청제지신(靑帝地神) 나무천룡

남에는 적제지신(赤帝地神) 나무천룡

서에는 백제지신(白帝地神) 나무천룡

북에는 흑제지신(黑帝地神) 나무천룡

중앙에는 황제지신(皇帝地神) 나무천룡 지신님네 아미타불

일쇄동방결도량(一灑東方潔道場)이라

이쇄남방득청량(二灑南方得淸凉)이라

나무삼쇄서방구정토(南無三灑西方俱淨土)로다

사쇄북방영안강(四灑北方永安康)이라

나무천룡 지신님네

도량청정무하예(道場淸淨無瑕穢)

삼보천룡강차지(三寶天龍降此地)

아금지송묘진언(我今持誦妙眞言)

원사자비밀가호(願賜慈悲密加護)

아석소조제악업(我昔所造諸惡業)

개유무시탐진치(皆由無始貪嗔痴)

종신구의지소생(終身口意之所生)이라.

일체아금개참회(一切我今皆懺悔)

나무아미타불.

산염불(황해도 민요)

산염불(山念佛)은 곡명에서 말해 주듯이 산에서 부르는 염불이라는 뜻입니다. 산으로 놀러 갈 때 부르는 노래라 하여 산염불이라고 했다는 설이 전하고 있습니다.

서도소리 무형문화재 보유자 고(故) 오복녀 선생님은 황해도 산염불에 대하여 어려서 들은 이야기라고 하면서 염불은 따라 부르기가 어려워서 스님이 민요조로 쉽게 부를 수 있게 만들어 준 곡이라고 했습니다.

산염불은 '긴 산염불'과 '자진 산염불' 그리고 '개성 산염불' 등의 곡명이 있는데 이러한 이름은 곡의 장단과 불려진 지역에 따라 붙여진 이름입니다. 느린 장단에 부르는 산염불은 긴 산염불, 빠른 장단에 부르는 곡은 자진 산염불, 개성 지방에서 부른 산염불은 개성산염불 등으로 이름이 붙여진 것입니다.

서도소리는 노래 부르는 방법이 독특합니다. 기본음을 잘게 위쪽으로 꺾어 떨어서 내는데 '수심가'와 같은 곡은 대동강 물을 먹지 않은 사람은 부를 수 없다는 말이 있을 정도로 그 지방의 특성을 모르면, 노래의 맛을 낼 수 없는 그런 독특한 곡입니다. 산염불 역시 황해도 소리의 토리를 알지 못하면, 부를 수 없는 민요입니다.

산염불 곡은 원래 불가의 가사로 되어 있던 곡인데 민요로 변하면서 가사 내용이 생활용어로 바뀌었습니다. 현재에는 후렴 부분에

'에헤헤 아미타불'이라는 가사만 남아 있습니다. 앞으로 원래의 가사를 찾거나, 아니면 새롭게 불가의 가사를 붙여서 부르도록 하는 것도 불교음악을 복원하는 뜻에서 중요한 일로 생각됩니다.

산염불의 가사는 앞의 후렴 부분만 불가적인 내용이고 나머지 가사들은 일반적인 민요와 같기 때문에 가사 소개는 생략합니다.

비나리(경기도 민요)

비나리는 화청 고사염불에 속하는 노래로서 걸립패들이 고사를 지내며 부르는 노래입니다. 각 지방마다 독특한 가락으로 부르는 비나리 곡은 민요를 부르는 창자보다는 걸립패, 사물놀이패 등이 공연 도중에 부르는 경우가 많은데 이 곡 역시 불가, 화청에 속하는 곡입니다. 비나리는 남사당패 멤버들이 불렀는데, 사물놀이 창단 멤버인 이광수 님의 노래로 널리 알려졌습니다. 근래에는 유지숙 서도명창이 부른 경기 강화 지방의 '반맥이 비나리'가 많이 알려져 있습니다. 비나리의 가사는 불교적인 내용보다는 복을 빌어주고 축원해 주는 내용이 중심을 이루고 있어 생략합니다.

판소리 심청가

불교사상을 바탕으로 구성된 심청가

불교는 민요뿐만 아니라 판소리에도 큰 영향을 끼쳤습니다. 판소리 심청가는 곡 구성 자체가 불교사상을 바탕으로 하여 만들어졌습니다.

불교는 조선조에 이르러 배불정책으로 인하여 상류층에서 하류층으로 그 축이 이동하게 되고 불교의식이 서민을 대상으로 변화하면서, 불교음악이 우리 국악에 많은 영향을 줍니다. 불가가 민요가 되고, 불교무용(作法)이 전통무용이 되면서 불교음악은 국악곡으로 변하였습니다. 그 대표적인 곡이 앞에서 소개한 '국악화된 불교음악' 곡들입니다. 그리고 선율은 불교음악과 직접 관계는 없을지 몰라도 심청가와 같은 판소리는 곡 전체가 불교사상을 바탕으로 구성되어 있습니다. 판소리 흥부가 역시 불교적인 내용이 들어 있습니다. 가난한 흥부를 부자가 되도록 스님이 집터를 잡아줍니다. 숭유억불 정책을 펴고 있던 조선시대에 민중들의 삶 속에는 불교의 뿌리가 더욱 깊게 파고들면서, 민중예술 발전에 크게 기여합니다. 소개할 판소리 심청가는 안내자가 동국대학교 박사과정 때 쓴 논문,「불교사상으로 본 심청가 연구」를 요약한 것입니다. 그동안 심청가는 효를 중심으로 한 유교적 입장에서 언급되었는데 이 논문을 통해 처음으로 불교사상에서 만들어진 판소리로 발표가 되었습니다.

소설 '심청전'과 판소리 '심청가'

심청가는 현존하는 5대 판소리(춘향가, 적벽가, 수궁가, 흥부가) 중에 효를 주제로 한 작품으로서 조선 후기에 창과 소설을 통하여 민중들에게 널리 알려진 판소리입니다. 심청가는 일명 '심청전'으로 불리기도 하는데 이는 소설로 된 '심청전'과 판소리로 된 '심청가'를 총칭하는 것입니다.

여기서 소개하는 '심청가'는 전래되는 소설 '심청전'이 아니라 현재 판소리로 불려지는 '심청가'임을 밝혀두고자 합니다. 왜냐하면 소설 형태로 전해지고 있는 심청전의 내용이 판소리로 불려지고 있는 심청가와 대강의 줄거리만 유사할 뿐 친연성이 없는 별개의 작품으로 존재하고 있기 때문입니다.[89]

판소리의 최초 발생 연도에 관해서는 확실한 문헌적 근거가 없어 알 수 없으나 판소리 연구 학자들에 의하면 대략 17세기 중엽부터 18세기로 추정하고 있습니다. 심청가는 다른 판소리와 달리 19세기 전반에 사설이 확대되어 판소리로 발전한 것으로 보고 있으며, 현재 불려지고 있는 심청가의 다양한 더늠[90]은 당대 명창들에 의하여 19세기 후반부터 개발된 것으로 알려져 있습니다.[91]

심청가는 다른 판소리와 달리 작품 전체가 불교적 내용과 그 사상을 바탕으로 만들어졌다는 점에 관심을 갖게 합니다. 불교가 전통 음악에 끼친 영향에 관해서는 불교음악과 관련된 논문을 통해 여러 차례 밝힌 바 있으나[92] 판소리(심청가)가 불교사상에 기반을 두고 만들어졌다는 사실은 지금까지 널리 알려져 있지 않고 있습니다.

여기서의 심청가 소개는 현재 판소리로 불려지고 있는 심청가가 불교와 어떤 관계가 있는가를 밝히고, 불교사상이 어떻게 적용됐는지를 소개하고자 합니다.

소개할 판소리 심청가는 1966년 박헌봉 님이 집필한 『창악대강(唱樂大綱)』에 기록된 심청가 가사를 활용하고자 합니다. 그 이유는 『창악대강』에는 다른 창본(唱本)과 달리 당대의 명창들이 부른 판소리의 창본이 원문 그대로 기록되어 있고 심청가 대목마다 더늠을 만든 명창, 또는 그 직계제자가 부른 가사가 그대로 남아 있기 때문입니다. 그리고 불교와의 관계를 밝히는 데는 불전 『신수대장경(新修大藏經)』을 활용하고자 합니다. 소개 순서는 박헌봉 님의 『창악대강』 심청가 가사를 소리 순서에 따라 대목 별로 살펴보면서 불교와의 관계를 소개하고자 합니다.

심청가의 시작은 심봉사 부부가 슬하에 혈육이 없어 자식을 얻기 위해 명산대찰, 제불보살, 미륵님, 나한불공, 칠성마지 가사시주, 인등시주 등 갖가지 불공을 드린 내용입니다. 심청의 잉태가 부모님의 정성스런 불공에 의한 것임을 말해주고 있습니다. 그러면 심봉사 부부가 태몽을 꾸는 대목을 소개합니다. 원래 판소리로 들어야 실감이 나는데 어쩔 수 없이 판소리 사설만을 소개합니다. 기회가 되실 때 들어 보시길 바랍니다.

〈창〉 심봉사 부부의 태몽 꿈꾸는 대목

갑자사월 초파일날 꿈 하나를 얻었으되 이상하고 기이하다. 천지가 명랑하고 서기반공(瑞氣蟠空)하여 오색채운 두르더니 선인옥녀 학을 타고 하늘에서 내려온다. 머리 위에 화관이요 몸에는 하의(霞衣)로다. 월패(月牌)를 느짓 차고 옥패(玉佩)소리 쟁쟁하며 계화(桂花)가지 손에 들고 연연히 내려와서 부인 앞에 읍을 하고 곁에 와 앉는 거동 뚜렷한 월궁항아(月宮姮娥)달 속에서 내려온 듯 남해의 관음보살 해 중에서 솟아난 듯 심신이 황홀하여 진정치 못할 적에 그 선녀 엿자 오되, '소녀는 다른 사람이 아니오라 서왕모의(西王母) 딸이려니 반도진상(蟠桃進上) 가는 길에 옥진비자(玉眞妃子) 수어 수적하옵다가 때가 아차 늦었기로 상제(上帝)께 득죄하고 인간으로 정배(定配)되어 갈 바를 모르더니 태상노군(太上老君) 후토부인(后土夫人) 제불보살 석가님이 댁으로 지시하여 지금 찾아 왔아오니 어여뻐 여기소서' 하고 품에 와 안기거늘 곽씨 부인 잠을 깨니 남가일몽 분명하다. 부부몽사 의논하니 둘의 꿈이 같은지라.[93]

심청은 제불보살 석가님이 심봉사 부부에게 인도해서 태어남

위에서 소개한 중모리 대목은 심봉사 부부의 태몽을 노래한 것인데, 이 내용을 통하여 심청은 부처님의 점지로 탁태(托胎)되었음을 알 수 있습니다. 여기서 관심이 가는 것은 심청을 탁태하기 위한 심봉사 부부의 태몽이 불전『수행본기경(修行本起經)』「보살강신품(菩薩降身品)」과『보요경(普曜經)』「소현상품(所現象品)」에 세존 탄생 시의 기록과 흡사하다는 점입니다. 참고로 불전의 내용을 소개합니다.

> 이에 능인보살은 흰 코끼리로 변하여 모태에 들어왔는데, 때는 사월 팔일이었다. 부인은 목욕을 하고 향을 바르고 새 옷으로 갈아입고 나서 잠시 몸을 안정시키는 사이에 꿈을 꾸었다. 공중에서 흰 코끼리가 날아왔는데 그 광명이 천하를 비추었고 금을 타고 북을 치고 노래하는 소리가 들려왔다. 꽃을 뿌리고 향을 사르며 부인에게로 오더니 갑자기 사라졌다. 부인이 정신을 추스르지 못하자 왜 그렇게 놀라느냐고 왕이 물었다. 그러자 부인은 꿈속에서 흰 코끼리가 공중에서 날아왔는데 금과 북을 연주하고 꽃을 뿌리고 향을 사르며 날아왔다가 사라져서 이렇게 놀랐다고 말했다.[94]
>
> -『수행본기경(修行本起經)』「보살강신품(菩薩降身品)」

곽씨 부인과 마야부인의 태몽이 유사함

석가모니 부처님의 전신(前身)인 보살이 도솔천에 내려와 큰 코끼리로 변모하여 마야부인의 태(胎)에 들어갔음을 설명하고 있습니다. 그런데 세존의 어머니 마야부인과 심청이의 어머니 곽씨 부인의 태몽에 공통점이 있습니다. 첫 번째가 태몽의 일자가 모두 사월 초파일이라는 점이고, 두 번째가 세존과 동일하게 심청도 석가모니 부처님의 점지에 의하여 탁태되었다는 점입니다. 그리고 세 번째가 마야부인의 꿈에 세존은 흰 코끼리로, 심청은 서왕모의 딸로 묘사되었다는 점이고, 네 번째가 마야부인은 꿈에 광명이 천하를 비추었고, 금을 타고 북을 치고 노래하는 소리가 들렸다고 했는데 곽씨 부인은 천지가 명랑하고 선인 옥녀가 학을 타고 하늘에서 내려오고, 옥패소리 쟁쟁하였다고 했습니다.

곽씨 부인 심청이 낳고 마야부인과 동일하게 칠일만에 운명

심청의 탄생 대목이 불전, 『수행본기경』의 내용을 인용했는지에 관해서는 확실한 증거가 없어 알 수 없으나 우연의 일치로 볼 수만은 없을 것 같습니다. 꿈에서 본 대상이 마야부인은 흰 코끼리였고, 곽씨 부인은 서왕모의 딸이었습니다. 그 이외에는 대부분 내용이 같습니다. 더욱 확실한 점은 세존이 태어난 지 칠일 만에 마야부인이 운명합니다. 그런데 곽씨 부인 역시 심청이를 낳고 칠일 만에 운명을 합니다. 이 대목에서는 더 이상의 의심의 여지가 없습니다. 마야부인이 세존을 낳고 칠일 만에 운명한 내용은 『불설보요경(佛說普曜經)』에 전합니다.

심청가는 심봉사가 곽씨 부인 장례를 치르고 집으로 돌아와 적막한 집에서 배고파 우는 심청을 달래며 죽은 곽씨 부인을 못 잊어 통곡을 하는 장면으로 이어집니다. 이 대목에서 관객들은 눈물을 흘립니다. 심봉사가 계면조로 부르는 이 슬픈 대목을 '부엌은 적막'이라고 합니다. 심봉사는 젖 달라고 우는 심청을 안고 동네 부인들을 찾아 젖동냥을 나섭니다.

젖동냥은 탁발행이며, 젖 주는 것은 보시행

〈창〉 심봉사 젖동냥 대목
여보시오, 부인님네. 이 애 젖 좀 먹여주오. 칠일 만에 어미 잃고 젖 먹고저 섧이 우니 불쌍히 여기시어 이 애 젖 좀 먹여주오. 댁집의 귀한 아기 먹고 남은 젖 있으면 굶어 죽은 어린 자식 이 애 젖 좀 먹여주오. 젖 있는 부인네들 '애고 이거 불상쿠나' 서로 받아 젖 먹이어 봉사에게 안겨주며 '여보시오 봉사님 어려이 알지 말고 내일도 안고 오고 모레도 안고 오면 우리 동리 여러분이 이 애 설마 굶기리까.'[95]

심봉사의 젖동냥 대목은 불교와 직접적인 관계가 없는 것으로 보이나 불교 입장에서 보면 탁발행(托鉢行)과 보시행(布施行)입니다. 즉 심봉사의 젖동냥은 탁발행이고, 젖을 주는 부인은 보시행입니다. 이러한 대목은 심청이 밥 빌러 다니는 장면까지 이어지는데 여기에서도 밥을 빌러 다니는 행위와 밥을 주는 행위를 탁발행과 보시행으로 볼 수 있습니다. 심청이는 동네 부인들의 젖 보시로 무럭무럭 자라나서 이제는 밥을 빌어다가 아버지를 공양합니다. 이 장면에서 판소리는 밥을 빌러간 '심청이를 기다리는 대목'으로 이어집니다. 느린 진양장단에 구슬픈 계면조 가락으로 심봉사가 부릅니다. 그리고 심봉사는 밥 빌러간 심청을 기다리다 못해 심청을 찾아 나섭니다. 더듬더듬 걸어가다가 그만 개울물에 풍덩 빠지는데 이때 판소리는 다급한 자진모리장단으로 넘어 갑니다. 구원을 요청하는 심봉사를 보고 화주승이 등장하는데 이 대목은 코믹한 엇모리장단으로 되어 있습니다. 일명 '중 타령'이라 부르기도 합니다.[96]

심봉사를 화주승이 구해준 것은 심봉사를 부처님께 귀의시킨 것

〈창〉 엇모리 중타령

- 몽운사 화주승이 절 중창하려 하고 권선문 둘러메고 시주집 다니다가 절 찾아 올라갈 제, 중의 도례(道禮)하느냐고 저 중이 염불한다. 나무아미타불 관세음보살. 이렇듯이 올라갈 제, 어디

서 '사람 살려라' 외친 소리 귀에 갑자기 들려온다. 그 중이 놀라 듣고 '이 어인 소리인고. 이 어쩐 울음인가. 울음소리가 맹랑쿠나' 한 곳을 찾아가니 해는 점 점 그러진데 어떠한 사람이 개천물에 푹 빠져서 거의 죽게 되었구나. 저 중의 급한 마음 백동장식 작지를 되는대로 내던지고 실굴 갓 장삼을 벗고 누비바지가락 또돌돌 말아 감아 딱 붙이고 백로규어지여 놓으니 전에 보던 심봉사라. 심봉사 정신차려 화주승을 부여안고 '어허참 활인지불(活人之佛)이라더니 자비심 넓은 공덕 죽은 사람 살려내니 이 은혜를 어쩌리까' 그 중이 대답하되 '우리절 부처님은 영험이 많으시어 빌어 아니 되는 일 없고 원하면 곧 응하나니 공양미 삼백석을 부처님께 바친 후에 진심으로 불공하면 눈을 떠 완인되어 대명천지 볼지리다' 심봉사는 눈을 뜬단 말 듣고 어찌 반겨 하였던지 '그러면 적어주시지' 선선히 허락하여 권선문 제 일장에 공양미 삼백석을 몽운사 납상(納上)이라 이렇듯 기재하여 심학규 성명 삼자 뚜렷이 적어주고 그 중과 작별한 후 다시 앉아 생각한다.[97]

중타령의 가사 내용은 화주승의 모습과 심봉사를 구출하는 상황을 노래하고 있는데, 화주승의 모습을 속되게 표현한 부분과 점잖하지 못한 엇모리장단을 활용한 것은 당시 숭유억불의 시대적 영향에서 비롯된 것으로 보입니다.

중 타령에서 가장 핵심적인 부분은 개울에 빠진 심봉사를 화주승이 구출한 대목입니다. 왜 하필 다른 사람도 있을 텐데 화주승이 구하도록 했을까요. 여기서 심청가는 무리할 정도로 불교 쪽으로 몰고 갑니다. 심봉사를 화주승이 구출했기 때문에 공양미 삼백석을 몽운사에 시주하게 되고, 그로 인하여 심청이가 인당수의 제물로 팔려갑니다. 결과적으로 물에 빠진 심봉사를 화주승이 구출하게 만든 것은 심봉사를 불교로 귀의시키기 위한 방편에서 비롯된 것으로 볼 수 있습니다. 화주승이 밥을 빌어 연명하는 심봉사에게 공양미 삼백석을 시주하도록 한 것도 이러한 맥락에서 이해될 수 있습니다. 그러나 현실적으로 본다면 말도 안 되는 일입니다. 먹거리가 없어 어린 심청이가 밥 동냥을 해서 연명을 하고 있는데 화주승이 심봉사의 처지를 잘 알면서 공양미 삼백 석을 시주하면 눈을 뜰 수 있다고 말한다는 자체가 이해가 될 수 없는 일입니다. 그러나 이 문제에 대하여 누구도 이의를 제기하지 않습니다. 그건 왜 그럴까요? 바로 심봉사를 부처님께 귀의시키는 것이기 때문입니다. 삼백석 공양미의 약속이 없었다면 심청가는 막을 내릴 수밖에 없습니다. 공양미 삼백석의 약속 때문에 심청이가 인당수에 제물이 되고, 다시 환생하여 황후가 된 후, 심봉사가 눈을 뜨게 됩니다. 불교사상을 바탕으로 심청가를 만든 핵심이 여기에 있습니다.

판소리는 다음 '공양미 삼 백석' 대목으로 이어집니다.

심청은 후원에 단을 모아 황토 깔고 금줄 매고 하느님 전에 애비의 허물됨은 이 몸이 대신 받을 터이니 부친이 눈을 뜰 수 있도록 해 달라고 천만축수 빌고 있습니다. 이때, 심청은 남경 장사 선인들이 골목을 다니면서 인당수 인제수(人祭需)로 쓸 15세 되는 처녀를 구한다는 소리를 듣고는 공양미 삼백석을 마련하기 위하여 자신의 몸을 남경 선인들에게 팔게 됩니다. 정승 부인이 만류하지만 거절하고 선인들을 따라 나섭니다. 이 사실을 모르고 있었던 심봉사가 선인들을 따라 떠나는 심청을 잡고 내가 너를 팔아 눈을 뜬들 무슨 소용이 있겠냐고 하며, 가지 말라고 잡고 울부짖습니다. 심청이 선인을 따라 떠나면서 심봉사와 이별하는 장면은 심청가 중에서 가장 애처로운 대목으로 꼽힙니다. 이 부분을 박헌봉의 창본에서는 「사당문을 열고」란 대목으로 분리하고 있습니다.[98] 그리고 다음으로 이어지는 뱃사람들의 합창 진양조의 「범피중류」는 심청가 중에 가장 화려하고 아름다운 대목으로 꼽히고 있습니다.

〈창〉 범피중류
'범피중류 떠나간다. 망망한 창해이며 탕탕한 물결이라. 백빈주 갈매기는 홍요안으로 날아들고 삼강의 기러기는 한수로 돌아든다.' -

배가 떠나면서 아름다운 소상팔경(瀟湘八景)을 느긋한 진양조장단에 얹어 노래한 멋스러운 대목입니다. 이 노래는 판소리뿐만 아니라 합창으로도 많이 애창되는 곡입니다. 아름다운 뱃노래 범피중류가 끝나면 천둥과 번개가 치면서 심청이가 제물로 바쳐지는 대목으로 이어집니다.

판소리는 '한곳을 당도하니' 대목으로 넘어가면서 심청이가 마지막으로 선인들에게 물에 들기 전에 마지막으로 아버지가 있는 도화동이 어느 쪽에 있느냐고 묻습니다. 심청이는 뱃머리에 서서 심봉사가 있는 도화동 쪽에 두 손 모아 합장하며 '부디 눈을 떠서 천지만물 보시고 불효여식은 생각지 마옵소서'라는 마지막 인사를 남기고 바다에 풍덩 뛰어듭니다. 이 장면은 자진모리로 되어 있는데, 가사 내용과 더늠이 잘 조화를 이루어 심청이가 물에 뛰어드는 장면을 실감나게 표현해 줍니다.[99]

심청을 연꽃으로 환송인간시킨 것은 부처님

판소리는 '수정궁(水晶宮) 대목'으로 이어집니다.

심청의 효성에 감탄한 옥황상제가 특별히 용왕에게 하교하여 심청을 극진하게 대접하도록 합니다. 심청은 용궁에서 생전에 보지 못했던 어머니를 만나게 되고 다시 인간으로 환송하게 됩니다. 조동필 님이 소장하고 있는 필사본 문장체 소설의 『심청전』에서는 부처님이 옥황상제께 낭자의 효성이 지극함을 알려 인간으로 환송하게 했다고 기록되어 있습니다.[100] 소설에서는 확실하게 부처님이 인간 환송한 것으로 되어 있습니다. 고대로부터 용궁신앙은 '용신' 신앙과 관련되어 있고, 이는 민간신앙의 불교적 섭화(攝化)의 맥락으로 보고 있어 수궁에 관한 대목 역시 불교사상을 바탕으로 만들어진 것으로 볼 수 있습니다. 동해안 별신굿 중에 '심청굿'이 존재하고 있는 것도 같은 맥락이라 할 수 있습니다.

연꽃은 바다에 피지 않는데, 연꽃으로 환생시킴

〈창〉 환송인간 대목

남해 중으로 솟아올라 수레 같은 꽃 한 송이 벽파창랑에 둥실 뜨니 예는 곧 인당수라. 신명의 도움으로 채운이 옹위하여 바람 분들 까닥하며 비가 온들 적셔지랴 -중략- 때마침 연꽃송이 바다 위에 둥실 떴다. 선인들이 기이하여 '허허 그 꽃, 장이 크다' 꽃을 건져 놓고 보니 크기가 수레 같고 수삼인 앉을레라. 그 꽃을 싣고 올 제, 향취가 가득 품고 오색채광 떠서 돈다. 그때에 도선주는 충성심이 많은지라 큰 수레에 꽃을 싣고 천자에게 헌상하니 황제 크게 반겨하여 꽃을 고이 들어다가 황극전에 놓고 보니 광채 찬란하여 여일월지(如日月之) 명랑하고 서기가 어리어서 여주옥지영롱(如珠玉之玲瓏)이라. -중략- 그 꽃을 강선화(降仙化)라 이름지어 매일 사랑, 보고 볼 제 만원백화(滿苑百花)는 점점 무색이로구나.[101]

연꽃은 바다에 피는 꽃이 아닙니다. 그럼에도 불구하고 무리하게 연꽃으로 환송한다는 자체에서 불교사상을 바탕으로 만들어진 심청가의 진면목을 볼 수 있습니다. 조동필 님이 소장하고 있는 문장체 소설에는 '꽃봉이에 감노주가 있어서 그것으로 연명하였다'고 전합니다. 감노주의 등장은 더욱 불교적 내용이 돋보이게 합니다.[102]

벽파창랑에 둥실 떠 있는 수레와 같은 연꽃을 충성심이 많은 도선주가 천자에게 헌사하니 황제가 크게 반겨 강선화(降仙花)라 이름 지어 사랑하게 되고 연꽃에서 나온 심청은 황후의 자리에 오르게 됩니다. 그러나 황후가 된 심청은 부친 생각에 눈물로 보냅니다. 황후의 사정을 들은 황제는 황후와 심봉사의 상봉을 위하여 조선팔도 각 군, 각 읍의 맹인을 모두 황성궁전에 초청하여 맹인 잔치를 엽니다. 판소리에서는 이 대목을 '심황후 부친을 생각하는 대목'이라고 합니다.

한편 심봉사는 맹인잔치의 소식을 듣고 뺑덕이네를 앞세워 황성으로 떠나는데, 이 대목에서 모처럼 웃음을 자아내는 코믹한 상황이 전개됩니다. 황성으로 가던 중에 뺑덕이네는 젊은 황봉사와 눈이 맞아 심봉사를 버리고 도망가는 바람에 심봉사는 혼자서 황성 길을 떠나게 됩니다. 이 과정에서 심봉사는 날이 더워 목욕을 하다가 의관을 도둑맞아 곤경에 처하기도 하고 동네 부인들의 부탁을 받고 방아도 찧어주면서 황성 길을 갑니다. 이 대목에서 부르는 방아타령은 가락이 흥겨워서 많은 창자들이 즐겨 불러 널리 알려져 있습니다.

이제 판소리는 마지막 '부녀상봉' 대목으로 접어듭니다. 심청은 맹인 잔치를 열어 놓고 오지 않는 부친을 걱정하며 애타게 기다립니다. 심청은 수일을 기다렸으나 나타나지 않는 부친을 더 이상 기다릴 수가 없어 직접 찾아 나서는데, 심청의 애타는 마음을 그린 이 대목의 소리는 느린 진양조로 되어 있습니다. 잔치 마지막 날 드디어 심봉사가 나타납니다. 군졸들이 심학규라 이름 적힌 맹인을 데리고 왔는데 심봉사는 딸 만나러 온 줄 모르고 오히려 딸 팔아먹은 죄로 잡혀온 것으로 알고 죽여 달라고 합니다. 아버지인가 확인하기 위해, 심청은 거주성명을 대 보라고 명합니다. 이 대목에서 심봉사는 울음 섞인 목소리로 자신이 잘못하여 딸 팔아 먹고 오늘날까지 눈도 뜨지 못하고 딸만 죽게 하였으니 어서 바삐 죽여 달라고 애원을 합니다. 이 대목에서 청중들은 또 한 번 눈물을 흘립니다. 이때, 심황후가 아버지를 껴안고 "아이고 아버지!" 하며 절규하는 소리 '부녀상봉 자진모리 대목'으로 넘어갑니다.

심봉사가 눈을 떴다는 것은 불교의 개안사상, 깨우침을 뜻하는 것

〈창〉 부녀상봉, 자진모리 대목
심황후 그 말을 듣고 버선발로 뛰어나려 부친 목을 덥석 안고, '아이고 아버지' 부르더니 한참동안 말이 없다 다시 정신 진정하여 '아이구 아버지 아버지 보옵소서. 인당수 물에 빠진 심청

이가 살았으니 눈을 뜨고 보옵소서. 용궁에서 가져온 약 눈에 다 드리우니 어서 눈을 뜨시고서 청이를 보옵소서' 심봉사 깜짝 놀라 '아이고 이게 웬 말인가 꿈이냐 생시냐 농담인가 정말인가' 눈이 한참 번쩍 번쩍 하더니만 뚝 떨어졌구나. 심봉사 눈을 뜨고 사면을 둘레둘레 아무리 살펴보아도 부지 초면이라. 딸이라고 말을 하니 딸인 줄만 알았지 금시초견이라. 어찌 형용이야 알랴마는 갑자 사월 초파일날 꿈에 보던 그 얼굴이 영락없이 똑같구나.[103]

심봉사가 눈 뜨는 대목에서 박수가 터집니다. 심봉사가 정말 눈을 뜬 거냐고 묻습니다. 불교의 궁극적인 목표는 개안입니다. 중생들이 눈을 뜨고 깨우쳐 성불하기를 바라기 때문입니다. 눈은 심봉사만 뜨게 된 것이 아닙니다. 맹인잔치에 참석한 모든 봉사들이 눈을 다 떴습니다. 이것은 곧 모든 중생을 다 교화시켜 깨우치게 한다는 뜻이 담겨져 있습니다. 이것이 심청가의 핵심입니다. 마지막으로 웃음을 자아내는 것은 봉사 한사람만이 눈을 못 뜨고 있는데 그 봉사가 바로 뺑덕이네와 도망친 황봉사였습니다. 그러나 황봉사도 나중에 눈을 뜨게 됩니다. 이 역시 모든 중생이 다 같이 개안하여 깨우침을 얻어 성불하기를 바라는 불교사상에서 비롯된 것입니다.

불교가 쇠멸 위기에 처해 있던 조선시대에 민중 속으로 뿌리를 내린 불교는 판소리(沈淸歌)와 같은 한민족을 대표하는 음악문화를 창조해 내는 데 크게 기여했습니다. 경이로운 일이 아닐 수 없습니다. 앞으로 불교계에서는 이러한 찬란한 음악문화 유산을 소중히 여겨 보다 많은 관심과 성원이 있어야 할 것입니다. 특히 불교음악을 보존하고 있는 전통음악, 국악을 불교음악적 차원에서 전수해야 합니다. 그리고 그러한 음악을 모체로 하여 새로운 불교음악을 창출해 내야 할 것입니다.

끝으로 판소리 심청가가 불교사상을 바탕으로 만들어졌다는 사실이 보다 널리 알려지기를 바라며, 불교가 우리 음악문화에 끼친 영향에 대한 중요성이 재인식되기를 바랍니다.

한국 창작불교음악

승려들의 찬불가 운동

창작 찬불가는 1920년대 스님들의 찬불가 운동에 의하여 탄생하였습니다. 찬불가는 범패와 같이 구구전승된 전통 불교음악과는 달리 서양음악 기법으로 작곡된 불가입니다. 찬불가를 찬송가를 흉내 내서 만든 것이 아니냐는 말이 있습니다만 사실은 찬송가라는 용어 자체가 불교 용어임을 알고 보면 '찬송'이라는 말을 이웃 종교에서 가져다 쓰고 있는 것입니다. 그러나 새로 만든 찬불가가 찬송가와 같다는 말은 일리가 있는 사실입니다. 왜 그리 되었는지에 대해서는 곧 설명하도록 하겠습니다.

새로운 찬불가의 탄생은 불교음악계에 큰 변화를 주었습니다. 각 사찰에 합창단이 생기고 불교 포교는 물론이거니와 불교행사에 합창단의 역할이 컸기 때문입니다. 그동안 불교음악은 범패와 화청, 그리고 회심곡을 비롯하여 국악화된 곡으로만 한정되어 있었는데 새로운 찬불가가 등장하면서 '전통 불교음악'과 '창작 불교음악'으로 분류되고 그 폭이 확대되었습니다. 한 가지 문제점으로 지적되고 있는 것은 초기에 만들어진 찬불가의 가락(律)이 당시에 유행했던 일본의 창가풍이나 군가풍으로 작곡됐다는 점과 1970년대부터 작곡된 찬불가는 찬송가 풍으로 만들어졌다는 것입니다. 어찌됐든 이러한 곡들이 찬불가로 불려지면서 대중들이 예불의식에 동참할 수 있게 됐고, 각 사찰에 불교합창단이 생기게 되었습니다. 그러나 이제는 '불교음악다운 불교음악'을 지향하는 차원에서 불교음악의 정체성 확립과 더불어 찬불가의 율(律)적 문제를 바로잡아야 한다고 생각합니다. 이러한 뜻에서 찬불가 탄생하게 된 시대적 배경과 승려들의 찬불가 운동을 중점적으로 소개하고자 합니다.

1. 찬불가 탄생의 시대적 배경

불교 역사상 최초로 스님에 의한 찬불가 탄생

찬불가가 최초로 창작된 20세기 초에는 일제강점에 의하여 모든 주권을 상실한 채 오직 독립만을 갈구하고 있었습니다. 민족종교로 인정받고 있던 불교를 그들이 가만 둘 리가 없었습니다. 조선총독부로부터 사찰령이 내려진 뒤 모든 사찰에서 불교의식 행사가 금지되었고, 사찰운영을 위한 작은 재(齋)마저 마음대로 올릴 수 없는 상황이었습니다. 그리고 타락할 대로 타락한 조선 불교는 더 이상 희망이 없는 상황에 이르렀습니다. 이때, 쓰러져가는 조선 불교를 다시 일으켜 세우기 위하여 만해스님은 불교유신운동을, 백용성 스님은 불교개혁운동에 앞장섭니다. 특히 백용성 스님의 사찰 운영을 위한 선농일치(禪農一致) 운동과 불경의 역경사업은 찬불가 운동과 관련이 있어 소개하고자 합니다.

  사찰을 스님들이 나서서 운영하는 선농일치 운동과 대중들이 불교교리를 쉽게 이해할 수 있도록 한 역경사업은 조선 불교를 새로 태어나게 하는 원동력이 되었습니다. 그리고 승려들이 주관하는 복잡한 예불의식을 과감하게 수정하여 사부대중들이 함께 동참할 수 있도록 하였습니다. 이러한 과정에서 필요했던 것이 다 같이 부를 수 있는 찬불가였습니다. 백용성 스님은 직접 찬불가를 만들어 신도들이 부를 수 있도록 하였고, 풍금을 치며 어린이에게 찬불가를 가르쳤습니다. 이것이 20세기 초 스님에 의하여 찬불가운동이 처음 시작된 배경입니다.

2. 찬불가의 탄생

　찬불가 악보가 시기적으로 가장 빠르게 발표된 것은 1925년 7월 15일 권상로 스님의 '부모은듕경전'이고, 두 번째가 1927년 3월 8일, 조학유 스님의 '찬불가'입니다. 그리고 세 번째가 1927년 10월 18일, 백용성 스님의 『대각교의식』에 수록된 찬불가입니다. 그러나 최초의 찬불가를 백용성 스님의 『대각교의식』에 실려 있는 7곡의 찬불가로 보고자 합니다. 그 이유는 백용성 스님은 1911년부터 대각교운동을 시작했고, 1920년대에는 이미 어린이 법회 등을 조직하여 찬불가를 불렀던 것으로 전하기 때문입니다. 그리고 『용성선사 연구』를 쓴 한보광 스님에 의하면, 백용성 스님이 출옥한 뒤에 쓴 저술은 그가 독립운동가였다는 이유로 쉽게 총독부의 출판 허가를 받지 못했다고 합니다. 허가를 신청하면 짧게는 3년, 길게는 5년 이상의 기간이 걸렸다고 합니다. 그렇게 본다면 백용성 스님이 저술한 『대각교 의식』이 가장 빠를 수 있고, 찬불가가 창작된 배경이 백용성 스님의 대각교 운동으로부터 시작된 것으로 보기 때문입니다. 그리고 가장 중요한 것은 다른 스님들처럼 악보만 남긴 것이 아니라 백용성 스님은 새로 만든 찬불가를 예불의식에서 부르도록 했다는 것입니다. 이러한 점이 창작 찬불의 시조를 백용성 스님으로 보고자 하는 것입니다.

3. 백용성 스님의 찬불가 운동(1911~)

찬불가의 창시자 백용성 스님

　용성스님이 찬불가에 관심을 갖게 된 것은 대각교운동(大覺敎運動)으로부터 시작합니다. 음악을 전공하지 않았던 스님이 1920년대에 찬불가를 만들어 부르게 한 것은 불교계뿐만 아니라 우리 음악역사에 기록되어야 할 일입니다. 왜냐하면, 창가(노래 곡), '찬불가'를 만든 우리나라 1세대의 작곡가로 볼 수 있기 때문입니다.

　백용성 스님이 작곡 공부를 어디서 했는지는 확실하게 밝혀지지 않고 있습니다. 그러나 그 당시에 풍금을 연주했다는 사실은 많은 사람들에 의하여 전하고 있습니다. 전 조계종 총무원장을 지낸 송월주 스님과 대각교 조실, 임도문 스님, 그리고 1960년대부터 찬불가 운동을 한 정운문 스님의 증언에 의하면 용성스님이 풍금을 치며 어린이들에게 찬불가를 가르쳤다는 사실을 확인할 수 있습니다.

　『용성선사 연구』를 쓴 한보광 스님은 용성스님이 작곡을 할 수 있었던 것은 스님이 중국에 유학을 갔을 때 음악 공부를 했으리라 생각되며, 특히 독립운동을 하다가 서대문 형무소에 수감되어 있을 때 타종교인들과 함께 있으면서 알게 된 것으로 보인다고 하였습니다. 용성스님은 서양음악뿐만 아니라 우리의 전통음악에도 많은 관심과 전문적 실력을 갖추고 있었던 것으로 보입니다. 그 이유는 용성스님의 찬불가 중에 '왕생가'는 국악풍으로 되어 있기 때문입니다. 조성(調性)이 국악에서 쓰이는 5음계로 되어 있고 장단이 6/8 박자, 굿거리장단으로 되어 있습니다. 이와 같은 사실은 음악계는 물론, 불교계에서조차 알려져 있지 않아서 이번 기회에 특별히 작곡가로서의 용성스님을 소개하고자 하는 것입니다. 용성스님이 우리 음악계에서 어떠한 위치에 있었는지를 알아보기 위해서는 당시의 음악계의 실상을 살펴볼 필요가 있습니다.

용성스님은 우리나라 1세대의 찬불가 작곡가

서양음악이 우리나라에 들어온 시기가 1885년 미국 선교사가 찬송가와 외국 민요를 소개했을 때로 보고 있습니다. 초창기에는 악보도 없이 외국 곡에 가사만 우리나라 말로 바꿔 불렀는데 그 후 1896년 배재학당에서 정규 음악수업에 창가교육이 시작되었습니다. 창가란 말은 일본 문부성에서 출판된 『소학창가집(小學唱歌集)』에서 나온 말입니다. 이 당시 불렀던 노래들은 우리나라 작곡가가 만든 노래가 아니라 외국곡을 그대로 불렀던 것입니다. 그러니까 1896년까지는 우리나라에 서양음악풍의 곡을 작곡할 수 있는 사람이 없습니다. 1910년이 돼서야 우리나라 최초의 음악전문기관인 조양구락부(調陽俱樂部)가 설립되면서 우리의 전통음악과 서양의 양악이 함께 교육되기 시작했습니다. 이때 서양음악이 들어오면서 우리의 전통음악은 국악(國樂)이라고 부르게 된 것입니다.

우리나라에서는 1920년부터 1930년에 걸쳐 예술가곡, 유행가, 동요 등의 곡들이 본격적으로 작곡되었는데 이러한 음악들은 서양음악을 받아들인 이후, 우리나라 작곡 1세대들의 작품입니다. 이시기에 용성스님은 '찬불가'를 작곡한 것입니다. 그러니까 용성스님은 우리나라 음악역사에 1세대의 작곡가로서, 그리고 용성스님이 작곡한 찬불가는 당시의 예술가곡, 유행가, 동요와 더불어 새로운 음악장르로 기록되어야 한다는 것입니다.

4. 백용성 스님의 찬불가

예불의식에 최초로 찬불가 7곡을 편성

용성스님이 집필한 『대각교의식』에 보면 예불의식 목차[104]에 각종 의식에 따른 21장의 실연(實演) 방법이 소개되어 있는데 그중에 7곡의 찬불가가 포함되어 있습니다. 스님이 주도하는 불교의식에 새로 만든 찬불가를 사부대중이 함께 부르게 한다는 것은 상상할 수조차 없었던 일입니다. 『대각교의식』에 수록된 찬불가는 다음과 같습니다.

제13장 왕생가(往生歌), 제14장 권세가(權勢歌), 제15장 대각교가(大覺敎歌), 제16장 세계기시가(世界起始歌), 제17장 중생기시가(衆生起始歌), 제18장 중생상속가(衆生相續歌), 제19장 입산가(入山歌) 등 7곡.

앞에서 소개한 7곡의 찬불가 중에서 첫 번째의 '왕생가' 곡을 예보로 소개합니다.

5. 조학유 스님의 찬불가 운동(1920~)

조학유 스님의 찬불가는 1927년 4월에 발행된 『불교』 28호에 수록되어 있습니다. 본인이 작사한 찬불가와 작곡 미상의 찬불가 악보 24곡을 연재하였습니다. 스님은 찬불가를 직접 작곡하지는 않았지만 찬불가를 작사했고, 찬불가의 중요성을 강도 높게 역설하였습니다. 조학유 스님이 『불교』지(誌) 서언에 연재한 찬불가에 대한 글은 당시의 불교음악계의 실상을 점검해볼 수 있는 중요한 자료이며, 유일한 기록입니다. 이 글을 통하여 당시 조학유 스님의 찬불가 운동에 관한 고행의 실상을 살펴볼 수가 있습니다.

곡이 없어서 찬송가를 인용하여 찬불가로 만들다

서언(序言)의 글은 다섯 가지로 나누어서 언술하였는데 내용을 요약하면 다음과 같습니다.

첫 번째, "본래 불교창가라는 기종이 있었는데 가사뿐이고 곡이 없어서 각 처에서 곡을 원하고 있으나 아직 곡이 보이지 아니함으로 부득이 본 찬불가를 편찬하게 된 바이나 작곡에 대한 지식이 넉넉지 못하여 타 교회에서 사용하지 않는 각종의 호곡(讚頌歌)을 인용하고 다소 첨삭(添削)해서 편술하였으니 여러분의 양해를 바랍니다."

불교 잡지가 1927년에 발행되었는데 그전부터 찬불가가 있었다는 것을 알 수 있습니다. 그리고 가슴 아픈 일은 작곡에 대한 지식이 넉넉지 못해 곡을 만들 수가 없어서 타 교회에서 사용하지 않는 좋은 곡들을 가져다가 다소 첨삭을 가해 찬불가로 만들었다는 것입니다. 당시에는 스님들이 작사는 할 수 있었으나 작곡을 할 수 없었기 때문에 이러한 방편책으로 찬불가를 만들었던 것입니다. 찬불가가 찬송가와 같다는 말이 여기서 증명됩니다.

두 번째, 본 찬불가는 곡이나 가사를 일반적으로 쉽게 연주하고 부를 수 있도록 비교적 쉽게 편성하고, 선율은 복음(和音)의 번거로움을 피하기 위하여 단음으로만 하였습니다.

찬불가는 일반 대중들이 불러야 하기 때문에 가사와 선율을 이해하기 쉽게 만들었고, 특히 선율은 화음의 번거로움을 피하기 위해서 단음으로 만들었다는 설명입니다.

세 번째, 본 찬불가는 다섯 편으로 나누어 사오십종으로 편술한 바, 제1편 3대예식(三大禮式), 제2편 보통예식, 제3편 석가일대(釋迦一代), 제4편은 일반단체, 제5편은 일요학교 및 유치원에 사용케 하였습니다.

찬불가를 보급하고자 하는 조학유 스님의 정성을 느낄 수가 있습니다. 작곡을 하지 못해 곡이 부족하여 교회에서 찬송가를 가져다가 찬불가로 만들면서도 의식에 따라 부를 수 있도록 다섯 편으로 나누어 찬불가를 편성하였습니다.

네 번째, 본 찬불가를 인쇄하여 책으로 만들고자 했으나 나중에 완성된 곡이 나오기를 기대하면서 임시 허비를 생략하고 불교지(佛敎誌)에 임시로 게재하오니 사용하고자 하는 여러분의 통일(統一)을 바라는 바입니다.

본 찬불가를 책으로 출판하고자 했으나 후일 작곡가에 의하여 완성된 찬불가를 기대하면서 경비도 허비하지 않을 겸 불교지에 임시로 게재한다는 내용입니다. 조학유 스님의 양심적인 면이 보이는 내용입니다. 찬불가가 필요해서 어쩔 수 없이 여러 곡들을 모아서 출판까지 생각해 봤지만 나중에 완성된 찬불가가 나오기를 기대하면서 불교지에 임시로 게재한다고 했습니다.

다섯 번째, 불교 고유 범음성(梵音聲)은 종교적 예식으로 사용하기는 가장 건숙한 음조라고 보고 있습니다. 지금의 창가 곡에 과감하게 이용하였으면 불교의 특유한 유일의 악곡이 될 것으로 생각합니다만, 이러한 음악에는 소양이 없어서 유감입니다. 이 모든 것을 후일의 작곡가에게 양보하는 바입니다.

윗글에서는 조학유 스님의 양심적인 면을 살펴볼 수가 있습니다. 그리고 가장 중요한 지적을 하였습니다. 이 문제는 지금에 와서도 해결되지 못하고 있는 문제입니다. 결론은 이렇습니다. 새로 작곡되는 찬불가는 범패나 화청과 같이 전통적인 불교의식 음악을 바탕으로 해서 일반대중들이 쉽게 부를 수 있는 찬불가를 작곡해야 한다는 것입니다. 그러면 그 곡은 바람직한 불교 특유의 악곡이 될 수 있는데 본인은 그런 실력이 없으므로 후일에 이런 문제를 해결해 줄 수 있는 작곡자에게 맡기겠다는 것입니다.

일본가요, 고죠노스끼(荒城の月)가 찬불가로 변신

조학유 스님이 불교지에 수록한 찬불가를 보면 타 종교의 곡을 빌려다 쓰기도 했고, 일본 가요 곡 고죠노스끼(荒城の月)에 가사를 붙여 '염부수하의 느낌'이라는 찬불가를 만들기도 하였습니다. 그러나 불교음악을 작곡하고 있는 사람으로서 조학유 스님이 존경스러운 것은 새로운 찬불가의 정체성을 중요하게 생각하고 있었다는 점입니다. 본인은 능력이 안 돼서 할 수 없지만 새로운 찬불가는 전통불

교음악, 즉 범패의 음성을 인용해서 작곡되기를 바라고 있었다는 것입니다. 당시에는 어쩔 수 없는 방편책으로 교회의 찬송가를 빌어다가 찬불가로 만들고, 일본의 가요에다 가사를 바꿔 찬불가를 부르게 했지만 기본정신만은 확실하게 찬불가의 정체성을 중요하게 생각하고 있었다는 사실입니다. 그리고 이러한 제반 사항을 부끄럽게 생각하지 않고 솔직하게 밝히고, 후대에 본인의 뜻을 이루어 줄 작곡가에게 맡긴다고 했습니다. 이와 같은 조학유 스님의 찬불가 운동은 앞으로 불교음악 역사에 재조명되어야 할 것입니다.

6. 조학유 스님의 찬불가

조학유 스님이 『불교』지(誌) 서언에서 밝힌 찬불가 곡수는 40~50여 곡이 된다고 하였으나 현재까지 제가 발견한 곡수는 불교지에 연재된 24곡과 김정묵 『찬불가』에 수록된 2곡을 포함해서 총 26곡입니다. 곡의 악보를 분석해본 결과 조학유 스님이 밝힌 바와 같이 여러 곳에서 악보를 모아 편집한 곡들이라서 대부분 일본 창가풍의 곡과 찬송가 풍의 곡들입니다. 스님이 원하고 있던 불교음악다운 찬불가는 한 곡도 없습니다. 그러나 찬불가 보급에 큰 도움이 됐던 것으로 보입니다, 조학유 스님 찬불가 중에서 지금까지 부르고 있는 '찬양합니다' 곡과 일본 가요, 고죠노스끼(荒城の月)에 가사를 바꿔 만든

찬양합니다 (찬불가)

조학유 작사
작곡자 미상

염부수하의 느낌 (荒城の月)

조학유 작사

'염부수하의 느낌' 그리고 찬송가 '변치않는 주님의 사랑' 곡에 가사를 바꾼 '정반왕궁' 세 곡의 찬불가 악보를 소개합니다.

이상 세 곡의 찬불가를 악보로 소개한 이유는, 조학유 스님이 찬불가 운동을 할 당시 찬불가 곡이 없어서 일본 가요, 창가, 군가, 그리고 찬송가까지 가사를 바꿔 찬불가로 불렀던 고난의 역사를 기록해 두고자 한 것입니다. 부끄러운 일이 아니라 음악을 전공하지 않은 스님이 찬불가 운동을 하면서 겪은 고행기(苦行記), 역사이기 때문입니다.

7. 권상로 스님의 찬불가 운동(1920~)

권상로 스님[105]은 1925년 7월에 『부모은듕경전』 악보집을 발행했습니다. 이 곡은 권상로 스님이 『부모은듕경전』을 노래로 부를 수 있도록 쉽게 풀어 가사를 만든 것으로 보입니다. 이 책 끝 부분에는 '찬불가'와 '신불가'의 악보가 수록되어 있는데, 당시에 새롭게 작곡된 곡이라는 뜻에서 곡명이 붙여진 것 같습니다.

권상로 스님은 동국대학교 초대 총장을 역임하셨고, 한국불교학의 정립과 불교사상 발굴에 지대한 업적을 남기신 분인데, 찬불가를 작사하고 불교음악 제작에 참여한 점이 관심을 끌고 있습니다.

권상로(1879) 스님은 백용성(1864) 스님보다 나이가 15세 아래입니다. 그리고 생몰 연대를 알 수 없는 조학유 스님보다는 조금 위였던 것 같습니다.[106]

권상로 스님이 찬불가에 관심을 갖고 악보집까지 출판하게 된 것은 당시 찬불가 운동에 앞장 섰던 백용성 스님의 찬불가 운동과 맥을 함께 하는 것으로 보여집니다. 권상로 스님의 『부모은듕경전』 악보집이 백용성 스님의 『대각교의식』의 찬불가 악보보다 2년 정도 앞서서 출간됐지만 백용성 스님의 찬불가 운동은 1911년부터 시작된 것으로 보고 있기 때문입니다.

하지만 백용성, 권상로, 조학유 스님, 김정묵 포교사는 새로운 찬불가의 탄생과 찬불가 운동의 주역입니다.

권상로 스님이 출간한 『부모은듕경전』 악보집에는 다음과 같은 곡목의 악보가 수록되어 있습니다.

　첫 곡, '찬불가'
　　제1. 회탐수호은　　　제2. 임산수고은
　　제3. 생자망우은　　　제4. 연고토감은
　　제5. 회건취습은　　　제6. 유포양육은
　　제7. 세탁부정은　　　제8. 원행억념은
　　제9. 위조악업은　　　제10. 구경연민은
　끝 곡, '신불가' 총 12곡.

　권상로 스님이 편찬한 『부모은듕경전』 10곡은 작곡자가 밝혀져 있지 않습니다. 서양음악 기법으로 조성과 박자를 달리하여 접속곡 식으로 창작된 이 곡은 서양음악을 전공한 작곡가가 만든 것으로 보입니다. 곡의 내용으로 보아 작곡 수준이 높은 전문적인 작곡가의 곡인 것 같습니다. 당시에 『부모은듕경전』과 같은 장시에 곡을 붙여 부르게 했다는 것은 놀라운 일입니다. 아쉬운 점은 조학유 스님이 고백한 대로 이 곡 역시 가사는 불가인데 곡의 선율은 범음성(梵音聲)과는 거리가 있는 느낌이 듭니다. 악보 제시는 생략합니다.

8. 김정묵 포교사의 찬불가 운동(1940~)

초기의 찬불가를 총체적으로 출간하여 보급

김정묵 포교사에 대한 생몰 연대는 알 수가 없습니다. 김정묵『찬불가』악보집 서문을 통해, 포교사로서 찬불가를 작사하고 수집하여 악보집을 발간했다는 사실을 확인할 수 있었습니다. 제 생각에는 김정묵 포교사는 스님이었던 것으로 보입니다. 해방 이후 찬불가 운동을 이어온 정운문 스님은 김정묵 포교사가 1960년 초에 대각사에 찾아와 자신이 편찬한『찬불가』책을 주면서 앞으로 찬불가 운동을 계속해 달라는 말을 남기고 갔는데 나이가 본인보다는 훨씬 위였던 것 같다고 했습니다. 그리고 당시에는 승복을 입지 않고 있었다고 했습니다. 환속을 했는지는 모르겠지만 김정묵 포교사에 대해 관심을 갖는 것은 1920년대부터 만들어진 찬불가를 모두 출간하여 전국적으로 보급했기 때문입니다.

김정묵 저『찬불가』책 서문에, "본인은 신불교운동에 뜻을 두고 신불교운동의 교재로서 찬불가 책을 낸다."라고 하였습니다. 정선에 있는 지방포교당에서 찬불가 책을 출판하여 전국적으로 보급한다는 것은 스님이 아니고서는 불가능한 일로 보입니다. 그리고 신불운동에 뜻을 두고 찬불가 운동을 벌인 백용성, 권상로, 조학유, 스님의 뒤를 이어 찬불가 운동을 해온 것으로 생각됩니다.

제가 동국대학교에서 박사학위 논문을 준비하면서 김정묵 포교사가 찬불가를 편찬한 정선 포교당(정선군 정선읍 봉양리 251번지)을 찾아갔습니다. 현재 대지의 소유자는 최영길 씨로 되어 있고, 김정묵 포교사가 거주한 사실을 아는 사람은 없었습니다.

김정묵 포교사는 찬불가 서문에서, "이 책에 수록된 노래들은 각 포교당에서 사용되고 있는 것을 수집해서 편집한 것"이라고 밝히고 있습니다. 그리고 또 "이 책에 수록된 노래 가운데 잘못된 대목을 확인할 수가 없어 그대로 세상에 내보내니 잘못이 있을 경우에는 나중에 바로 잡아지기를 바란다"고 했습니다. 이 말은 앞에서 소개한 조학유 스님의 말과 같은 뜻이 담겨 있습니다. 즉, 곡 중에는 문제가 있는 찬불가가 있을지 모르겠는데 본인으로서는 알 수가 없으니 문제가 있으면 나중에 바로잡아 주기를 바란다는 뜻으로 보입니다. 이로 미루어 보건대 김정묵 포교사는 작곡은 하지 못햇고 찬불가 작사만 했던 것으로 보입니다.

찬불가 책을 5,500부 출판하여 보급

김정묵 포교사의 『찬불가』 책은 초판에 2000부, 재판에 3000부를 출판했는데도 부족하여 3쇄판은 등사 작업으로 500부를 추가 제작하여 보급했다고 합니다. 놀라운 일이 아닐 수 없습니다. 당시의 찬불가 운동의 실상을 단적으로 보여주는 예입니다. 그리고 김정묵 포교사는 전국에서 찬불가 악보를 요구하는 바람에 시간이 없어 악보와 가사를 수정하지도 못한 채 출판하여 심히 미안하게 생각한다고 했습니다.

김정묵 포교사의 『찬불가』 책에는 132곡의 악보가 수록되어 있고, 그중에서 김정묵 포교사가 작사한 곡은 46곡[107]이 됩니다. 찬불가 편성은 1부, 삼보편, 2부, 의식편, 3부 집단편, 4부 어린이 편으로 분류되어 있습니다. 찬불가의 내용은 불교의식뿐만 아니라 일반적인 생활 속에서 부를 수 있는 찬불가까지 작사를 하였습니다. 그리고 『찬불가』 책에서 그동안 곡명과 가사만 전하고 있던 백용성 스님의 찬불가 5곡의 악보를 찾을 수 있었습니다. 또한 권상로 스님의 찬불가 3곡, 조학유 스님의 찬불가 2곡의 악보도 찾을 수 있었습니다.

김정묵 포교사는 1920대부터 백용성, 권상로, 조학유 스님이 이루어 놓은 찬불가 운동을 이어받아 전수하는 한편, 새로운 찬불가를 작사하고 보급한 업적을 남겼습니다. 앞으로 창작 찬불가 연구에 소중한 자료가 될 것으로 생각됩니다.

동요 '강아지' 곡이 찬불가 '우리절 부처님'으로

김정묵 포교사가 작사한 찬불가 중에서 한 곡을 소개하고자 합니다. 당시 어린이들이 부를 찬불가가 필요했는데 적당한 곡이 없어 어린이들이 잘 알고 있는 동요 '강아지'(김태우 작사, 정동순 작곡) 곡을 가사를 바꿔서 부르게 했습니다. 웃지못할 일입니다. 오죽했으면 강아지 곡을 '우리절 부처님'으로 부르게 만들었겠습니까. 이 곡의 가사를 김정묵 포교사가 지었습니다. 지금 생각해보면 있을 수 없는 일이지요. 남의 곡에다 가사까지 바꿔서 찬불가로 부르게 했다는 것은 상상조차 할 수 없는 일입니다. 그러나 당시의 상황을 보면 문제를 제기하기에 앞서 오히려 연민의 정을 느끼게 합니다. 이것이 우리 찬불가 역사의 실상입니다. 이러한 가슴 아픈 시대를 거쳐 오면서 지금의 찬불가 운동으로 이어지고 있는 것입니다.

김정묵의 『찬불가』 중에 동요 '강아지' 곡이 찬불가 '우리절 부처님'으로 변한 가사와 악보를 소개합니다.

〔 강아지 〕(동요)

김태우 작사 / 정동순 작곡

우리집 강아지는 복실 강아지
학교 갔다 돌아오면 멍 멍 멍
꼬리 치며 반갑다고 멍 멍 멍

〔 우리절 부처님 〕(찬불가)

김정묵 작사

우리절 부처님은 자비 하시죠
우리 또한 잘 자라게 하시죠.

강아지

김 태 우 작사
정 동 순 작곡

우리집 강아지는 복실강아지
학교 갔다 돌아오면 멍 멍 멍
꼬리치며 반갑다고 멍 멍 멍

우리절 부처님

김 정 묵 작사

우리절 부처님은 자비하시죠
우리 또한 잘 자라게 하시고
뛰며 놀게 하옵시는 부처님

뛰어 놀게 하옵시는 부처님

9. 찬불가 운동의 단절(1945~)

친일잔재 청산과 종단의 분쟁

꿈에 그리던 해방을 맞이했으나 불교계에는 크게 두 가지 문제에 당면하였습니다. 첫 번째는 왜색불교 추방과 더불어 일본 불교와 손잡고 부를 누렸던 친일 승려들에 대한 정화였고, 두 번째는 종단간의 갈등이었습니다. 이러한 문제로 불교계는 다시 최악의 상태를 맞이하게 됩니다. 불교계의 치부로 알려져 있는 사실이지만 이 문제를 잠시 언급해야만 불교음악 운동이 15년간 단절된 상황을 알 수 있습니다.

1945년 8월에 친일잔재 청산과 불교의 자주발전을 위한 '조선불교청년동맹단'이 결성되고 전국승려대회가 열렸습니다.[108] 1946년에는 백용성 스님이 주도해서 '불교혁신총동맹'을 결성합니다. 그리고 사찰령 폐지, 주지의 전횡 방지, 불교대중화, 사찰토지 농민에게 무상분배, 부패한 교단 혁신 등을 주장했습니다. 그리고 대처승들은 모두 물러가고 사찰을 수도승에게 넘겨줄 것을 강력하게 주장했습니다.[109] 그러나 1947년 총무원 측이 백용성 스님이 주도해서 만든 '불교혁신총동맹'을 빨갱이 단체로 몰아 지도자들이 검거되고 모든 단체의 재산을 몰수당했습니다. 불교계는 해방을 맞이했으나 지배권이 일본에서 미국으로 넘어간 것뿐이었습니다.

그러나 선학원을 중심으로 불교계의 정화운동은 계속 진행됐으나 1950년 민족의 비극, 한국전쟁이 터지고 말았습니다.

승단의 분쟁으로 불교위상 추락, 최악의 사태

1951년에는 조선불교 제3대 종정인 송만암 스님이 승단을 비구의 '수행승'과 대처의 '교화승'으로 구분하고 사찰은 수행승이 맡아야 한다고 주장했는데, 대처승들의 반발로 사찰 운영권을 놓고 비구승과 대처승의 대립이 불교계의 위상을 무참하게 추락시켰습니다. 문제가 심각해지자 이승만 대통령이 나서서 일본승들이 한국 고유의 불도(佛道)를 망쳐놓은 것이라고 지적하면서 대처승들은 모두 사찰에서 물러가고 비구승들이 사찰을 지켜 나가도록 명을 내렸습니다. 그러나 대통령의 유시가 더 큰 대립을 유발시키는 계기가 되었습니다. 당시 불교계의 승단은 대처승이 7000명, 비구승이 500명이었습니다. 전국사찰 1000여 곳 중에 대처승이 차지한 사찰이 900여 곳, 비구승의 사찰이 100여 곳이었습니다.

조선 불교는 1954년 6월에 조선 불교 종정을 '대한불교조계종정'으로 하는 동시에 중앙종무원을 '대한불교조계종총무원'으로 개정하고 동산, 효봉, 금오, 금봉, 청담스님 등 전국의 비구승 수백 명이 모여 불교정화운동발기인대회를 열어 대처승 측에 대한불교조계종 종권인도를 정식으로 요구합니다. 하지만 양측의 대립은 더욱 심해져서 폭행이 난무하고 할복사태까지 이르며, 해방 이후 불교종단의 최악의 사태를 맞이하게 되었습니다. 양종의 싸움은 1950년대 말까지 결말을 보지 못하였습니다. 결과적으로 1945년부터 1950년 말까지 불교계는 일본불교의 후유증에 시달리며 그 해결책을 찾는 데 15년의 긴 세월을 소비해버렸습니다.

   조선 불교가 일제에 짓밟혀 쇠멸 위기에 처해 있을 때, 새로운 불교운동과 더불어 찬불가를 지어 부르면서 민족운동에 앞장섰던 백용성, 권상로, 조학유 스님들의 업적이 해방을 맞이한 뒤 오히려 그 빛을 잃어버리게 되었습니다. 이러한 상황에서 1960년 초, 어린이 법회를 창립하고 찬불가를 작사하여 불교음악 운동을 재개한 스님이 있었습니다. 바로 정운문 스님[110]입니다. 스님은 종단 대립에 관여하지 않고 오직 불교음악 운동에만 전념했습니다. 그동안 끊어졌던 불교음악 운동은 정운문 스님으로부터 다시 그 맥이 이어졌습니다. 스님은 1960년부터 1980년대에 이르기까지 많은 작곡가들을 찾아다니며 찬불가를 작곡하게 하였고, 그 곡들로 인하여 각 사찰에 불교합창단이 창단하게 되었습니다. 현재 불교의식에서 부르고 있는 찬불가 곡들은 대부분 정운문 스님이 찬불가 운동을 할 당시에 작곡된 곡들입니다. 정운문 스님의 찬불가 운동은 다음 장에서 좀 더 상세하게 소개하고자 합니다.

10. 정운문 스님의 찬불가 운동(1960~)

찬불가 운동의 재개

해방 후 불교계의 친일잔재 청산과 불교계의 분쟁, 그리고 동족 간의 전쟁으로 인하여 찬불가운동은 그 맥이 끊겼습니다. 그러다가 1960년대부터 정운문 스님에 의하여 다시 재개됩니다.

정운문 스님은 1959년 대구에서 최초로 어린이를 대상으로 포교 활동을 시작하였습니다. 그리고 1961년 서울 조계사에서 '서울연화어린이회'를 창립하고 찬불가를 만들어 어린이를 대상으로 한 찬불가운동을 펼쳤습니다. 1964년에는 개운사에 '보리수어린이회'를 창립하면서 본격적으로 찬불가 운동을 펴 나갔습니다. 스님은 본인이 작사한 찬불가 가사를 여러 작곡가들에게 곡을 만들게 하여 어린이들이 부르게 하였습니다. 이때 만들어진 어린이 찬불가를 모아 『불교동요집』, 『어린이찬불가』, 『불교성가집』 등의 찬불가 악보집을 출간하였습니다. 어린이가 부를 수 있는 찬불가가 스님에 의하여 최초로 출간이 된 것입니다. 이러한 정운문 스님의 어린이 대상 찬불가 운동은 백용성스님의 영향에서 비롯된 것으로 보고 있습니다.

정운문 스님은 백용성 스님이 입적한 후 4년 뒤에 출가하여 백용성 스님이 출가한 해인사에서 사미계와 비구계를 받습니다. 그리고 서울로 상경하여 백용성 스님이 창건하고 어린이에게 찬불가를 가르친 대각사에서 똑같이 '서울어린이연화회'를 만들어 어린이 대상으로 찬불가 운동을 합니다. 이것은 1920년대에 백용성 스님이 같은 대각사에서 일요학교를 개설하여 찬불가를 지어 어린들이 부르게 한 것과 동일합니다. 결론적으로 정운문 스님의 찬불가 재개는 1920년대에 용성스님을 중심으로 이루어졌던 찬불가 운동이 맥이 끊겼다가 다시 이어진 것으로 볼 수 있습니다.

작곡가 생활비 도와주며 찬불가 제작

정운문 스님은 300여 곡이 넘는 어린이 찬불가를 작사하고 제작하여 전국에 보급했습니다. 스님은 어린이 찬불가 운동에 대하여 한국불교를 다시 일으켜 세우기 위해서는 새로운 새싹을 길러내야 한다고 했습니다. 1960년에 정운문 스님의 부탁을 받고 찬불가를 작곡한 추월성 선생은 운문스님이 대구 관음사에 있었을 때 스님은 어린이에게 미친 사람이었다고 했습니다. 어린이들이 고무줄놀이를 할 때 스님이 고무줄을 돌려주면서 찬불가를 부르게 했을 정도였다고 합니다. 추월성 선생은 운문스님의 어린이 사랑에 감동을 받아 사찰 인근에 있는 초등학교에서 찬불가를 가르쳤다고 합니다. 스님은 항시 메모지를 가지고 다니면서 생각나는 대로 작사를 했는데 너무 다작을 해서 미처 곡을 붙일 시간이 없었다고 합니다. 당시 추월성 선생은 신혼이었는데 스님이 생활비를 보조해 주면서 찬불가 작곡에만 전념하도록 했다고 합니다. 그리고 스님이 옮겨 가는 절마다 데리고 다니면서 곡을 쓰게 했다고 합니다. 1964년에 출판된 정운문 스님『불교동요집』에 수록된 추월성 작곡의 어린이 찬불가 32곡은 이렇게 해서 만들어진 것입니다. 이렇듯 정운문 스님은 작곡가의 생활비를 대주면서까지 어린이 찬불가를 만들었습니다.

1961년 정운문 스님은 서울로 상경하여 신도의 아들 정민섭과 만납니다. 당시 경희대학교 음대에 재학 중이었던 정민섭은 같은 반 친구였던 이찬우를 운문스님께 소개합니다. 지방에서 올라와 자취를 하던 이찬우는 곧바로 정운문 스님이 있는 대각사로 들어가 함께 기거하면서 스님이 작사한 찬불가를 작곡하게 되면서 추월성에 이어 정민섭과 이찬우는 두 번째 전속 작곡가가 되었습니다.

1998년 부산 해운대에서 이찬우 선생을 만나 정운문 스님 찬불가 운동에 대하여 대담을 했는데 당시 이찬우 선생은 "저는 불자도 아니었고 사찰에서 생활한 경험도 없지만 운문스님이 하시고자 하는 뜻이 마음에 들어 스님이 작사한 곡을 작곡하게 되었다."고 말했습니다.

운문스님이 작곡가를 절에 끌어들이고 풍금치고 노래하는 소리를 못마땅하게 생각했던 스님들과 자주 갈등이 있었으나 개의치 않고 항상 바구니에 과자를 넣고 다니면서 어린이들이 찬불가를 부르도록 유도했다고 합니다. 그리고 이찬우에게 작곡뿐만 아니라 서울 시내 각 초등학교를 돌면서 어린이를 모아오는 일까지 맡겼으며 어린이회 음악지도를 비롯해 초등학교를 순회하면서 찬불가를 가르치게 했다고 합니다.

11. 정운문 스님의 찬불가 작품

찬불가 239곡 작사

정운문 스님이 작사한 찬불가는 3권의 책에 악보가 수록되어 있습니다.

첫 번째 악보집은 1964년 최초로 출판한 『불교동요집』입니다. 이 책은 연화합창단 이름으로 법보원에서 출판하고 조계사에서 보급하였습니다. 책에 수록된 곡은 1960년 대구에서 운문스님이 전속 작곡가처럼 생활비까지 도와주면서 작곡을 시켰던 추월성 선생의 곡과 스님이 1962년 서울 대각사에 있었을 때 정민섭, 이찬우 선생에게 의뢰한 곡들입니다. 총 72곡이 수록되어 있습니다.

곡은 '1. 언니의 노래, 2. 동생의 노래, 3. 애기의 노래, 4. 의식의 노래'로 나누어져 있습니다. 가사 내용과 곡의 난이도 등을 고려하여 어린이 수준에 맞게 분류하였으며, 곡의 내용도 다양합니다. 찬불가라기보다는 일상적인 생활 속에서 어린이들이 부를 수 있는 노래들입니다. 찬불가와 관계가 먼 것처럼 보이는 '군인아저씨'와 같은 곡도 있습니다. 그러나 노래 끝부분에 '부처님 전 두 손 모아 비나이다. 돌아올 날 그날까지 몸 보존하소서'¹¹¹ 등의 가사를 넣어 자연스럽게 불가의 뜻을 표현해주고 있습니다.

정운문 스님이 만난 작곡가

두 번째로 1985년 출판한 『어린이찬불가』에는 83곡이 수록되어 있습니다. 이 곡은 앞에서 소개한 『불교동요집』과 다른 곡으로서 정운문 스님이 새로 작사한 곡들입니다. 이 책에도 역시 추월성, 정민섭, 이찬우 선생이 작곡한 곡들이 실려 있고, 1964년 이후에 운문스님이 만난 박동원, 김희조, 김용호, 이은렬, 조병선, 장상덕, 이수연, 변규백, 이호섭 등 작곡가의 곡들이 수록되어 있습니다.

위의 작곡가 중에는 저의 스승인 김희조 선생님이 포함되어 있어 감회가 새롭습니다. 언젠가 김희조 선생님이 어느 스님이 곡을 써달라고 했다는 말을 들은 적이 있습니다. 그 스님이 바로 정운문 스님이었던 것입니다. 1964년 당시 김희조 선생님은 최고의 작곡가였고, 서울국악예술고등학교(현, 국립전통예술고등학교) 음악교사로 재직하고 있었던 때였는데 당시 저는 고등학교 1학년 학생으로서 김희조 선생님의 음악수업을 듣고 있었습니다.

정운문 스님께서 김희조 선생님까지 찾아가 찬불가 곡을 위촉할 정도였으며, 대한민국의 명성이 있는 작곡가는 거의 다 만나고 다닌 것 같습니다.

세 번째로, 1983년 『불교성가집』을 출판하여 1988년 초판을 5쇄까지 발행하고, 1993년에 다시 6쇄를 출판하였습니다. 이 책은 그동안 앞에서 소개한 정운문 스님의 찬불가집에 수록된 곡을 종합적으로 편집하고 또 새로운 곡을 추가해서 출판한 것입니다. 곡은 '1. 의식편, 2. 찬불·발원편, 3. 성탄·성도편, 4. 성가편, 5. 동요편, 6. 부록편'으로 나누어져 있습니다. 그리고 1920대부터 1980년대 초까지 불렸던 찬불가가 대부분 이 책에 수록되어 있어 찬불가의 종합서라고 해도 과언이 아닙니다.

찬불가가 음악적으로 다양하게 발전

『불교성가집』에 새롭게 수록된 정운문 스님의 찬불가는 85곡입니다. 이 책에 실려 있는 찬불가는 어린이 찬불가와 달리 가사의 내용과 작곡법이 다양합니다. 곡 중에는 칸타타 형식을 갖춘 찬불가도 있고 이제까지 단순하게 단 선율 중심의 곡들과는 전혀 다른 수준 높은 곡들이 수록되어 있습니다. 이러한 곡들은 대부분 1970~80초에 작곡된 곡인데, 이때부터는 찬불가가 서양음악 전문가들에 의하여 작곡되기 시작했고, 그동안 많은 실험을 거쳐 온 찬불가가 음악적으로 다양한 발전을 본 것으로 생각됩니다. 그러나 여기서부터 찬불가의 율(律)적인 문제가 생겨나기 시작합니다. 즉 불교음악과 거리가 멀게 느껴지는 찬불가 곡들이 탄생하게 된 것입니다. 이 문제에 대하여는 뒤편에서 별도로 소개하도록 하겠습니다.

정운문 스님이 작사한 찬불가 작품은 앞에서 소개한 찬불가 악보집에 모두 수록되어 있으나 분량이 많아서 다 소개할 수가 없습니다. 중요한 곡과 악보는 박범훈의 『한국불교음악사 연구』에 수록되어 있으니 관심이 있는 분은 참고하시기 바랍니다.

여기서는 재미있는 곡 하나만 소개하고자 합니다. 정운문 스님은 많은 작곡가한테 곡을 의뢰하여 찬불가를 만들었지만 어린아이들이 모두 알고 있는 곡이 필요했던 것 같습니다. 앞에서 소개한 김정묵 포교사는 '우리집 강아지'를 '우리절 부처님'으로 가사를 바꿔 찬불가를 만들었는데 정운문 스님은 김매리 작사·작곡의 '학교'라는 동요에 가사를 바꿔 부르게 하였습니다.

〔 학교 〕 김매리 작사/작곡
학교종이 땡 땡 땡 어서 모이자 선생님이 우리를 기다리신다.

〔 불교일요학교 〕 정운문 작사/ 김매리 작곡
법문종이 들 린 다. 어서 모이자 법사님이 우리를 기다리신다.

학교

김 메 리 작사, 작곡

학교종이 땡땡땡 어서모이자
선생님이 우리를 기다리신다

불교 일요 학교

정 운 문 작사

법문종이 들린다 어서모이자
법사님이 우리를 기다리신다

재가 불자의 찬불가 운동

　정운문 스님의 찬불가 운동과 함께 맥이 끊겼던 불교음악계에 새로운 바람이 일기 시작했습니다. 그동안 스님들이 앞장서온 찬불가 운동에 작곡과 작사를 전공한 불자들이 참여하게 된 것입니다. 그리고 각 사찰에 불교합창단이 창단되면서 새로운 찬불가의 필요성이 더욱 커졌습니다. 이때부터 찬불가 운동은 자연스럽게 스님에서 작사·작곡을 전문으로 하는 재가불자로 바뀌게 되고 1970년, 그러니까 1920년대부터 시작한 찬불가 운동이 반세기 지나서 전문적인 재가불자들의 운동으로 바뀌게 된 것입니다. 이때부터는 스님의 요청뿐만 아니라 작사, 작곡자 스스로가 찬불가를 창작했고, 각 사찰의 합창단에서는 경쟁하듯 찬불가를 불렀습니다. 시간이 지나며 합창단의 수가 늘어나고 작곡자들이 직접 합창단을 지휘하면서 찬불가의 꽃을 피웠습니다. 새로운 찬불가는 불교의식뿐만 아니라 일반적인 행사에서도 빠질 수 없는 필수품이 되었습니다.

　사찰에서는 앞다투어 합창단이 창단되고 합창단은 작곡자들의 작품이 연주되는 통로가 되었습니다. 당시에 참여했던 작곡자들은 불심으로, 헌신적으로 찬불가 운동에 참여했습니다. 종교가 다른 작곡가들도 작곡활동 차원에서 찬불가를 작곡했다가 종교적 문제로 곤욕을 치르기도 했습니다. 이 당시 찬불가 운동에 참여한 재가불자들이 없었다면 지금의 찬불가는 존재할 수 없었을 것이며 불교합창단의 존재도 없었을 것입니다.

찬불가는 1970년에서 1980대로 이어지면서 개화기를 맞이합니다. 그러나 여기서 중요한 문제가 발생합니다. 찬불가 작곡자들이 대부분 불교음악에 대한 전문성이 부족한 서양음악 작곡자들이었습니다. 불가(佛歌) 가사에 서양음악 기법으로 작곡을 하다 보니 찬송가와 비슷한 찬불가가 탄생하게 된 것입니다. 일반적으로 찬불가가 찬송가 같다는 말이 여기서 비롯된 것입니다. 이 문제에 대해서는 다음 장에서 좀 더 상세하게 소개해 드리고자 합니다.

1. 찬송가와 같은 찬불가 탄생

불교음악의 특징이 결여된 찬불가

찬송가와 같은 찬불가가 만들어진 원인은 간단합니다. 찬불가를 작곡한 작곡가가 불교음악의 음악적 특징을 모르고 작곡을 했기 때문입니다. 범패나 화청, 스님이 부르는 염불과 같은 전통 불교음악의 음악적 특징을 조금이라도 알고 있었다면 곡의 흐름이 찬송가 같지는 않았을 것입니다. 당시에도 김희조 선생님을 비롯하여 홍원기, 변규백, 김용호 선생님 등은 전통불교음악의 특징을 담은 곡들을 작곡했습니다. 그러나 곡수가 적고, 합창지도자들이 곡을 이해하지 못했기 때문에 그 진가를 인정받지 못했습니다.

　당시의 작곡가들이 음대에서 서양음악 작곡을 배울 때는 대부분 찬송가 분석하는 수업을 받았습니다. 성악곡의 기본을 찬송가로 보고 있었기 때문입니다. 서양음악 작곡만 공부한 사람이 찬불가를 작곡하면, 찬송가와 유사한 작품이 나오는 것은 당연한 일입니다.

　불교음악에 관한 논문을 쓰면서 많은 찬불가 작곡가들과 만나 대담을 나누어 본 결과, 대부분 이러한 사실을 인정했습니다. 당시에는 그럴 수밖에 없었음을 잘 알고 있었습니다. 어느 원로 작곡가는 불교재단에서 운영하는 고등학교에 음악선생으로 재직중이었는데 교장선생의 권유로 어쩔 수 없이 찬불가를 작곡해서 총무원에 보냈다고 합니다. 그런데 그 곡이 이렇게 예불의식에서 불려질 줄은 몰랐다고 했습니다.

찬송가 같은 찬불가는 어쩔 수 없었던 역사적 산물

　시대적으로 보아 당시에는 찬송가와 같은 찬불가가 작곡될 수밖에 없었다는 결론입니다. 작곡자나 찬불가를 부른 합창단은 아무런 문제가 없습니다. 이 문제는 찬불가의 역사적 과정에서 생산된 산물일 뿐입니다. 문제는 이제부터입니다. 불교음악은 불교음악이라야 합니다. 찬불가는 찬불가여야 합니다. 찬불가가 찬송가와 같다면 이것은 잘못된 일입니다. 이 문제는 앞으로 계속 불교음악에 관심을 갖고 전문작곡가들이 해결해 나가야 할 과제라고 생각합니다.

1991년 찬불가의 잘못된 율적 문제를 해결하고 찬불가다운 찬불가 제작을 위해 BBS불교방송국이 나섰습니다. 새로운 찬불가를 작곡할 때 꼭 지켜야 할 조건까지 내걸면서 찬불가 작품공모를 하였습니다. 하지만 불교방송까지 나서서 찬불가의 율적 문제를 해결하고자 시도했으나 안타깝게도 20년이 가까워 오는데도 아직 해결을 보지 못하고 있습니다.

2. 불교합창단의 찬불가 운동

불교음악 운동은 불교합창단이 가장 활발하게 하고 있습니다. 포교는 물론이거니와 예불의식을 비롯해서 사찰의 행사와 일반적인 사회활동에 이르기까지 합창단의 활동은 불교음악을 대변해 주고 있다고 해도 과언이 아닙니다.

2015년의 '전국불교합창단연합회'의 자료를 보면, 전국 사찰에 소속되어 있는 합창단 수가 209개가 됩니다. 이것은 가입한 단체의 숫자이고 합창단연합회에 가입하지 않은 단체가 더 있는 것으로 알고 있습니다. 1960년대부터 1990년대에 이르기까지는 총 36개의 합창단이 있었습니다.[112]

합창단은 1980년대에 들어서면서 활발하게 활동을 하고 있습니다. 대부분의 사찰에서 합창단을 창단하게 되는데 그 이유는 합창단이 포교에 중요한 역할을 하고 사찰행사에 필수적인 역할을 하고 있기 때문입니다. 불교 종단과 각 사찰에서는 해마다 합창제를 개최하는가 하면, 각 사찰의 합창단들이 연합으로 출연하면서 공연예술의 한 장르를 차지하는 교성곡, 무용극, 뮤지컬과 같은 찬불가 곡들이 탄생하였습니다.

합창단이 부르는 찬불가가 처음에는 대중들에게 낯설게 보였던 것은 사실이었으나 지금은 예불의식에 없어서는 안 될 중요한 위치에 있습니다.

불교합창단의 활동이 활발해지면서 일반적인 기대도 커졌습니다. 합창단 자체에서도 음악의 질적인 성장과 보다 전문적인 다양한 합창곡의 필요성을 느끼게 되었습니다. 합창단을 지도하는 지휘자들도 예전과는 달리 전문성이 높아졌고, 합창단으로서의 면모를 더욱 확고히 하고자 노력하고 있습니다. 이러한 현상은 바람직한 일이라고 봅니다. 이러한 분위기에 따라서 찬불가의 율(律)적 문제에도 관심을 갖게 되었습니다. 될 수 있으면 찬송가와 같은 찬불가는 피하려 하고 불교음악다운 합창곡을 선호하는 경향이 생겼습니다. 하지만 아직도 예불의식 음악이 바뀌지 않고 있어서 합창단의 입장에서는 기존의 찬송가 풍의 곡을 부를 수밖에 없는 상황입니다. 앞으로 시급히 해결되어야 할 과제라고 생각합니다.

3. 불교합창단의 발전을 위한 제안

불교합창단의 구성원은 불심이 깊은 불자들입니다. 음악을 전공한 사람보다는 대부분 일반 불자로서 노래에 소질이 있거나 합창 경험이 있는 '아마추어 보살'들로 구성되어 있습니다. 문제는 이러한 합창단원들에게 요구하는 찬불가 곡이 문제입니다. 대부분의 곡이 4성 혼성합창이고 여성2부, 3부, 합창곡입니다. 곡 중에는 전문가들이 불러도 무리일 정도의 음역과 난이한 조성의 곡들이 합창단 보살들을 힘들게 만들고 있습니다. 먼저 합창 지도자들의 배려가 필요하고 합창단 조건에 맞는 곡을 선택해서 지도를 해야 할 것입니다.

불교합창단의 면모가 갖춰지려면 남성합창 단원이 필요한데 단원 모집이 쉽지 않습니다. 직장에 나가는 등 남성불자가 많지 않아서 대부분 남성이 없는 보살합창단이 운영되고 있습니다. 이 문제는 종단차원에서도 신경을 써야 할 문제입니다. 현재 음악대학에서 성악을 전공하는 대학생들의 90% 이상이 타종교 신자입니다. 불교신자를 찾아보기가 어렵습니다. 불교음악 전공자나 합창단 지도자를 육성하려고 해도 전공자가 없습니다. 음악대에 장학금도 주고 신도가족이나 관계자 중에서 음악을 전공하고 있는 불자를 찾아서 인력양성에 관심을 가져야 해결될 수 있는 문제입니다.

그동안 불교음악회를 개최하면서 가장 힘든 문제 중에 하나가 남성합창 단원을 구하는 일이었습니다. 별도의 예산을 들여서 남성 성악가들을 동원해야 혼성합창이 가능합니다. 이러한 상황은 30년 전이나 지금이나 변함이 없습니다. 걱정이 되는 것은 아직도 이 문제의 해결책이 보이지 않는다는 것입니다.

다음은 합창단을 비롯해서 불교음악 연주회를 할 수 있는 공간이 없다는 것입니다. 불교음악회는 부처님오신날을 즈음해서만 극장 대여가 가능합니다. 평소에는 쉽게 대여가 되지 않습니다. 앞으로 불교 종단 차원에서 종합적 예술공연이 가능한 공간이 마련되기를 바라고 있습니다. 또한 합창단에서는 불교합창단의 정체성 확립과 더불어 질적 성과를 위해서 찬불가다운 찬불가 부르기 운동이 펼쳐져야 합니다. 이러한 운동이 불교합창단의 미래를 더욱 밝게 할 것으로 기대하고 있습니다.

4. 불교방송의 찬불가 운동

1991년 불교방송에서 찬불가 제작에 직접 나섰습니다. 새로운 찬불가를 제작해서 방송할 목적도 있었지만 새로운 찬불가가 불교음악답지 못하다는 사회적 비판을 의식한 점도 있습니다. 찬송가 같은 찬불가의 율(律)적 문제를 지적하고 방송사가 찬불가 제작에 직접 나선 것입니다. 고마운 마음에 찬불가 제작을 담당했던 피디와 수차례 만나 적극 협조하였습니다. 당시의 상황에 대해서는 '불교방송 찬

불가 제작 추진위원회'에서 발표한 '새로운 찬불가의 탄생'이란 글에 자세히 언급되어 있습니다.[113]

이 글에서는 한국불교의 찬불가 사업을 반성적 차원에서 생각해 본다면 문제점이 한두 가지가 아님을 전제로 하고, 그동안 여러 사람들에 의해 지적되어온 찬송가풍의 찬불가를 비롯하여 어떤 노래가 찬불가인지 기본적인 개념조차 미비한 현실을 지적하였습니다. 그리고 당시에 불리던 혼란스런 찬불가 곡들을 장르별로 분류하여 정리할 것을 강조했습니다. 예를 들어 불교의식에서 부르는 곡은 '찬불가'로 칭하고, 가요풍의 곡은 '찬불가요' 가곡풍의 곡은 '찬불가곡' 동요풍의 노래는 '찬불동요' 등으로 예를 제시하였습니다. 이러한 불교방송국의 찬불가 운동은 그동안 사회적으로 찬불가에 대한 좋지 않은 인식을 해소하는 동시에 찬불가다운 찬불가 제작에 중요한 지표가 됩니다.

새로운 찬불가를 만들 때 지켜야 할 작사, 작곡에 대한 매뉴얼을 다음과 같이 제시했습니다.

〔 찬불가의 작사 조건 〕
1. 부처님에 대한 귀의와 예배의 감정 등을 간절하게 표방한 내용일 것.
2. 불교의 현장에서 대중이 함께 부르는 데 적합한 운율과 내용을 갖출 것.

3. 교리에 어긋나지 않으며 정경묘사와 개인적 감흥을 노래한 가사는 피할 것.

〔찬불가 작곡 조건〕
1. 법회 현장에서 의식용으로 부를 찬불가로서 부르는 이로 하여금 종교적 귀의심과 정근심을 고양시킬 것.
2. 동참하는 대중들이 같이 쉽게 부를 수 있도록 음역을 지나치게 넓게 잡지 말 것.
3. 찬송가 풍의 멜로디를 지양하고, 가급적 범패, 염불의 선율에서 악상을 차용할 것.

찬불가다운 찬불가를 만들기 위해 작곡 조건까지 제시하고 있습니다. 오죽했으면 방송사가 이렇게까지 했을까 하는 생각이 듭니다. 여기서 주목되는 것은 작곡 조건에서 3번째 항목입니다. 찬송가풍의 멜로디를 지양하고 범패나 염불의 선율에서 악상을 차용하라는 것입니다. 이러한 생각은 1920년대 조학유 스님이 찬불가를 출판하면서 서문에 언급한 내용입니다. 중요한 것은 1990년대에 들어서서 찬불가의 선율에 대한 문제점을 불교방송 측에서 공식적으로 언급하였다는 것입니다. 이러한 지적은 앞으로는 찬송가와 같은 곡은 쓰지 말고, 범패나 염불 등의 특징을 담은 찬불가를 작곡해야 한다는 조건을 제시한 것입니다. 그런데 놀라운 사실은 대다수의 작곡가들이 불교방송의 조건을 불만 없이 받아들였다는 것입니다. 이는 지금까지의 찬불가에 문제가 있었다는 점을 작곡가 자신들이 인정했다는 뜻으로 볼 수 있습니다.

불교방송의 찬불가 운동은 새로운 찬불가의 율적 문제를 해결하는 데에 큰 역할을 하였습니다. 당시, 불교방송의 찬불가 운동에 참여하여 작곡을 한 작곡자와 찬불가 곡을 소개합니다. 여기에 수록된 곡들은 기존의 찬불가와는 달리 불교방송에서 제시한 작곡 조건에 따라 만들어진 곡들입니다.

불교방송이 위촉한 찬불가

순서	구분	곡명	작사	작곡
1	귀의	삼보에 귀의합니다	박제천	오인혁
2	예배	부처님께 절하오니	신동춘	백대웅
3	〃	부처님이 아니시면	이원섭	변규백
4	찬탄	청정세계 열소서	돈 연	김희조
5	〃	일천 강에 비치는 달	정완영	이찬우
6	반야심경	반야심경	-	김동환
7	공양	공덕의 열매	이원섭	이종구
8	〃	이 공양 받으소서	변재근	마상원
9	참회	참회합니다	낭승만	최영철
10	발원	우리도 부처님같이	맹석분	이달철
11	〃	꽃이여 연꽃이여	청 화	변규백
12	〃	진리의 빛	정헌성	최영철
13	회향	삼보은덕 돌리나이다	박제천	김동환
14	〃	둥글고 밝은 빛	신동춘	백대웅
15	〃	거울을 닦아내듯	정완영	이무영
16	행사(진산식)	밝고 좋은 이날에	정공채	이종구

17	행사(수계식)	맹세코 지키오리	박희진	박범훈
18	절기(출가절)	고향의 길 저편	돈 연	김희조
19	절기(성도절)	눈부신 성도의 이루심	국효문	김동환
20	절기(열반절)	열반으로 피어나는 꽃	김양식	강영화
21	축하	찬미의 나라	정완영	박범훈

위의 작곡된 찬불가의 작곡자를 보면, 1960대 이찬우, 1970년대 김희조·최영철, 1980년대 변규백 선생 등이 포함되어 있고, 다수의 새로운 작곡가들이 찬불가 공모에 참여한 사실을 알 수 있습니다. 특히 주목되는 것은 불교방송 측에서 위촉한 작곡가들이 국악을 전공한 작곡가, 서양음악을 전공한 작곡가, 그리고 양쪽을 모두 전공한 작곡가 등 다양하게 선정하여 작곡을 위촉했다는 점입니다. 국악과 서양음악, 양쪽을 모두 전공한 작곡가로서는 김희조·변규백·박범훈·백대웅·이종구 선생 등이고, 대중음악 분야에는 마상원, 순수음악 쪽에는 김동환 선생 등을 선정하였습니다. 이렇게 한 이유는 작곡가의 전공에 따라 다양한 찬불가가 창작되기를 위한 방편책이었던 것으로 보입니다.

불교음악다운 찬불가 탄생

앞에서 소개한 불교방송의 위촉 작품은 음악적으로 찬송가와 같은 곡은 없는 것으로 알고 있습니다. 그리고 작곡자의 전공에 따라 특색 있는 찬불가가 작곡된 것으로 알고 있습니다. 모든 곡을 다 들어보지는 못했지만 악보를 통해서 곡의 분위기를 알 수가 있었습니다. 그리고 이 곡들은 엄중한 심사 절차를 거쳐 선정되었고, 호암아트홀에서 발표회를 거친 뒤에 보급되었기 때문에 불교방송사의 취지에 부합된 곡이라 생각됩니다.

악보를 게시하지 못함을 아쉽게 생각합니다만 선정된 찬불가 악보를 보면, 기존의 찬불가와 다른 점을 발견할 수 있습니다. 먼저 찬불가의 선율이 5음계가 중심을 이루고 있고, 박자는 6/8 등의 3박자 계열의 곡이 많다는 것입니다. 이는 곧 전통불교음악의 특징을 표현하고자 한 것으로 볼 수 있습니다. 특히 국악을 전공한 작곡자의 곡은 불교음악이나 국악의 특징을 가미한 찬불가의 특징을 보이고 있습니다.

신작 찬불가 104곡 탄생

불교방송의 신작찬불가 운동은 5년간 지속되었는데, 선정된 작곡가가 총 29명이었고, 작곡된 곡은 총 104곡이었습니다. 작곡가와 곡 수의 문제보다는 그동안 찬불가에 대한 잘못된 사회적 인식과 실제적 문제해결에 기여했다는 데에 의미가 있으며, 특히 바람직한 찬불가 제작을 위하여 불교방송이 앞장서 주었다는 데에 큰 뜻이 있다고 생각합니다.

BTN 불교텔레비전에서도 찬불가 프로그램을 정기적으로 편성하여 찬불가 운동에 동참하였습니다. 제가 직접 찬불가 방송 진행을 맡아 김성녀·김영임·장사익 등이 출연했고, 국내외에서 공연된 불교음악회의 실황을 소개했습니다. 양측 불교방송에서 찬불가 운동에 동참해 주는 바람에 불교음악에 대한 관심이 커졌고, 조계종 총무원 문화부에서는 해마다 불교합창단 경연대회를 개최하여 합창단의 질적 향상과 찬불가에 대한 관심을 높이는 데 기여했습니다.

불교방송이 주관했던 신작찬불가 제작은 현재 조계종 총무원 문화부에서 불교음악원과 함께 공모를 통해서 선정하고 있습니다. 그러나 찬불가 운동은 불교방송이 지속적으로 참여하는 것이 효과적이라 생각됩니다. 불교방송의 신작 찬불가 제작 운동의 성과는 찬불가의 율적 문제를 해결하는 데 큰 성과가 있었던 것으로 평가됩니다.

10여분만에 작곡한 '찬미의 나라'

찬불가 '찬미의 나라'는 정완영 선생의 작시에 제가 작곡을 한 곡입니다. 6/8 박자의 굿거리장단에 작곡되어 있어 합창단에서 즐겨 부르는 것으로 알고 있습니다. 이 곡을 들을 때마다 웃지못할 사연이 생각나서 혼자 웃을 때가 많습니다. 이 곡은 불교방송에서 위촉을 받아 작곡한 곡인데 위촉을 담당했던 불교방송 피디가 너무 일이 많아서 그만 사고를 쳤던 것입니다.

1990년, 안성에 있는 중앙대학교 음악대학 연구실에서 정신없이 수업준비를 하고 있는데 옆방에 있는 백대웅 교수가 내 연구실로 들어서면서 큰소리로 말했습니다. "박 선생, 곡 다 됐지? 악보 이리 줘. 3시 반 버스로 서울 가는 길에 불교방송에 들러 제출해 줄 테니까." 뭔 곡을 달라는 건지 알 수가 없었습니다. 백 선생 이야기인즉, 불교방송에서 위촉한 찬불가 곡을 오늘까지 불교방송 찬불가제작위원회에 제출해야 하기 때문에 작곡한 곡을 달라는 겁니다. 나는 모르는 일이라고 했는데도 백 선생은 농담하는 줄 알고 빨리 달라고 했습니다. 나는 정말 모르는 일이라고 했더니 "한 달 전에 담당 피디가 작곡할 찬불가 가사 두 곡을 보내줬을 턴데 정신없어서 잊어버린 것 아니냐?"고 하면서 본인이 작곡한 악보를 보여줬습니다. 나는 전혀 모른다고 했습니다. 백 선생이 내 연구실에서 곧바로 불교방송 K피디에게 전화를 걸었습니다. 대화 도중에 들리는 소리가 심상치 않았습니다. 백 선생이 "큰일 났네. 방법이 없을까? 30분 후에는 학교버스가 떠나는데, 알았어. 박 선생 바꿔 줄게." 하면서 난처한 표정으로 수화기를 나에게 넘겼습니다. 상대방 쪽에서 죽는 소리가 들렸습니다. "아이고 선생님, 저는 죽습니다. 선생님 곡이 제출 안 되면 제 목은 오늘로 잘립니다. 제가 일이 밀려 정신이 없어서 박 선생님께 찬불가 가사를 보낸다는 걸 잊어 버렸습니다. 사장님이 선생님 곡에 기대를 걸고 있는데 오늘 곡이 제출되지 않으면 제 목은 끝입니다."

　이런 날벼락이 없었습니다. K피디는 대학원에서 국악이론을 전공하여 불교방송에서는 유일한 국악전공자인데 나 때문에 목이 잘린다면 이건 큰 문제가 아닐 수 없습니다. 방법이 없었습니다. 피디를 살리기 위해서는 작곡을 하는 수밖에 없었지요.

"찬불가 가사 가지고 있으면 전화로 불러 봐요. 흥분하지 말고 천천히 불러 봐요." K피디는 죽을죄를 졌다고 계속 떠들어대면서 찬불가 가사를 불러 주었습니다. 곡은 두 곡이었습니다. '찬미의 나라'와 '맹세코 지키오리'로 가사는 길지 않았지만 시간이 너무 없었습니다. 백 선생한테 잠시만 기다리라고 했습니다. 오선지를 꺼내 작곡을 시작했습니다. 작곡을 위한 작곡이 아니라 'K피디 목'을 위한 작곡이었습니다. 10분 안에 끝내야 백 선생이 학교 버스를 탈 수 있었습니다. 가사가 눈에 들어오는 대로 곡을 붙였습니다.

부처님은 어디 계실까
저 높은 산에 계실까
저 넓은 바다에 계실까
아닐세, 내 마음에 와 계시네
꽃들도 합장을 하고 우리들 배례 드리니
한 오리향연 저 넘어 이 자리에 와 계시네
나무아미타불 나무관세음보살.

시간이 없어 피아노 반주는 붙이지 못하고 노래곡만 써서 백 선생한테 줬습니다. '맹세코 지키오리'는 스님의 염불조로 간단하게 곡을 붙였습니다. 악보를 받은 백 선생은 어이가 없다는 표정을 지으며 "이거 정말 지금 쓴 거야?" 믿어지지 않는다는 표정을 지으며 물었습니다. "빨리 갖다 줘, K피디 목 떨어지기 전에."

불교방송 신작 찬불가 위촉 작품은 이렇게 해서 마무리되었습니다. 그런데 더 당황한 일이 벌어졌습니다. 악보가 제출된 지 한 달 후에 K피디가 연락이 왔습니다. 위촉한 곡 중에서 내가 작곡한 '찬미의 나라' 곡이 제일 좋으니 꼭 발표회 하는 날 와서 봐야 한다는 것입니다. 미안하니까 인사차 하는 말이려니 하며 흘려 들었습니다. 그럴 수밖에 없는 것이 곡을 어떻게 썼는지 기억조차 없고, 곡의 멜로디를 알지 못하기 때문에 관심도 없었습니다.

어떤 곡이 내 곡인지 알 수가 없었던 음악회

어느 날 갑자기 백 선생이 내 방에 들어서더니 명령조로 말했습니다. "박 선생, 오늘 호암아트홀에서 찬불가 발표가 있는데 작곡가 인사시킨다고 다 참석하래." 내가 잊고 있는 일은 백 선생이 늘 챙겨줬습니다. 백 선생은 개인적으로 형처럼 생각하고 있는 사이라서 서로는 허물이 없습니다. "난 안 가. 혼자 가서 인사 다 받아. 작곡한 곡이 어떤 곡인지 생각도 안 나는데 가서 뭘 해?" 쳐다보지도 않고 심통조로 말을 했습니다. 백 선생이 섭섭했나 봅니다. 평소에 내 말에는 별로 화를 내지 않았는데 찬불가 작곡 때 문제가 됐던 일이 마음에 걸렸나 봅니다. 본인이 챙겨주지 않아서 곡을 제대로 못쓰게 된 것으로 생각하고 있었던 같습니다. 백 선생은 아무 말 않고 나갔습니다. 백 선생이 마음에 걸려 아무 일도 안 됐습니다. 차를 몰고 뒤늦게 호암아트홀로 갔습니다. 연주회는 이미 시작됐습니다. 늦은 것이 미안해 조용히 뒷자리에 앉아 있는데 합창단들이 열심히 작곡된 찬불가를 불렀습니다. 그런데 문제는 내가 작곡한 곡이 어떤 곡인지를 알 수가 없었습니다. 늦게 간 바람에 프로그램도 못 받았고, 더구나 연주되는 찬불가가 예전과 달리 국악풍의 곡이 많아서 더욱 알 수가 없었습니다.

연주회가 끝났습니다. 다른 사람보다 K피디를 만나고 가야 했기에 무대 앞으로 나갔습니다. 뒤편에서 많이 듣던 소리가 들렸습니다. "박 선생 왔네." 백 선생 목소리였습니다. "백 선생, 곡은 연주 잘됐어?"라고 물었더니 "아냐, 박 선생곡이 최고야."라고 했습니다. 항상 하는 농담이라 대꾸도 않고 무대로 가는데, K피디가 내 손을 잡고 "선생님, 곡 정말 좋습니다."라며 좋아서 어쩔 줄 몰라 했습니다. 할 말이 없었습니다. 목 떨어지지 않은 것만 다행이라 생각됐기 때문에 곡이 어떻다고 하는 소리에는 관심도 없었습니다. 찬불가 '찬미의 나라'는 이렇게 해서 태어나게 되었습니다.

K피디와는 이 일이 인연이 돼서 교성곡 '붓다'를 작곡하게 됐고, 함께 전국을 순회하며 연주를 하게 되었습니다. 찬불가 '찬미의 나라'는 김성녀 교수가 불러 널리 알려졌습니다.

네 번째 여행

불교음악과 맺은 인연

○○ 네 번째 여행
○●

불교음악과 맺은 인연

1. 불교 무용극 '사(死)의 승무(僧舞)'

안내자가 최초로 작곡을 시작한 것은 1969년 무용가 한영숙114 선생님이 안무한 '꽃과 잎' 무용곡이었습니다. 이 곡은 부채춤을 군무로 만든 작품인데 부채로 꽃을 만들고 그 속에 나비가 날아와 춤을 추는 화려한 무용이었습니다. 당시의 민속무용은 독무였고 음악은 무용을 보면서 즉흥으로 연주를 하며 맞춰 주던 때였는데 '꽃과 잎'은 무용의 안무와 흐름에 일치하도록 최초로 작·편곡을 한 곡이었습니다. 지금 들어보면 허술하기 짝이 없는 곡이었지만 그 당시에는 무용반주곡으로서는 처음 시도해본 것이어서 반응이 아주 좋았습니다. 이 곡에 만족했던 한영숙 선생님은 송범 선생님을 소개하였습니다. 당시 송범 선생님은 민속예술단(현, 국립무용단) 단장 겸 안무가로 재직중이었고, 무용극을 시도해보고자 작곡자를 찾고 있을 때였습니다. 고등학교를 갓 졸업한 어린나이에 당대 최고의 무용가의 무용극 작곡을 한다는 것은 있을 수 없는 일이었습니다. 하지만 당시에는 무용반주자들은 있었지만 무용극을 만들 수 있게 작곡을 할 수 있는 사람이 없었습니다. 스승이었던 김희조 선생님이 유일한 분이셨습니다.

송범 선생님이 부탁한 첫 번째의 무용극 작품은 불교와 관련이 있는 '사의 승무'였습니다. 작곡을 하기 전부터 국악을 전공하고 1968년도 민속예술단 무용음악 담당으로 멕시코올림픽에 참여해서 송범 선생님을 비롯해 한국 무용계의 대표적인 분들의 무용반주를 했습니다. 그리고 1972년 일본 삿뽀로 동계올림픽, 1974년 독일 뮌헨 올림픽 등에 참가하여 무용음악을 담당했습니다. 이러한 경험을 바탕으로 무용곡을 작곡할 수 있었습니다. 무용가들이 춤추기가 편하다고 하면서 어린 나에게 무용곡 작곡을 의뢰하였습니다. 이것이 계기가 되어 무용음악 전문 작곡가로 인정받게 되었습니다.

최초로 불교음악을 작곡한 것은 1973년 무용극 '사의 승무'

1973년 첫 무용극 작품 '사의 승무'가 명동에 있는 국립극장에서 막이 올랐습니다. 무용극의 내용은 단순했습니다. 어느 사찰을 배경으로 하여 열심히 수도하고 있는 젊은 승려가 불공을 드리러 온 젊은 보살에게 마음을 빼앗겨 사랑의 번뇌에 괴로워합니다. 이루어질

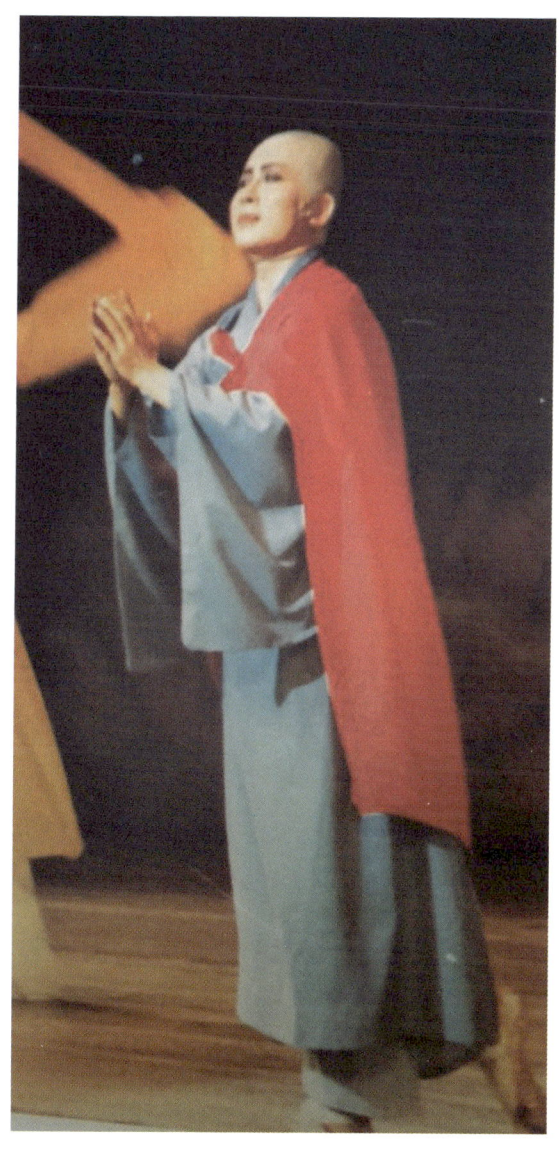

_ '사의 승무'에서 스님 역을 맡은 무용가 국수호.

수 없는 사랑의 춤과 번뇌의 춤을 춥니다. 여기에 젊은 승려를 지도하는 노승에 송범 선생님이 직접 출연을 하고, 젊은 승려에는 송범 선생의 애제자 국수호 선생이 출연했습니다. 그리고 불공 드리러 온 젊고 예쁜 보살은 문일지 선생이 맡았습니다. 무용극의 끝은 젊은 승려가 번뇌를 떨치지 못하고 끝내는 사찰 앞에 있는 연못에 투신해서 생을 마감하는 것입니다. 작곡을 하면서도 아주 섭섭했던 장면이 지금도 잊혀지지 않고 있습니다. 대부분의 작품이 고통을 이기고 끝에는 바람의 뜻을 이루는 것이 순례인데 이 작품은 달랐습니다. 그러나 음악은 젊은 승려의 극락왕생을 발원하는 염불소리와 함께 은은한 트롬본 연주의 주제곡으로 막을 내리게 하였습니다. 원래는 호른연주를 원했는데 당시 연주자의 섭외 문제로 트롬본으로 대신 연주를 하였습니다. 국악기와 서양악기가 함께 연주했다는 부분에서 새로운 시도로 보았고 무용극 음악의 가능성을 보여준 것으로 평가를 받았습니다. 불교에 대해선 전혀 아는 바가 없었고, 국악을 전공하면서 영산회상, 염불 등의 곡을 연주하며, 불교음악을 접한 것뿐이었는데 '사의 승무' 음악에서 스님의 염불 조 가락이나 영산회상곡의 음악적 특징이 자연스럽게 표현된 것으로 생각됩니다. 제가 불교음악을 최초로 작곡한 것은 1973년 무용극 '사의 승무'였습니다.

2. 찬송가 같은 찬불가와의 만남

찬불가를 비판한 글이 찬불가를 작곡하게 만들었다

1984년 유학을 마치고 일본민족음악학자 쿠사노(草野) 교수와 함께 어느 사찰의 불교의식 행사에 참여했습니다. 의식이 끝날 때쯤 보살님 합창단이 예쁜 한복으로 곱게 단장을 하고 등장했습니다. 절에서는 처음 보는 합창단이었습니다. 피아노 반주에 맞춰 노래를 하는데 옆에 있던 쿠사노 선생이 놀라운 표정으로 이게 뭐냐고 물었습니다. 나도 잘 모르겠다고 했더니 이게 불교노래냐고 또 물었습니다. 그런가 보다고 했는데 나 자신이 처음 본 상황이라 어떻게 설명할 수가 없었습니다. 노래가사는 불가 같은데 선율은 완전히 찬송가였습니다. 한국 범패에 관심이 있어서 함께 온 일본의 원로교수가 실망이 컸던 것 같습니다. 나 역시 이해가 되지 않았습니다. 왜 이런 곡이 만들어졌고 불교합창단에서 부르는지 그 이유를 알 수가 없었습니다.

〈조선일보〉 일사일언(一事一言) 코너에 '법당안의 피아노'라는 제하의 글을 실었습니다. 유구한 역사를 가지고 있는 불교음악이 있는데 국적 없는 찬불가를 만들어 법당에서 피아노 반주에 부른다는 것은 근본적으로 잘못된 것임을 강도 높게 비판했습니다. 신문 보도가 나간 뒤 난리가 났습니다. 각 사찰에 소속된 불교합창단 지휘자를 비롯해 작곡가들로부터 항의 전화가 왔습니다. "법당안의 피아노가 어떻단 말이냐? 어떤 곡이 불교다운 찬불가인지 말해봐라, 내놔봐라." 생각지 못한 반론에 당황하지 않을 수 없었습니다. 지금 생각해보면 당시에 불교합창단의 지휘자나 작곡가의 입장에서는 당연한 반론이었습니다. 새로운 찬불가로 인하여 합창단이 창단되고 불교의 식이나 행사에 주목을 받고 있는 판에, 불교음악의 정체성을 운운하며 비판했으니 당연히 난리가 날 수밖에 없었습니다. 사건이 커졌습니다. 말만 하지 말고 불교음악다운 찬불가가 어떤 곡인지 내놔보라고 했습니다. 마침 88서울올림픽 기념 문화예술작품으로 이차돈의 일대기를 그린 무용극 '하얀 초상' 작곡을 기획하고 있을 때여서 이 기회에 찬불가를 작곡해보고 싶은 생각이 들었습니다. 국악과 서양음악 작곡을 전공했기에 좋은 기회로 여겨졌습니다. 결과적으로 찬송가 같은 찬불가와의 만남이, 그리고 〈조선일보〉에 찬불가를 비판한 글이 불교음악 작곡가로 만든 인연이 되었습니다.

3. 쌍계사 국사암의 산사음악회

산사음악회를 최초로 개최한 석상훈 스님

1984년 모교 중앙대학교 음악대학 교수로 재직할 당시 고려대학교 철학과 도올 김용옥 교수가 결성한 철학연구모임인 '악서고회(樂書孤會)'에 참여했습니다. 김 교수는 나에 대해 익히 알고 있었고 나 역시 그의 천재성을 잘 알고 있었기에 모임에 나갔습니다. 그때 모임에 함께 참여했던 자명스님이 있었는데 공부를 열심히 하는 학인 스님이었습니다. 일주에 한 번씩 만나면서 스님과 자연스럽게 대화를 나누게 되었습니다. 하루는 스님께 작곡할 수 있는 조용한 절을 소개해 달라고 부탁을 했습니다. 스님은 불교음악에 관심이 있다는 나의 말을 듣고 적당한 곳을 찾아보겠다고 했습니다. 이때 김 교수가 옆에서 끼어들었습니다. 본인도 따라가고 싶으니 꼭 찾아보라고 했습니다. 사실 나는 인사차 그냥 해본 말이었습니다. 안성 중앙대학 음대에 좋은 연구실이 있었고, 시간상 절에 가서 한가롭게 곡을 쓸 수 있는 상황이 아니었습니다. 자명스님도 적당한 곳을 찾지 못했는지 별로 말이 없었습니다.

그런대로 몇 개월 지났는데 하루는 스님이 편지봉투를 나에게 건네주면서 경남 하동에 있는 쌍계사 국사암에 부탁해 놨으니 이 편지를 가지고 찾아가 보라고 했습니다. 국사암 주지 스님이 해인사 선배라 잘 보살펴 줄 거라고 했습니다. 그러면서 쌍계사 국사암을 소개한 이유를 말했습니다. 쌍계사는 830년 진감국사가 당나라에서 유학을 마치고 귀국해서 범패를 가르친 사찰이라고 했습니다. 그리고 그 기록이 쌍계사에 남아 있다고 하면서 최치원 선생이 쓴, '진감선사대공탑비문' 이야기를 했습니다. 여기서 사건이 벌어졌습니다. 성격이 불

같은 도올 김용옥 교수가 비문 이야기를 듣더니 당장 가보자는 것이었습니다. 김 교수는 지나가다 남의 묘비만 봐도 보고가야 직성이 풀리는 사람이라서 내일 당장 가자는 것이었습니다. 걱정을 하게 된 것은 나였습니다. 마침 겨울방학 때라 시간은 괜찮은데 절에 가서 자본 적이 없고 더구나 양평에서 자랄 때 내가 가장 싫어했던 것이 상가집의 상여였습니다. 상여 색깔이 사찰 단청색과 유사해서 절을 좋아하지 않았습니다. 어쨌든 절에서 잠을 잔다는 것은 상상도 못해봤던 일이라 걱정이 됐습니다. 그렇다고 이제 와서 안 간다고 할 수도 없고 해서 망설이고 있는데 김 교수가 자명스님에게 가자고 독촉했습니다. 자명스님은 도올 김용옥 교수를 큰 스님 모시듯 한 처지였습니다. 다음날 오후에 출발하기로 결정이 났습니다.

국사암으로의 고행 길

지금은 길이 많이 좋아졌지만 당시에는 전주에서부터 남원까지도 국도로 가야 했고, 남원서 구례까지는 섬진강변을 따라 2차선 길로 가야 했습니다. 앞에 짐차가 가면 추월도 못하고 따라가야 했습니다. 경치가 좋고 자연산 그대로의 풍경이 기가 막혔지만 마음은 불안했습니다. 다행인 것은 김 교수의 요청으로 자명스님이 동행을 해주고 있어 어느 정도 안심이 됐습니다. 오후 3시쯤 떠났는데 밤 10시 가까이 됐을 때 쌍계사에 도착했습니다. 길고 긴 여정의 운전은

_ 쌍계사 국사암.

유학 때 미국에서 운전면허를 땄다고 자랑을 하던 김 교수가 했습니다. 당시 타고 간 내 차는 '포니 투'였습니다. 차는 자명스님 덕분에 법당 근처까지 들어갔습니다. 나는 이곳이 목적지인 국사암인 줄 알았습니다.

어두워서 비문을 볼 수가 없었고 마침 한 젊은 스님이 차 앞으로 와서 어디서 온 차냐고 물었습니다. 자명스님이 국사암을 가야 하는데 어떻게 가느냐고 물었습니다. 자명스님도 국사암은 초행이었던 것 같았습니다. 젊은 스님이 마침 국사암 주지 스님이 여기 와 계신다고 하여 잘됐다 싶었습니다. 그런데 갑자기 건장한 몸에 운동모자를 눌러쓴 사람이 다가오더니 국사암에 오시는 손님이냐고 물었습니다. 아래는 승복을 입은 것 같은데 웃옷은 회색 점퍼 비슷한 차림이었습니다. 너무 늦었다고 불평 비슷한 말을 하더니 본인이 국사암 주지라고 하면서 따라오라고 했습니다. 인사도 제대로 못하고 주지스님의 차를 따라 갔습니다.

그동안 김 교수가 운전을 하느라 고생이 많아서 운전대를 내가 바꿔 잡았습니다. 스님 차를 놓칠세라 어두운 밤길을 죽어라 따라갔는데 스님이 어찌나 차를 빨리 모는지 따라갈 수가 없었습니다. 내가 운전을 한 것이 후회가 됐습니다. 김 교수의 불평이 염불로 터져 나오고 죄 없는 자명스님한테 퍼부었습니다. "저 사람 스님 맞아?" 자명스님은 계속 묵언수행 중이었습니다. 내가 김 교수에게 조용히 하라고 했습니다. 가뜩이나 앞의 차를 놓쳐서 죽을 지경인데 옆에서 떠들어대니 정신이 없었기 때문입니다.

쌍계사에서 국사암으로 올라가는 길은 경제적 사정 때문인지 비포장도로에다 차 바퀴가 닿는 곳에만 탱크 궤도처럼 양쪽으로 콘크리트로 길을 내놨습니다. 싸락눈이 내리고 있었습니다. 최악의 조건에서 탱크 궤도에서 자동차 바퀴가 이탈하지 않도록 최선을 다하고 있는데 김 교수의 염불은 그칠 줄 몰랐습니다. 절이 없어서 이런 곳을 소개했느냐는 둥, 저 스님은 언제 알게 되었냐는 둥, 도저히 내가 참을 수가 없어서 조용하라고 신경질을 부리다가 그만 자동차 바퀴가 궤도를 벗어나고 말았습니다. 옆으로 빠져버린 겁니다. 아무리 탈출하려고 애를 써도 타이어 타는 냄새만 날 뿐 차는 그대로였습니다.

내리는 눈은 함박눈으로 바뀌었고 앞의 스님 차는 어디로 갔는지 알 수가 없었습니다. 어찌 할 방법이 없었습니다. 김 교수의 염불은 최고의 경지에 이르렀습니다. 묵언수행 중이던 자명스님이 김 교수보고 내려서 차를 밀자고 한마디 했습니다. 방법이 없다는 걸 알고 김 교수가 차에서 내렸습니다. 나는 운전대를 잡고 둘이 뒤에서 차를 밀었습니다. 그러나 차는 꿈쩍도 하지 않았고, 몇 번 시도하다가 포기해 버렸습니다. 이제는 김 교수의 염불마저 잠잠해졌습니다.

눈은 본격적으로 내리기 시작했습니다. 이때 부처님의 가피인지 뒤에서 짐차가 한 대 올라오고 있었습니다. 국사암에 물건을 싣고 가는 차인 것 같았습니다. 모두 부처님을 만난 듯 반가워하며 차를 세웠습니다. 짐차를 운전하던 사람은 이런 경험이 많았던 것 같습니다. 나더러 두 분은 본인차로 모시고 갈 테니 차가 움직이면 그냥 혼자 올라가라고 했습니다. 셋이서 힘껏 차를 밀자 드디어 차가 움직였습니다. 나는 사정 볼 것 없이 그냥 달렸습니다. 정상에 올라서니 모자를 쓴 주지 스님이 "허허 고생 많았지요." 하면서 웃고 있었습니다. 나는 그런 스님을 쳐다보기도 싫어 차 안에 그냥 앉아 있었습니다. 잠시 후 짐차에서 내린 두 사람이 스님과 함께 법당 옆방으로 들어갔습니다.

나는 그냥 서울로 돌아가고 싶었지만 어쩔 수 없어 따라 들어갔는데 자명스님과 김 교수, 그리고 주지 스님이 서로 서로 마주보고 큰절을 했습니다. 아마도 김 교수가 당시 고려대학교에서 양심선언을 하고 머리를 깎고 있었기 때문에 스님인 줄 알았던 모양입니다. 주지 스님이 절을 하니까 김 교수도 얼떨결에 엎드려 맞절을 했습니다. 나 혼자만 멍하니 서 있다가 자명스님만 주지 스님 방에 남고 우리는 옆 요사채로 건너왔습니다.

새벽예불의 도량석은 천상의 소리

늦은 산사의 겨울밤은 정말 적막했습니다. 후회가 됐습니다. 지쳐서 벽에 기대 눈을 감고 있는데 김 교수의 염불이 다시 시작됐습니다. 내가 "내일 아침 나는 먼저 서울로 갈 테니 김 교수는 좀 더 있다가 비문도 보고 오라."고 하자 김 교수는 같이 가야한다고 난리를 쳤습니다. 자리도 펴지 못하고 잠시 잠이 들었는데 꿈속에서 이상한 소리가 들렸습니다. 눈을 떠보니 그 소리는 바로 우리 방 앞에서 들리는 소리였습니다. 어두운 새벽에 누군가 목탁을 치며 염불을 하고 있는 것이었습니다. 문을 열고 보니 깜깜한 밤인데 조금 전까지 쳐다보기도 싫었던 그 주지 스님이 목탁을 치며 염불을 하고 있었습니다. 나도 모르게 밖으로 나왔습니다. 스님은 경내를 돌면서 염불을 했습니다.

스님을 따라 걸었습니다. 내가 태어나 처음 듣는 소리였습니다. 이 소리는 사바세계의 소리가 아니었습니다. 그야말로 천상의 소리였습니다. 스님이 법당 앞을 지날 때 불빛에 비친 길게 늘어진 장삼 자락이 그렇게 멋있게 보일 수가 없었습니다. 내가 검은 두루마기를 입고 지휘를 해서 그런지 입어보고 싶은 생각마저 들었습니다. 스님을 따라 법당 안까지 들어갔습니다. 몇 명의 신도들이 나와 있었습니다. 스님의 예불이 시작되었습니다. 나는 언제 절을 해야 하는지도 모르고 해서 그냥 뒤에 서서 스님의 염불 소리만 들었습니다. 아침에 나는 김 교수한테 서울 안 갈 테니 혼자 가라고 했습니다. 영문을 모르는 김 교수는 방이 추웠던지 눈물을 흘리며 불을 때고 있었습니다. 우리가 자는 방은 우리가 불을 때야 합니다. 절에 일하는 사람이 없었고 고시 공부하는 학생 몇 명과 주지 스님 뿐이었습니다.

서울 간다던 김 교수는 밤마다 스님 방에 들어가 본전을 다 털어놓은 것 같았습니다. 우리의 전공과 직업은 말하지 않기로 했는데

_ 불락사 산사음악회에서 인사말 하는 상훈스님.

벌써 다 바닥이 난 모양입니다. 주지 스님 방에서 웃음소리가 나더니 바이올린 소리가 들렸습니다. 깜짝 놀라 들여다 보니 주지 스님이 바이올린 연주를 하고 있는 것이었습니다. 이게 어이된 일입니까. 주지 스님이 바이올린을 연주하다니. 김 교수한테 주지 스님이 뭐하는 분이냐고 물었습니다. 김 교수는 주지 스님과 궁합이 맞아서 밤마다 주지 스님 방에서 날밤을 샜습니다.

며칠 후 나는 서울로 올라 오고 김 교수는 국사암에 남았습니다. 그리고 김 교수는 나에게 한 수의 시를 지어 보냈습니다. 그 시가 바로 '이 땅에서 살자꾸나'였습니다. 이 시는 나중에 김 교수가 펴낸 시집의 제목이 되었습니다. 그리고 이 시는 내가 작곡해서 1987년 중앙국악관현악단 창단 연주회 때 호암아트홀에서 송창식 씨가 불렀습니다.

인간문화재가 동원된 최초의 산사음악회

국사암 주지 상훈스님이 서울에 나타났습니다. 나를 보더니 앞으로 형님으로 모신다고 했습니다. 스님이 형님이라고 하니 몸 둘 바를 모를 지경인데 스님은 개의치 않았습니다. 그리고는 곧바로 형님으로 모시는 조건을 말했습니다. 진감스님을 생각해서라도 불교음악회를 국사암에서 개최해야 한다는 것입니다. 음악회를 할 수 있도록 야외 연주 장소를 만들 테니 당장 내년 봄 부처님오신날에 국사암 불교음악제를 개최하자는 것입니다. 김 교수가 국사암에 남아 있으면서 얼마나 상세하게 떠들어 댔는지 상훈스님이 나에 대하여 모르는 것이 없었습니다. 불심이 깊었던 인간문화재 안비취 선생님을 비롯하여 국악계의 원로 선생님과 연주자, 창자 모두 알아보고 와서 이런 분들을 모시고 산사음악회를 해야 한다고 했습니다.

1985년 봄, 국사암에서 우리나라 최초로 인간문화재가 출연한 산사음악회가 개최되었습니다. 안비취 선생님을 비롯하여 국악계의 스타 선생님들이 대거 출연했습니다. 국사암은 인산인해를 이루었습니다. 쌍계사에서 국사암으로 올라가는 탱크궤도의 길은 사람으로 가득 차서 차가 오르내릴 수 없을 정도였습니다. 쌍계사 주변까지 동네 축제의 장이 되었습니다. 대성공이었습니다. 상훈스님과의 인연은 이렇게 깊어지게 되었습니다.

산사음악회 문제로 주지에서 물러나

방학이면 국사암 뒷방에서 작곡을 했습니다. 나로 인해 백대웅, 최태현 교수를 비롯해 제자들도 산 공부하러 국사암을 찾았습니다. 조용했던 국사암이 판소리로, 대금 소리로, 진감스님이 범패를 가르치셨던 당시로 돌아간 분위기였습니다. 상훈스님은 신바람이 났습니다. 그런데 큰 절에서는 반응이 별로 좋지 않은 것 같았습니다. 가끔 상훈스님이 큰 절에 다녀오면 기분이 안 좋아 불만을 털어놓았습니다. 스님들이 불교음악의 중요성을 모른다고 했습니다. 이제 상훈스님은 국악이 불교음악이라는 것을 확신하게 되었습니다. 영산회상부터 화청 회심곡까지 국사암 산사음악회는 불교음악의 뿌리를 찾고 정체성을 확인하는 자리가 되었습니다.

그러나 국사암 산사음악회는 6회째로 막을 내리게 되었습니다. 상훈스님이 갑자기 다른 절로 발령이 났습니다. 그렇지 않아도 문제가 될 것 같아서 국사암 산사음악회를 중단하자고 내가 몇 번을 말했는데 관계없다고 밀어붙이더니 사건이 터진 것입니다. 큰 절 스님들의 불만이 컸던 모양입니다. 큰스님이 몇 차례 그만하라고 명을 내리셨다는 소리를 들었는데 상훈스님이 고집을 피우더니 주지 자리에서 물러나게 된 것입니다. 나로 인해서 큰 사건이 터진 것입니다. 큰스님을 찾아가 사과의 말씀도 드렸지만 발령은 취소되지 않았습니다.

나는 상훈스님에게 새로 발령 받은 절로 가자고 했습니다. 그 절에 가서 또 산사음악회를 하면 될 것 아니냐고 했습니다. 그러나 큰스님에 대한 존경심이 컸던 것 같습니다. 상훈스님은 아침저녁으로 큰스님이 다니는 큰 절 앞에 소외양간을 빌려 '계림정사'라는 간판을 걸고 법당을 차렸습니다. 새로 절을 마련했다고 해서 내려가 보니 소외양간이었습니다. 눈물이 났습니다. 괜히 산사음악회를 해서 문중에 갈등만 일으키게 한 게 아닌가 하는 죄책감에 마음이 괴로웠습니다.

우리나라 최초의 불교음악 전문 사찰, 불락사(佛樂寺) 탄생

상훈스님과 새로운 절터를 찾아 나섰습니다. 지리산 곳곳을 다녀 봤지만 국립공원이어서 절을 지을 마땅한 장소가 없었습니다. 신도들이 상훈스님 돕기에 나섰습니다. 어느 신도님이 큰 절에서 그리 멀지 않은 곳에 절터를 보시하였습니다. 폭포가 있는 아름다운 산 전체를 보시하셨습니다. 폭포 밑에는 무속인들이 기도를 하고 있었는데 영험한 장소인 것 같았습니다. 이곳에 절을 짓자고 하자 상훈스님은 별로 마음에 들지 않아 했습니다. 아마도 국사암 생각이 마음에 남아 있었나 봅니다.

폭포 밑에 절터를 잡고, 법고전(法鼓殿)을 지었습니다. 법고전 문을 열면 법당 안까지 무대로 사용할 수 있게 설계를 했습니다. 이제부터 마음 놓고 산사음악회를 펼쳐볼 생각이었던 것 같습니다.

법고전 옆에는 벌을 키우던 움막집이 한 채 있었습니다. 이 집은 내가 쓴다고 했습니다. 불을 때는 방인데 옛 시골집 생각이 나서 작곡방으로 쓰기로 했습니다. 제자들이 방학이면 와서 불을 때고 밤과 고구마를 구워먹으면서 공부했습니다. 현재 국악계에서 명성을 날리고 있는 작곡가들이 대부분 다 이 움막집에서 공부를 했습니다.

내가 작곡한 교성곡 '붓다'를 비롯하여 '보현행원송', '부모은중송', '용성', '진감'과 같은 대작의 찬불음악이 모두 이 움막집에서 작곡되었습니다. 나중에는 불교합창단의 보살님들이 이 움막집을 보려고 불락사를 찾아올 정도였습니다.

법고전이 완성될 즈음 상훈스님이 절 이름을 뭐라 하는 게 좋겠냐고 물었습니다. 그냥 생각나는 대로 불락사(佛樂寺)라고 했습니다. 불교음악회 때문에 절에서 쫓겨났으니 불교음악의 본사, '불락사'로 하는 게 좋을 것 같았습니다. 상훈스님이 좋아했습니다. 곧바로 절 입구에 '불락사' 간판이 붙었습니다. 그렇게 해서 전라남도 구례군 피아골 연곡사 가는 길 우측 산골짜기에 우리나라 최초로 불교음악을 전문으로 하는 '불락사'가 탄생하게 된 것입니다.

큰스님께서 법고전 상량식에 오셔서 축사를 해주셨다고 합니다. 제자 보살핌에는 변함이 없으셨던 것 같습니다. 나중에 상훈스님을 큰 절 주지까지 시켜주신 걸 보면 큰스님의 깊은 사랑을 느낄 수가 있었습니다.

어느날 상훈스님이 전화를 해서는 앞뒤 말도 없이 큰일 났다고 했습니다. 또 무슨 사고가 터졌나 하고 걱정스럽게 물었더니 불락사 절 이름이 서울 가서 보니까 '불고기낙지 전문집, 불락탕' 이름과 같더라는 것입니다. 할 말이 없었습니다. 절 운영하다가 안 되면 불락탕집이라도 하면 될 것 아니냐고 하며 웃었습니다.

33년간 이어온 불락사의 산사음악회

불락사에서는 국사암 때부터 시작했던 '산사음악제'를 올해로 33

년째 이어오고 있습니다. 한 해도 거르지 않고 30년 이상을 지속해 오다는 것은 쉬운 일이 아닙니다. 그것도 관객을 의식하지 않고 불교음악과 관계가 있는 국악을 중심으로 음악회를 개최한다는 것은 더욱 쉬운 일이 아닙니다. 그리고 내가 참석하든 안하든 관계없이 행사 시 포스터와 프로그램에 음악총감독으로 내 사진과 이름을 넣었습니다. 진감스님의 역사를 이어 받아 불교음악의 맥을 이어가는 불락사의 음악회는 불교계에 시사하는 바가 큽니다.

현재 전국 사찰에서 경쟁이라도 하듯이 산사음악회를 개최하고 있는데 말만 산사음악회이지 '산사 쇼'를 하고 있는 경우가 많습니다. 관객을 너무 의식하다 보니 인기에 휘둘려 본질을 망각하는 경우가 있습니다. 많은 예산을 들여 대중가수와 케이 팝 가수까지 동원하고 있는 실정입니다. 대중성 있는 연희 프로그램을 기획하더라도 불교음악과 관련 있는 음악들이 함께 연주되어야 산사음악회의 뜻이 있을 텐데 인기 위주의 대중성만 생각하는 산사음악회로 변질되어 버렸습니다.

이런 상황에서 상훈스님은 고집스럽게도 33년간을 변함없이 불교음악 중심의 산사음악회를 불락사에서 열고 있습니다. 앞으로 이러한 업적을 불교계에서 살펴서 불락사의 산사음악회가 불교포교는 물론이거니와 산사음악회의 역사와 본질을 제대로 전승할 수 있도록 특별한 성원이 있어야 할 것으로 생각됩니다. 저와 함께 불교음악 여행에 동참하신 분들은 기회가 되실 때, 쌍계사 '진감선사대공탑비

_ 불락사 산사음악회(2018. 5. 22. 부처님오신날).

박범훈의 불교음악 여행

문'과 국사암을 보시고 피아골 '불락사 산사음악회'에 참석해보시길 바랍니다. 앞으로 불락사에서는 '불교음악 템플스테이'도 준비한다고 합니다.

34년 전에 국사암에서 들었던 도량석 천상의 소리가 30여년 넘게 불교음악과의 인연을 이어주고 있습니다.

4. 무용극 '하얀 초상'

불교음악 작곡에 관심을 갖게 된 후 때마침 1988년 서울올림픽 공연예술작품으로 이차돈의 일대기를 무용극화한 '하얀 초상' 작곡을 위촉받았습니다. 이 작품은 80분 정도 소요되는 대작인데, 불교음악을 총체적으로 작곡해볼 수 있는 좋은 기회가 온 것입니다. 무용극 대본을 들고 국사암 주지 석상훈 스님을 찾아갔습니다. 무용극 서곡을 해인사 예불음악을 참고하고 싶어서였습니다. 상훈스님이 해인사 출신이라 도움을 요청하러 간 것입니다. 불교를 소재로 한 무용극 작곡을 한다고 하니까 무엇이든지 부탁할 것이 있으면 돕겠다고 했습니다.

곧바로 해인사로 떠났습니다. 아침예불을 보려면 해인사에서 잠을 자야 가능합니다. 저녁에 도착한 곳은 해인사 약수암이었습니다. 깜짝 놀란 것은 약수암은 비구니 스님만 있는 암자였습니다. 아무것도 모르고 따라갔는데 하필 묵을 곳이 비구니 스님만 있는 암자여서 아주 난감했습니다. 아무 말도 못하고 상훈스님만 바라보고 있는데 비구니 스님이 조용한 방으로 안내를 해줬습니다. 상훈스님은 해인사로 가버렸습니다. 안내해준 비구니 스님께 해인사 아침예불을 보러 왔다고 하니까 해인사 아침예불은 새벽 3시에 올린다고 했습니다. 준비해서 가려면 2시에는 일어나야 할 것 같았습니다. 걱정스런 내 얼굴을 보더니 내일 새벽에 시간 맞춰 깨워줄 테니 걱정 말고 쉬라고 했습니다. 해인사에 평생 처음 와서 그것도 비구니 스님 암자에서 잠을 잔다는 것은 상상도 못했던 일이었습니다.

비몽사몽간에 문 두드리는 소리에 놀라 깼습니다. "지금 준비해서 대웅전 쪽으로 올라가면 된다."고 했습니다. 깜깜한 길을 더듬거리며 나서는데 상훈스님이 나타났습니다. 걱정이 돼서 날 데리러 온 것입니다. 반갑기 그지없었습니다. 법당 쪽으로 가는데 이미 예불은 시작되고 있었습니다. 스님들의 대 합창소리가 들렸습니다. 화성과 비화성소리가 자연스럽게 교차되는 스님의 염불 합창은 감동적이었습니다. 나중에 알았지만 그때 들은 합창이 '예불'이라는 곡이었습니다. '지심귀명례' 하며 수많은 스님들이 일제히 절을 하면서 부르는 그 곡은 국사암에서 처음 들었던 천상의 소리의 대합창이었습니다. 그때의 감동은 지금도 잊을 수가 없습니다.

무용극 '하얀 초상'의 서곡은 해인사 아침예불의 감동을 살려 작곡을 했습니다. 불광사 합창단 60여 명이 국립극장 무대에 출연하

_이차돈 역을 맡은 무용가 국수호.

여 예불을 불렀습니다. 국립무용단 공연에 불교합창단이 출연한 것도 이것이 처음이었습니다.

해인사 예불을 보고 서점에 들렀습니다. 무용극 끝부분에 다 같이 부를 수 있는 합창곡이 필요한데 적당한 가사가 없어서 불교관련 시집을 찾고 있었습니다. 많은 시집 중에서 '무제(無題)'라는 시가 눈에 띄었습니다. 시의 내용이 무용극 끝부분의 장면과 딱 들어맞았습니다. 너무 기쁜 마음에 시집을 사들고 상훈스님께 시를 쓴 석성일이라는 분이 누구냐고 물었습니다. 본인이 아는 스님이라고 했습니다. 너무 반가웠습니다. 시 자체가 노래였습니다. 불교의 윤회사상을 그대로 나타내주고 있는 시였습니다. 아차돈이 목이 잘리고 흰 피가 무대로 쏟아져 나올 때 바로 이 시로 작곡된 대합창곡이 울려 퍼지면 더 이상의 감동은 없을 것 같았습니다.

국사암으로 돌아와 따스한 봄볕이 내리는 마루에 걸터앉아 '무제'의 시에 곡을 붙였습니다.

이 곡은 무용극 '하얀 초상'의 휘날레 곡으로 쓰였고, 석성일 스님 작시의 교성곡 '붓다'의 마지막 곡으로 쓰였습니다. 그리고 '길'이라는 제목으로 도신스님이 불러 음반으로 제작되었습니다.

〔 석성일 스님 시(詩), 무제(無題) 〕
그들이 가고 저들이 가고 당신이 가고 또 네가 가고
그들이 오고, 저들이 오고 당신이 오고 또 내가 온다.

그리고 가지도 오지도 머물지도 않는 그들이 있고
저들이 있고, 당신이 있고 또 내가 있다.

5. 교성곡 '붓다' 석성일 스님

1991년 불교방송에서 신작 찬불가 제작 운동에 이어 부처님의 일대기를 교성곡 풍으로 작곡해 달라는 의뢰를 해왔습니다. 담당피디가 찬불가 가사를 보내주지 않아 마감날 전화로 불러줘서 10분 만에 작곡을 하게 만든 K피디였습니다. 그동안 불교무용극을 작곡해 본 경험이 있고, 이번 기회에 전통성이 있는 새로운 불교음악을 만들고 싶은 욕심이 생겼습니다. 문제는 K피디가 가지고 온 '붓다'의 작사가 산문으로 된 소설과 같아서 칸타타나 교성곡 등으로 작곡하기에는 어려움이 있었습니다. 작사자를 내가 해인사에서 발견한 '무제(無題)'의 시인 석성일 스님을 소개했습니다. 석성일 스님은 무용극 '하얀 초상'을 끝내고 음반제작을 위해 사방으로 연락했는데 만날 수가 없었습니다. 어쩔 수 없이 허락을 받지 못하고 가사를 사용했습니다. 그런데 어느 날 중앙국악관현악단 연습실에 밀짚모자를 쓴 스님이 오셨습니다. 누구시냐고 물었더니 "내가 석성일입니다."라고 했습니다. 너무나 반가워서 스님의 두 손을 잡고 허락 없이 시를 사용한 죄를 빌었습니다. 스님과의 인연은 이렇게 맺어졌습니다.

'붓다' 곡의 시는 석성일 스님이면 잘 쓸 수 있을 것 같았습니다. K피디에게 찾아가 부탁을 드려 보라고 했습니다. 사양하는 스님께 내 이야기를 하면서 억지로 떠맡겼다는 K피디의 말을 들은 지가 얼마 안 되었는데, 작사가 완성됐다는 연락이 왔습니다.

역시 석성일 스님의 시는 간략하면서도 드라마틱해서 시 자체가 곡을 이끌어 내줍니다. 작시 덕분에 큰 고생 없이 '붓다' 곡이 완성되었습니다. 합창과 독창, 중창 등이 관현악과 함께 어우러지는 교성곡 풍의 곡이었습니다.

대한민국종교음악제, 불교대표 곡 '붓다' 초연

이 곡은 1991년 11월 5일 세종문화회관 대극장에서 열린 대한민국종교음악제에서 초연되었습니다. 출연진은 60명의 국악관현악단과 200명의 합창단, 그리고 특별출연자로서 국사암에서 천상의 도량석을 불렀던 석상훈 스님과 만능 탤런트 김성녀, 칠갑산을 불러 한창 인기가 높았던 가수 주병선 등이 출연하였습니다. 많은 대중들이 그동안 짧은 찬불가만 듣다가 관현악과 합창 등이 함께 어우러져 웅장하게 연주되는 교성곡을 듣고 모두 놀라워했습니다. 불교방송에서는 '붓다' 작품을 전국순회 공연하였습니다. 극장이 잡히는 대로 연주회를 하였는데 많은 인원이 동원되는 공연이라서 어려움이 많았습니다. 그러나 가는 곳마다 반응이 좋아 피로한 줄도 모르고 순

_ 중앙불교합창단 창단연주회(1994. 12. 19.).

회연주를 했습니다.

대구에서는 지휘를 끝내고 무대에서 나오는데 어느 비구니 스님이 눈물을 흘리면서 나를 잡고 "내가 가지고 있는 것은 이것뿐입니다." 하면서 염주를 쥐어 주었습니다. 그 염주를 지금까지 차에 걸고 다닙니다. 석성일 스님도 시간이 나는 대로 함께 숙식을 하면서 순회공연에 참여했습니다. '붓다' 곡은 큰 성과를 거두었습니다. 불교 포교는 물론이고 불교음악의 정체성을 알리는 데 큰 힘이 되었습니다. 무엇보다도 스님들과 불교지도자, 그리고 불교음악에 종사하는 사람들에게 불교음악에 대한 중요성과 정체성을 일깨워 주는 데 효과가 있었다고 생각합니다. '붓다'는 지금도 중요한 불교행사 등에서 연주되고 있습니다.

6. 교성곡 '보현행원송' 광덕스님

'붓다' 순회연주회를 끝내고 곧바로 불광사 광덕 큰스님을 뵈었습니다. 몸이 좀 불편하신 것 같았는데 인자하신 모습으로 웃으면서 책을 한 권 내주셨습니다. 책은 손수 쓴 가사집이었습니다. 제목이 '보현행원송'[115]이었는데 가로 쓴 시는 한 자도 어긋남이 없이 4.4조로 나열되어 있었습니다. "이 시에다 곡을 붙여 많은 대중들이 불러서 보현행원으로 보리 이루게 해 주세요."

'붓다' 연주회도 성공적으로 끝났고 시를 보니 글자 수가 딱딱 맞아 있어서 어렵지 않게 곡을 붙일 수 있을 것 같았습니다. 스님께, 시를 보니 어려움 없이 곡을 붙일 수 있을 것 같다고 했습니다. 스님께서는 아무 말씀 없이 웃기만 하셨습니다. 지금도 스님의 그 맑은 미소를 잊을 수가 없습니다.

고민이 시작됐습니다. 큰스님 앞에서는 쉽게 작곡을 할 수 있다고는 했는데 시의 내용을 알 수가 없었습니다. '붓다'와는 내용이 달랐습니다. 당시 보현행원송 연주회를 기획하고 총괄하던 송암스님(현 도피안사 주지)에게 고민을 털어 놓고 도움을 청했습니다. 그리고 가사집을 싸들고 지리산 불락사로 들어갔습니다. 상훈스님한테 시의 내용을 물으면서 고민을 말하니 '붓다'를 작곡한 사람이 뭘 걱정하느냐고 하면서 그냥 쓰면 그 안에 내용이 다 들어가는 거니까 무조건 쓰면 된다고 했습니다. 그러면서도 가사 한 구절씩 자세히 일러 주었습니다. '붓다'를 작사한 석성일 스님께도 전화를 했더니 "바닷물을 다 퍼 마셔야 맛을 압니까? 손가락으로 찍어 먹어도 맛을 알 수 있는 거지요. 그냥 쓰시면 됩니다. 하하…." 하는 것이었습니다.

'보현행원으로 보리 이루리'

겨울바람에 불락사 움막집은 웃풍이 심했습니다. 원래 벌을 키우던 집인데 허술하기 짝이 없었었습니다. 저녁이면 작곡을 공부하는

_ 부처님오신날 기념 봉축음악회 '보현행원송'(2012. 4. 29.).

제자 놈들이 불을 열심히 때 줬습니다. 방바닥이 탈 정도로 불을 땝니다. 추워서 때는 것이 아니라 고구마, 밤을 구어 먹는 재미로 땝니다. 보현행원송은 나의 화두가 되었습니다. 눈만 뜨면 '보현행원으로 보리 이루리'를 염불하듯 외우고 다녔습니다. 열 가지 보현행원을 노래하고 다녔습니다. 웃풍이 심해서 감기가 걸려 목소리가 나오지 않는데도 전자오르간을 치며 보현행원을 불렀습니다. 한 달이 지나자 악보가 쌓이기 시작했습니다. 연필을 잡은 손가락이 부어올라와 일회용 반창고를 붙이고 곡을 썼습니다. 송암스님이 걱정이 돼서 불락사를 찾아왔습니다. 연주회 날짜는 잡혔는데 곡이 되고 있는지 걱정이 됐던 모양입니다. 불광사 신도합창단이 노래를 배워서 부르려면 곡이 하루라도 빨리 나와야 하기 때문입니다. 원체 시가 길고 관현악 반주까지 악보를 만들어야 하기 때문에 시간이 많이 걸릴 수밖에 없었습니다.

송암스님을 보니 흡사 부모님을 만난 기분이었습니다. 방학도 끝나가고 제자들도 다 돌아가고 혼자 불 때고 곡을 쓰고 있자니 외롭기도 하고, 작곡이 잘 풀리지를 않아서 연주회를 연기하고 싶은 생각마저 들었습니다. 이런 상황에서 송암스님을 보니 반갑기 그지없었습니다.

"스님, 보현행원송 테마 곡인데 들어 보세요. 가사 내용과 곡이 어울리는지." 스님을 보자 곧바로 보현행원송 주제곡을 들려주고 평을 듣고 싶었습니다. 전자오르간을 치며 정신없이 불렀습니다. '보현행

_ 중앙불교합창단 지휘자(1994년).

원으로 보리 이루리, 보현행원으로 보리 이루리~' 반응이 없어서 뒤를 돌아보니 스님은 없고 문이 열려 있었습니다. 밖을 나가 보니 스님이 보이지 않았습니다. 허망하기 짝이 없었습니다. 나중에 송암스님이 당시의 상황을 말해줬는데 지금도 웃음이 납니다. 그때 스님 생각에는 내가 완전히 미친 사람 같았다고 했습니다. 전자오르간을 치며 노래를 부르는 모습을 보니 겁이 났다고 했습니다. 도저히 볼 수가 없어서 나와 버렸다고 합니다. 2시간이 넘는 길고 긴 보현행원송 곡은 이렇게 해서 탄생했습니다.

"그대는 보현행자입니다"

악보를 큰스님 앞에 놓고 삼배를 올렸습니다. 스님은 아무 말씀 없이 합장을 하시고 악보를 받으셨습니다. 그리고 한마디 하셨습니다. "그대는 보현행자입니다."

불광사 신도합창단 단원들은 밤낮을 가리지 않고 보현행원송을 화두로 정진, 또 정진하였습니다. 불심이 아니고서는 이루어질 수 없는 부처님의 가피가 현실로 나타났습니다. 악보가 필요 없었습니다. 모두 노래를 외워서 불렀습니다.

드디어 막이 올랐습니다. 세종문화회관은 인산인해를 이루었습니다. 무대에 오른 합창단만 500명이나 되었습니다. 나의 지휘봉이 움직이는 곳으로 합창단의 눈동자가 따라 움직였습니다. 끝 부분에 이르러 '보현행원으로 보리 이루리'를 외칠 때 무대와 객석은 하나가 되었습니다.

두 시간 동안 세종문화회관은 보현행원송으로 터져 나갔습니다. 지휘봉을 멈췄을 때 들려왔던 환호의 소리는 평생 잊을 수가 없습니다. 지금도 '보현행원으로 보리 이루리'의 함성이 들려오고 있는 것만 같습니다.

지휘대에서 내려와 객석에서 부축을 받고 있던 광덕 큰스님을 무대로 올라오시라고 했습니다. 그런데 이게 어인 일입니까. 부축을 받지 않으면 걸음을 제대로 걷지 못하는 큰스님이 혼자서 가뿐하게 무대로 올라온 것입니다. 객석에서 난리가 났습니다. 음악회보다 큰스님이 혼자서 무대 위로 올라온 것에 더 큰 감동을 느낀 것입니다. 마이크를 잡으시고 법문까지 하셨습니다. 그리고 나의 손을 잡으시고 다시 한 번 말씀하셨습니다. "그대는 보현행자입니다."

광덕 큰스님은 보현행원송을 통해 저를 부처님께 귀의시켜 주셨습니다. 보현행원송 작곡을 끝내고 그 인연으로 부처님을 찾아 동국대학교 대학원 불교학과에 입학하게 되었습니다.

7. 교성곡 '용성', 도문스님과 보광스님

동국대학교 대학원에서 불교음악에 대한 자료를 찾다가 용성스님의 찬불가 7곡을 발견했습니다. 그리고 용성스님이 우리나라 최초로 찬불가 운동을 시작한 사실을 알게 되어,『용성선사 연구』를 쓴 한보광 스님을 찾아갔습니다. 보광스님은 용성스님의 찬불가 운동에 대한 자료와 용성스님에 대한 많은 기록물을 제공해 주었습니다. 그리고 임도문 큰스님을 소개해 주었습니다. 예술의 전당 뒤편에 있는 대성사에 가서 용성스님이 계셨던 방에서 도문스님으로부터 용성스님에 대한 말씀을 들었습니다. 그 자리에서 용성스님의 대각운동과 독립운동, 그리고 찬불가운동을 엮어 교성곡으로 작곡하기로 하였습니다. 도문 큰스님이 용성스님의 일대기를 정리해 주기로 하고 노랫말은 당시 박사논문 지도를 맡아주시던 목정배 교수님께서 써주기로 하였습니다. 그동안 교성곡 '붓다', '보현행원송', '부모은중송' 세 곡을 써봤기 때문에 가사만 정리되면 곡 쓰는 것은 그리 큰 문제될 것이 없었습니다.

교성곡 '용성' 공연은 한보광 스님이 총책을 맡아 주셨습니다. 청계산 자락에 자리 잡고 있는 정토사에 작곡 전용의 황토방까지 마련해 주셔서 퇴근길에 정토사로 가서 '용성'을 작곡했습니다. 휴일은 정토사에서 숙식을 하며 용성스님을 화두로 함께 시간을 보냈습니다. 찬불가를 연구하고 있던 나로서는 이보다 더 이상 좋은 기회가 없었습니다.

용성스님이 맺어준 사제의 인연

'용성'을 작곡하는 도중에 생각지 못했던 제자와의 인연이 맺어졌습니다. '용성'을 작곡하고 있는데 옆방에 중학생이 공부를 하고 있었습니다. 하루도 빠지지 않고 아침예불시간에 참여하고 백팔배를 하는데, 어린 중학생이 신심이 대단했습니다. 옆방에서 무슨 공부를 하는지 궁금해서 학생 방을 살펴보고는 깜짝 놀랐습니다. 오선악보를 놓고 작곡을 하고 있었습니다. 보광스님께 학생에 대해 묻자 정토사 신도 자녀인데 항시 절에 와서 피아노 치고 절에서 머무를 때가 많다고 하였습니다. 학생도 나에 대한 관심이 있어 내방을 와서 본 모양입니다. 작곡하다 놓아둔 악보 등을 보고 스님께 나에 대해 물어본 것 같습니다. 우리는 서로 관심의 대상이 되었습니다. 스님께 학생을 전문적으로 음악공부를 시켰으면 좋겠다고 했습니다. 정토사에서의 인연으로 학생은 고등학교를 내가 이사장으로 있던 서울국악예술고등학교(현, 국립전통예술고등학교)에 입학을 하고, 국악을 전공하는 고등학교지만 작곡 전공이 있어 작곡 공부를 하게 되었습니다. 하루는 스님이 정토사에 잠시 들러 달라는 연락이 와서 갔습니다. 그런데 스님 방문 앞에 교복을 입은 학생이 무릎을 꿇고 앉아 있는데 바로 내가 국악예고에 소개한 그 학생이었습니다. 스님은 화가 많이 나 있었습니다. 스님은 나를 보고 미안하다고 하면서 저놈이 국악을 하는 학교라서 다니기 싫다고 해서 야단을 치고 있는 중이라고 했습니다. 학생을 불러서 괜찮다고 했습니다. 피아노를 치다가 갑자기 국악을 하는 학교에 갔으니 적응하기가 쉽지 않을 것이니 잠시 쉬었다가 서양음악을 전공하는 예고를 가라고 했습니다. 그리고 우리는 헤어졌습니다.

태극기 물결 속에 울려 퍼진 '용성'의 소리

1998년 4월 23일 국립극장 대극장에서 교성곡 '용성'이 막이 올랐습니다. 국립국악관현악단과 연합합창단이 출연하고 안숙선, 김성녀, 유희성 선생 등이 특별출연을 했습니다. 붓다, 보현행원송과 같이 많은 출연자들이 등장해서 성황을 이루었습니다. 친구 손진책 연출가가 용성스님의 독립운동 장면에서 무대 전체를 태극기로 덮었습니다. 교성곡 '용성'은 태극기 물결 속에 성대하게 연주되었습니다.

다음날 보광스님에게 연락이 왔습니다. "고놈이 '용성' 음악을 듣고는 다시 국악예고에 간다고 하는데 찾아가면 만나 줬으면 좋겠다."고 했습니다. 아마도 '용성' 곡을 듣고 서양음악과 국악을 같이 공부해야겠다는 생각이 들었던 모양입니다. 교복을 입은 고놈 학생이 찾아왔습니다. 교성곡 '용성'을 듣고 너무 감명을 받아 다시 국악예고를 다니고 싶다고 하면서 잘못을 용서해 달라고 했습니다. 나는 그냥 웃었습니다.

그는 열심히 공부해서 중앙대학교 음악대학 한국음악과 작곡전공으로 들어왔습니다. 정토사의 용성스님이 사제지간의 인연을 맺어 준 것입니다. 4년간 작곡을 가르쳐 주고, 대학 졸업과 동시에 미국 클리블랜드 음악대학원으로 유학을 가도록 주선해 주었습니다. 방학 때는 멀고 먼 미국까지 찾아가 만났습니다. 열심히 공부를 해서 졸업을 했습니다. 그리고 귀국해서 동국대학교 대학원 선학과에서 박사학위를 받았습니다. 지금은 대학에 강의도 하고 불교음악원에 지휘자로 근무하고 있습니다. 정토사에서 용성스님이 맺어준 인연으로 박사학위 논문은 '용성스님의 소리를 찾아 창작찬불가'를 주제로 썼습니다. 앞으로 용성스님의 찬불가의 소리가 새롭게 탄생할 것으로 기대하고 있습니다. 교복 입은 고놈 학생은 나의 막내 제자 안승철입니다.

8. 교성곡 '니르바나' 도올 김용옥 선생님

지혜가 넘쳐나서 주체를 못하는 친구 도올 김용옥 교수에게 이제 나이가 칠십이 됐으니 니르바나[116]에 대한 시를 한 수 써보라고 했습니다. 나 역시 인생을 정리할 나이가 되어서 그런지 그동안 많은 곡을 작곡했으나 왠지 니르바나 곡을 쓰고 싶은 생각이 들었습니다. 때마침 국립국악관현악단 특별기획, 베스트 컬렉션 네 번째 순서에 영광스럽게도 작곡가 박범훈이 선정되었습니다. 나의 대표적인 곡을

선별해서 직접 지휘를 해달라는 부탁을 받고 이런 기회에 니르바나 곡을 작곡해서 연주하고 싶었습니다. 마침 오랜만에 친구 도올을 만나 가볍게 던져본 부탁이었는데 반응이 상상외였습니다.

"니르바나? 좋지! 그거 내가 써야해. 내가 쓰면 죽인다."

결론은 이렇게 한 방에 끝났습니다. 도올은 이미 오래전부터 나와 많은 작업을 해왔습니다. 창극 '천명'을 작사하고 내가 작곡을 했습니다. 그리고 친구 손진책이 연출하여 국립창극단의 대표적인 작품이 되었습니다. 또한 오페라 '백두산 신곡' 4시간 길이의 대작을 작사해서 내가 작곡을 했습니다. 서울예술단에서 공연했는데, 준비 시간이 부족하여 노력에 비해 좋은 평을 받지 못했습니다. 그러나 민족가극 형식의 오페라가 처음 탄생하는 계기가 되었습니다.

도올은 니르바나 삼매경에 빠져 있었습니다. 작사를 한다고 시도 때도 없이 전화와 문자를 보내왔습니다. 그의 극성을 잘 알고 있는 터라 이럴 때 곡의 분위기를 말해주면 곡과 가사가 잘 어우러지는 작품이 나올 수 있습니다. 그러나 대중가요처럼 쉽게 쓰라는 말에 고민이 생긴 모양입니다. 지리산 토굴에서 곡을 쓰고 있는데 전화를 걸어 어떤 스타일의 대중가요인지 직접 노래를 불러 보라고 했습니다. 감을 잡기 위한 방편이었거나 곡의 분위기를 알아보려고 했던 것 같습니다. 나의 생각을 그대로 말해줬습니다. 노래도 불러줬습니다. "춤추며 노래하며 반야용선 타고 가자"고 했습니다. 좋다고 추임새를 하면서 내일이면 작사가 끝난다고 큰소리를 쳤습니다. 이미 작사는 다해놓고 자칭 추임새를 하며 즐기는 것 같았습니다.

　대학로 동숭동 통나무 사무실로 작사를 받으러 갔습니다. 메일로 보내라고 해도 되지만 예의가 아닌 것 같아서 찾아갔습니다. 작사를 앞에 놓고 해설과 더불어 즉흥작곡에 노래까지 불렀습니다. 대열반경이나 화엄경 등에서 열반에 관한 내용을 인용하고 열반의 뜻을 도올의 철학적 용어로 풀어 놓았습니다. 대중들이 이해하기에는 어려운 부분도 있지만 대부분 주문한대로 작사가 되었습니다. 수고했다고 형식적인 인사만 하고 곧바로 작사를 가지고 나왔습니다. 도올과 작사를 더 논해봤자 서로 추임새만 늘어놓을 뿐 작곡과는 아무런 관계가 없고, 이제부터 니르바나는 나의 소리와 만나 무여열반의 경지를 이루어 내야 하기 때문입니다.

　연주회 막이 오르기 3일 전 국립극장 하늘극장에서 니르바나 총연습을 했습니다. 그동안 작곡한 악보나 소리를 한 번도 보여주거나 들려준 적이 없었기에 작사자 도올을 초청했습니다. 혹시 작사의 말 부침새가 잘못됐거나 작곡 과정에서 작사의 순서를 곡의 구성에 따라 변형시킨 부분이 있어서 작사자의 의견을 듣고자 했습니다.

　독창부분은 박애리 씨가 부르고 합창은 불교연합합창단 200명이 참여했습니다. 국립국악관현악단 60명의 연주는 악기편성 자체가 화려했습니다. 현악기의 효과를 위해서 서양악기 베이스와 첼로 등을 추가 편성했고 팀파니를 비롯해 다양한 타악기들이 활용되었습니다. 스코어(총보)를 받아든 도올이 니르바나 선율이 울려 퍼지자

_ '니르바나' 연습. 작사 김용옥, 작곡·지휘 박범훈, 노래 박애리.

얼굴이 흥분되기 시작했습니다. 그는 흥분을 잘합니다. 하지만 나는 경험이 많아 그의 얼굴을 보면 흥분의 종류를 알아냅니다. 니르바나 연주를 듣고 있는 그의 얼굴은 보통 때의 흥분된 얼굴과는 달랐습니다. 연습이 끝나자 곧바로 마이크를 잡고 흥분을 토해냈습니다. 그리고 자연스럽게 특유의 도올 법문이 시작됐습니다. 목소리가 점점 업 되더니 드디어 더 이상 올라갈 수 없는 곳까지 이르러 멈췄습니다. 결론적으로 그는 "역사에 영원히 남을 최고의 명작"이라고 평가했습니다. 본인이 작사한 작품인 것을 잊은 것 같았습니다. 도올의 평가는 밤늦게까지 전화추임새로 이어졌습니다.

노래하고 춤추는 '니르바나!', 드디어 2018년 6월 1일 예술의전당 콘서트홀에서 막이 올랐습니다. 3000석의 유료객석이 모두 매진되었고, 불교계 수장이신 설정 총무원장 스님을 비롯하여 많은 대덕 큰스님들과 신도분들이 참석해 주셨습니다. 니르바나가 끝나자 기립박수를 치는 관객들이 눈에 띄었습니다. 그중에 검은 모자를 쓰고 중국풍의 흰 두루마기를 입은 사람이 유난히 돋보였는데 그가 바로 도올이었습니다. 앵콜소리가 박수소리와 화합하여 콘서트홀을 뒤흔들었습니다. 아마도 불자님들의 신심에서 우러나온 소리였던 것 같습니다. 앵콜은 시간관계상 준비가 안 된 상태였습니다. 어쩔 수 없이 니르바나 마지막 대목을 반복해서 연주했습니다. 이 부분은 좀 '야하게' 대중음악풍으로 작곡을 했습니다. 국악계의 스타 박애리가 흥에 겨워 '야한' 춤을 추었습니다. 부처님과 더불어 사부대중 모두

가 노래하고 춤추며 막이 내렸습니다.

도올은 니르바나에 대하여 연주회 프로그램에 다음과 같이 썼습니다.

"번뇌 속에 사는 인간, 번뇌 속에 격동치는 한국사회, 그것이 곧 해탈이요 니르바나다.
완숙한 해탈의 경지에서 우러나온 박범훈 지고의 작품!"

– 철학자 도올 김용옥

교성곡 〈니르바나-열반〉 "Nirvana" 세계 초연

작사-김용옥 /작곡-박범훈 /노래-박애리 /합창-조계종 및 천태종 합창단, 불교음악원 합창아카데미, 메트오페라합창단
2018. 6. 1. 예술의전당 콘서트홀에서 연주

9. 찬불가 '무상계' 반영규 선생님

"박 선생, 이거 내가 쓴 건데 곡 좀 붙여줘요." 쑥스러운 표정으로 넘겨준 가사가, 바로 찬불가 '무상계'였습니다. 반영규 선생님은 재가 불자로 찬불가 운동에 평생을 바친 분입니다. 많은 찬불가를 작사하

였고, 찬불가 보급에도 앞장서 왔습니다. 선생님은 항시 불교음악을 작곡하는 것 자체를 고마워하는 분입니다.

'무상계' 가사에는 아무도 몰랐던 아름다운 사연이 숨겨져 있었습니다. 반 선생님은 부인과 사별한 후 10년간 매주 일요일 꽃을 들고 부인 묘에 성묘를 갔다고 합니다. 일 년도 아니고 십 년을 한 번도 거르지 않고 부인 묘를 찾아갔다는 것은 그냥 듣고 넘길 수 없는 감동적인 이야기입니다. 그리고 마지막 이 시를 썼다고 했습니다. 그 소리를 듣는 순간 나도 모르게 무상계의 가락이 흘러 나왔습니다.

〔 무상계 〕

반영규 작사 / 박범훈 작곡 / 김성녀 노래

곱디고운 베옷입고 꽃신 신고 가는 님아
이승에 짐 훌훌 벗고 고이가소 정든 님아
사바고행 괴롬일랑 한강물에 띄우고
지난날 맺힌 한 바람결에 흩날리고
지장보살 영접 받아 서방정토 왕생하여
아미타불 친히 뵙고 부디 성불하고 지고
아 아 부디 성불하고 지고

반영규 선생님은 나의 불교음악 창작에 많은 조언과 도움을 준 분입니다.

찬불가 작곡을 위해 작사도 많이 해주셨습니다. '무상계'를 비롯해 '보리 이루리', '어화너', '백팔염주', '경허 만공스님' 등의 찬불가를 작사해 주셨습니다.

'무상계' 곡은 슬픈 남도계면조 가락으로 작곡되어 있습니다. 김성녀 선생이 불러 많이 알려졌습니다. 이 곡은 판소리나 남도 민요의 특징을 아는 사람이 부를 수 있는 곡입니다. 그런데 합창단에서 이 곡을 부른다고 해서 놀랐습니다. 49재 때 부르는 지정곡처럼 됐다고 합니다.

사별한 부인의 서방정토 왕생을 발원하는 반 선생님의 부처님 같은 마음의 소리가 들려오는 것 같습니다.

10. 찬불가 '연꽃향기 누리 가득히' 목정배 선생님

목정배 선생님은 동국대학원 불교학과 박사과정 때 논문지도 교수였습니다. 불교학계의 거장이고 학식이 높으셔서 평소에는 감히 뵐 수가 없는 분인데 홍윤식 선생님의 소개로 지도교수의 인연을 맺게 되었습니다. 홍윤식 선생님은 당시 동국대 교수님이셨고, 내가 고등학교 때 국사선생님이셨습니다.

보현행원송을 작곡하고 난 후 불교공부를 해야겠다는 생각이 들었습니다. 당시 중앙대학교 한국음악과 교수이면서 국립국악관현악단 예술감독으로 남산에 있는 국립극장에 근무하고 있었습니다. 12시면 일과가 끝나고 연주회가 없는 때는 시간이 많이 남아서 동국대학에 들어가 본격적으로 불교공부를 하고 싶었습니다. 3학년 편입을 하려고 알아보니 시험이 너무 어려워 자신이 없었습니다. 그때 고등학교 때 은사였던 홍윤식 교수님을 찾아가 상의를 했더니 현직교수가 3학년 편입은 말이 안 된다고 하시면서 불교학과 교수님을 소개할 테니 공부를 해서 1년 후에 대학원 쪽으로 생각을 해보라고 했습니다. 1년 후에 동국대학 일반대학원에 불교예술 전공분야 모집이 있을 거라고 했습니다. 자신은 없었지만 그 길이 3학년 편입보다는 가능성이 높을 것 같았습니다.

맥주 한잔에 시 한수

소개받은 교수님은 파이프담배를 피우시며 맥주를 한잔 하고 계셨습니다. 인사도 받지 않고 그냥 앉으라고 하시더니 펜을 꺼내 글을 쓰기 시작했습니다. 맥주 한잔 마시는 시간에 시가 한 수 지어졌습니다. 놀라지 않을 수가 없었습니다. 즉흥으로 쓴 시를 건네면서 "불교공부는 먼 놈의 공부, 그냥 곡이나 써." 하면서 시를 건네줬습니다. 인사도 제대로 못하고 시를 받아 읽었는데 완벽한 찬불가 가사였습니다. 이렇게 처음 지도교수와 만난 인연으로 태어난 곡이 바로 '연꽃향기 누리 가득히'였습니다.

목 교수님은 만날 때마다 그 자리에서 찬불가 가사를 써주었습니다. '연잎바람', '거룩한 손', '미륵님오시네', '사리여', '돌부처', '부처님 사랑', 나중에는 교성곡 '용성'까지 많은 찬불가 가사를 써주셨습니다. 목 교수님의 찬불가는 김성녀 선생이 불렀습니다. '연꽃향기 누리 가득히' 곡은 찬불가 중에 '건전가요'로 평하고 있다고 들었습니다. 목 교수님이 하고자 하는 법문을 시에다 다 실어 놓았기 때문입니다.

목 교수님과 홍 교수님의 덕분으로 4년 걸려서 학위를 받았습니다. 그 박사 논문이 『한국불교 음악사 연구』라는 책으로 출판되었습니다. 책이 나오자 본인이 쓴 것보다 더 좋아했던 교수님의 모습이 그립고, 교수님이 쓰신 찬불가가 연주될 때마다 목 교수님의 모습이 떠오릅니다.

박사학위 가운을 맞춰 주시면서 사양하는 나에게 "걱정하지 마, 가운 입을 때마다 내 생각을 할 테니까. 손해 볼 것 없어."라고 하신 말씀이 잊혀지지 않습니다. 목 교수님 말씀대로 중앙대 부총장, 총장을 10여 년간 하면서 대학행사 때마다 목 교수님이 맞춰주신 가운을 입었습니다. 그때마다 교수님 생각이 나서 전화를 드리곤 했는데 지금은 고인이 되셨습니다. 교수님은 떠나셨어도 찬불가와 함께 항상 우리 곁에 계십니다.

찬불가 '연꽃향기 누리 가득히'는 곡의 가사와 가락이 목정배 교수님을 꼭 닮았습니다.

〔 연꽃향기 누리 가득히 〕

목정배 작사 / 박범훈 작곡 / 김성녀 노래

아스라이 멀고 먼 나라

배달 겨레 숨 쉬는 조용한 나라

부처님 금빛 얼굴 가득히 웃음지어

중생의 괴로움 모두다 씻어주는

천 육백년 길고 긴 연꽃 향기 누리 가득히

나라와 겨레에 복되게 하리

11. 찬불가 '부처님오신날' 덕신스님

덕신스님은 찬불가 작사를 하시면서 직접 찬불가 운동에 앞장서고 계십니다. 특히 불교합창단의 발전을 위해서 수시로 합창연주회를 개최하는 등 불교음악 운동을 앞장서서 이끌고 계십니다.

덕신스님과는 스님이 작사한 '부처님오신날' 찬불가를 작곡하면서 인연이 깊어졌습니다. '부처님오신날' 곡은 같은 제목의 찬불가가 여러 곡이 있습니다. 그런데 덕신스님이 작사한 가사가 너무 좋아서 곡을 붙여 봤습니다. 부처님오신날은 축제의 날입니다. 모두 노래 부르고 춤추며 부처님의 탄생을 찬탄하는 그런 날입니다. 부처님은 태어나실 때부터 음악과 함께 하셨습니다. 그래서 노래 부르고 춤추는 그런 노래가 좋을 것 같아서 굿거리장단에 태평소 불고 북치고 장구 치며 부르는 노래를 만들었습니다.

춤추며 지휘한 '부처님오신날'

이 곡은 1998년 동대문 운동장에서 있었던 부처님오신날 행사에서 초연되었습니다. 당시에는 연등행사 전에 동대문 운동장에서 기념행사를 마치고 연등행렬을 했습니다. 중앙국악관현악단이 출연했고, 김성녀 선생과 불교연합합창단 여러분들이 출연을 했습니다. 검은 두루마기를 입고 직접 지휘를 했는데 노래중간에 태평소가 연주하는 간주 대목에서 신명나게 춤을 추었습니다. 객석에서 난리가 났습니다. 찬불가를 연주하면서 그것도 부처님오신날 행사에서 지휘자가 춤을 췄으니 환성과 박수가 터졌습니다. 지금도 당시에 참여했던 합창단 보살님들이 그때의 장면을 잊을 수 없다고 이야기를 합니다.
  부처님오신날에는 덕신스님이 작사하신 찬불가가 많이 불려지고 있는 것으로 알고 있습니다. 가사의 내용을 생각하면서 룸비니 동산의 아름다운 꽃들을 사진에 담았습니다.

〔 부처님오신날 〕

덕신스님 작사 / 박범훈 작곡 / 김성녀 노래

도솔천 맑은 하늘 상서로움 어리어

한줄기 찬란한 빛으로 오신 날 천상천하

유아독존 사자후를 하시니

높은 산 너른 들 온 세상이 밝아지고

룸비니 동산에 꽃들이 만발하여

뭇 생명 환희하여 기쁨으로 예경하네

빛으로 오신님 기쁨으로 오신 님

오늘은 초파일 부처님오신날

12. 찬불가 '가야지' 김한영 선생님

김한영 선생은 MBC TV 연출가였습니다. 불심이 깊어 작품을 만들 때 촬영 장소에 부처님을 모셔놓고 연출을 한다고 합니다. MBC 마당놀이를 제작하면서 인연을 맺었습니다. 윤문식, 김성녀, 김종엽 등이 마당놀이 스타가 될 수 있게 자리를 마련해 준 연출가입니다. 마당놀이 첫 작곡을 맡으면서 김한영 선생을 만났는데, 시골집 아저씨 같은 모습에 호가 '한촌'이라고 했습니다. 한촌이라는 호에 관심이 가서 물었더니 망설임없이 '한심하고 촌스럽다'고 해서 선배가 한촌이라 지어줬다고 했습니다. 연배도 비슷하고 해서 그냥 허물없이 지내는 사이가 됐습니다. 한촌이 SBS로 자리를 옮기면서 드라마 '임꺽정' 음악을 작곡해 달라고 했습니다. 주제곡 부를 가수를 찾다가 김성녀 선생의 소개로 장사익 선생을 만나게 되고 임꺽정 주제곡을 장사익 선생이 부르면서 작곡자와 가수로서의 깊은 인연을 맺게 되었습니다.

드라마 주제곡으로 퇴자 맞은 곡 '가야지'

한촌한테서 연락이 왔습니다. 탤런트 김혜자 씨가 주연으로 출연하는 드라마인데 불교와 관계가 깊다고 하면서 주제곡 작곡을 부탁해 왔습니다. 주제곡 가사를 본인이 썼다고 하면서 보내왔는데 마음에 들었습니다. 대본을 보니 드라마 내용이 너무 슬펐습니다. 가사 내용도 슬펐습니다. 그러다 보니 주제곡도 너무 슬프게 만들어졌습니다. 그렇게 만들어진 곡이 바로 '가야지'입니다. 음악을 들어본 한촌이 이 곡은 너무 슬퍼서 주제곡으로 쓸 수가 없다고 했습니다. 퇴짜를 맞은 겁니다. 기분이 몹시 안 좋았으나 어쩔 수 없는 일입니다. 최종결정은 연출자가 하는 거니까요. 곡을 그냥 버리기가 아까워서 김영임 선생한테 찬불가로 부르게 했습니다. 그런데 생각보다 불자님들이 좋아하시는 것 같았습니다. 김영임 선생의 독특한 허스키 목소리에 잘 어울리는 것 같았습니다. 어느날 한촌이 소주잔을 들고 "박형, 방송에서 '가야지' 노래 들었는데 그거 너무 좋던데? 시도 좋고 곡도 좋고." 멋쩍은 웃음을 지으며 '가야지-가야지-'를 불렀습니다.

〔 가야지 〕

김한영 작사 / 박범훈 작곡 / 김영임 노래

가야지 가야지 꽃피고 새 울면 나는 가야지
산 넘고 물을 건너서 혼자 가야지
꽃이 피면 꽃에서 자고 바람 불면 바람에 자고
머나먼 길 울며 울며 혼자 가야지
우리 절 부처님은 마음씨도 좋아
오냐 오냐 잘 가라고 나무아미타불

13. 찬불가 '목탁새' 정다운 스님

은평구에 있는 수국사에서 정다운 스님을 만났습니다. 스님은 만나기 전부터 시를 통해 명성은 잘 알고 있었지만 뵐 수 있는 기회가 없었습니다. 마침 김성녀 선생과 약속이 되어 있어 함께 동행하게 되었는데 스님은 처음 만난 우리를 편하게 대해 주었습니다. 김성녀 선생이 부른 찬불가 이야기를 하다가 스님으로부터 재미있는 이야기를 들었습니다. 수국사 범종각에 큰 목탁을 걸어 놓았는데 그 안에다 새가 알을 낳아 새끼를 쳤다고 합니다. 새끼들이 날아가려고 날개짓을 하는 것을 보고 '목탁새'라는 시를 썼다고 했습니다. 시를 보니 감동적이었습니다. 특히 후렴구에 '돋아라 날개야 나도 한 번 날아보자'라는 대목에서는 누구나 꿈을 향해 날아보고 싶어하는 중생의 마음을 그대로 노래해 주고 있어 감동적이었습니다. 스님은 김성녀 선생한테 찬불가 가사를 써주겠다는 약속을 했습니다. 스님은 김성녀 선생이 부른 찬불가를 잘 알고 있었던 것 같습니다. 그래서 작곡자를 함께 만나자고 했던 것 같습니다. '목탁새' 가사를 받고 스님과 헤어졌습니다. 그리고 10년이 흘렀습니다.

돌아라 날개야 나도 한 번 날아보자

'목탁새'는 작곡을 해서 도신스님이 불렀습니다. 도신스님은 오래 전부터 내가 작곡한 불가를 많이 불렀습니다. 교성곡 '붓다'를 비롯하여 '부모은중송' 찬불가 '길' 등 많은 곡을 불렀고 불교음악제에 여러 번 참여해 주었습니다. 스님은 항시 나를 보면 "선생님, 곡 좀 써주세요."라며 졸라댔습니다. 도신스님은 동자승 때부터 노래를 불렀고 노래를 통해 포교활동을 해 왔습니다. 스님이 부른 '어머니'라는 곡은 불자들뿐만 아니라 일반인들에게도 널리 알려진 노래입니다. 가수 스님으로 알고 있는 분들도 있지만 현재에는 서산 서광사 주지 소임을 맡고 있습니다.

'목탁새' 악보를 가지고 수덕사에서 도신스님을 만났습니다. 마침 경허·만공스님 탄신기념 음악회 협의를 위해 도신스님과 함께 만났는데 도신스님이 '목탁새' 악보를 받아보더니 "선생님, 이 곡은 제 곡입니다."라고 하는 것이었습니다. 마치 곡이 본인을 위해 작곡된 것 같다고 하는데 사실은 곡을 쓸 때부터 도신스님을 염두에 두고 썼습니다. '목탁새' 곡은 대중성이 짙은 곡입니다. 후렴부분 '돋아라 날개야 나도 한 번 날아보자'에는 합창이 함께 부르도록 되어 있습니다. 우리 중생들이 삶의 고뇌를 벗어버리고 꿈을 향해 모두 훨훨 날아오르는 분위기를 표현해 보았습니다.

연주회 날, 정다운 스님의 모습은 보이지 않았습니다. '목탁새' 노래를 꼭 들려 드리고 싶었는데 연락이 되지를 않았습니다. 그런데 김성녀 선생한테 우편물로 정다운 스님의 찬불가 작사가 도착했습니다. 약속하고 수국사에서 헤어진 지 10년만입니다. 나에게 보낸 편지도 있었습니다. 반가워 편지를 보니 첫마디가 "나는 약속을 지킵니다. 약속대로 찬불가 가사를 보냅니다."라고 쓰여 있었습니다. 약속 시간이 너무 오래 걸렸지만 반갑기 그지없었습니다. 펜으로 직접 쓴 가사가 여러 곡 들어 있었습니다. 곧바로 작곡을 했습니다. '산사의 봄', '놓아라 삼세인연', '날마다 좋은날', '해넘이', '사바등대' 이상의 곡들이 작곡되었습니다.

정다운 스님이 작사한 찬불가가 발표되고 음반으로도 출반되었습니다. 그러나 스님은 보이지 않았습니다. 언젠가 스님이 작사한 찬불가를 함께 들을 수 있는 날이 있을 것으로 기대하고 있습니다. 작사해 주신 고마움을 작곡한 찬불가로 대신하고자 합니다.

〔 목탁새 〕

정다운 작사 / 박범훈 작곡 / 도신스님 노래

우리 절 범종각에 목을 매단 빈 목탁에

철따라 날아와서 둥지 트는 목탁새야

백팔번뇌 불어다가 쪼고 쪼아 만든 염주

미륵석불 어깨위에 임의 얼굴로 올려놓고

천 염주 쥐고 앉아 소원 푸는 목탁새야

돌아라 날개야 나도 한 번 날아보자

돌아라 날개야 나도 한 번 날아보자

14. 불교음악원과 봉은국악합주단

　우리나라 불교역사상 최초로 불교음악원이 설립되었습니다.[117] 이제 불교음악이 어떤 음악인지를 확실하게 알려 줄 수 있는 기관이 생긴 것입니다. 그리고 봉은사에 불교음악을 연주하는 봉은국악합주단이 창단되었습니다. 봉은국악합주단은 불교음악원에서 위탁운영을 하고 있는데 불교의식음악과 찬불음악을 연주하고 있습니다. 봉은사에 오시면 법당에서 영산회상 연주를 들을 수 있습니다. 전국 사찰 중에 유일합니다. 앞의 『사리영응기』에서 소개한 세종대왕이 법당상량식에서 관현악으로 봉불음악을 연주했는데 그 뜻을 봉은

국악합주단이 이어 받아 법당에서 영산회상을 연주하고 찬불음악을 연주합니다. 잃었던 우리 불교음악의 실체를 되찾은 것입니다.

앞으로 봉은국악합주단을 계기로 전국의 사찰에서 영산회상이 연주되기를 기대하고 있습니다.

불교음악원에서는 전통불교음악의 보존과 전승을 위해 연구와 교육을 담당하는 부서와 찬송가 같다는 찬불가의 정체성을 바로잡기 위해 노력하고 있습니다. 찬불가다운 찬불가 창작을 위해 찬불가 창작위원회를 운영하고 있습니다. 그리고 불교합창아카데미를 개설하여 불교합창단의 질적 향상을 위해 최고의 교수진이 지도하고 있습니다. 또한 해마다 부처님오신날을 즈음해서 불교음악회를 개최하여 불교음악의 역사성과 정체성을 널리 알리고 있습니다.

불교음악원이 설립되고 봉은국악합주단이 창단되는 데에는 많은 어려움과 특별한 관심과 배려가 있었습니다. 앞으로 불교음악계의 역사에 길이 남을 일이어서 밝혀두고자 합니다.

불교음악원이 설립될 수 있었던 것은 대한불교조계종 전 총무원장이신 자승스님의 원력으로 된 것입니다. 불교음악원의 필요성을 수차 말씀드렸지만 조계종 종령으로 불교음악원이 설립된 것은 자승 전 원장스님의 특별한 관심과 배려가 아니었으면 불가능한 일이었습니다. 불교음악계 뿐만 아니라 국악계, 문화계에서 감사의 마음을 전하고 있습니다. 그리고 봉은국악합주단의 창단은 전 봉은사 주지 원학스님께서 큰 힘이 되어 주셨습니다. 불교의식의 역사성과 전

_ 조계종 불교음악원 개원식(2015. 6.).

통성을 살려야 한다는 생각과 법당에서 영산회상이 연주되어야 한다는 점을 강조하시며 봉은국악합주단 창단에 앞장서 주셨습니다. 자승스님은 봉은국악합주단 창단을 계기로 직영사찰에 10명 안팎의 실내악단을 구성해 불교행사에 함께 모여 관현악연주를 할 수 있도록 지시하셨습니다. 현재는 봉은사만 창단이 되었지만 앞으로 가능할 것으로 보고 있습니다.

봉은사 현 주지 원명스님은 불교의식의 문화재 지정에 큰일을 하셨습니다. 삼화사와 진관사의 '수륙재'를 국가중요무형문화재로 지정하는 데 앞장서서 추진했습니다.[118] 스님은 불교의식에는 원래대로 국악합주단이 연주해야 한다는 점을 강조하시며 봉은국악합주단의 연주활동을 적극 지원하고 있습니다.

봉은사에서는 매주 목요일마다 신도와 외국인들을 위한 불교음악 연주회를 개최하고 있습니다. 불교의식음악 뿐만 아니라 일반 신도를 위한 음악회도 열고 있습니다.

불교음악원을 설립해 주시고 이끌어 주신 전 총무원장 자승스님과 봉은국악합주단을 창단해 주신 전 봉은사 주지 원학스님, 그리고 봉은국악합주단을 성원해 주시고 이끌어 주고 계시는 원명 주지스님께 불교음악원을 책임지고 있는 사람으로서 감사의 인사를 올립니다.

이번 불교음악 여행에 동참하시는 여러분들께서도 불교음악원에 많은 관심 있으시길 바랍니다. 그리고 봉은사 법당에서 연주되는 영산회상곡을 만나보시기 바랍니다. 불교음악원에서는 일 년에 한두 차례 불교음악회를 개최합니다. 함께 동참하시어 불교음악을 통해 부처님을 만나보시기 바랍니다.

○● ○ 에필로그
○ ○

회향

길고 긴 여행을 이제 회향하고자 합니다. 지금까지 한정된 지면에 너무 많은 것을 소개해드린 것 같습니다. 끝까지 동행해주신 여러분들께 감사를 드리면서 앞으로 기회가 되는 대로 불교음악의 실연(實演)을 통해 보다 음악적인 실상을 소개해 드리도록 하겠습니다.

이번 여행을 통해 불교음악은 불교를 신봉하는 나라마다 각자 자국의 음악으로 새롭게 탄생한 사실을 알 수 있었습니다. 우리나라 역시 불교를 신봉하면서 불교음악뿐만 아니라 세계에서 찾아볼 수 없는 찬란한 불교문화를 탄생시켰습니다. 현재 보존되고 있는 우리나라 대표적인 문화유산이 대부분 불교유산이고, 2018년도 세계문화유산에 우리나라 사찰 일곱 곳이 새로 등록되었다는 자체가 이를 증명해주고 있습니다.[119]

_ '니르바나' 공연. 지휘자와 국립국악관현악단 (2018. 6. 1. 예술의전당 콘서트홀).

불교음악은 불교의식에 쓰이는 음악만이 아니라 우리의 전통음악(국악)이고, 나아가서는 세계에 내세울 우리 민족을 대표하는 음악입니다. 따라서 전래되고 있는 불교음악의 전승보존은 물론이고 그 뿌리를 중심으로 한 새로운 우리의 음악문화를 창조해 내야 합니다. 이러한 일들은 불교계뿐만 아니라 우리 문화계 전체가 앞장서서 이루어나가야 할 과제입니다. 지금까지 불교음악 여행에 참여해주신 분들께서도 많은 관심과 성원 있으시길 바랍니다.

불교음악 여행을 시작하면서 가장 어려웠던 점은 여행에 동참할 수 있는 대상을 만나는 일이었습니다. 불교음악이라는 용어 자체가 생소했고 염불을 하고 있는 스님조차도 그 자체가 불교음악인지를 모르고 있는 분이 있었습니다. 이 문제를 조계종 교육원장 현응스님과 교육부장 진광스님이 풀어주셨습니다. 전국 사찰에 소속되어 있는 불교대학 학인 스님을 대상으로 순회강연을 할 수 있게 자리를 만들어 주신 것입니다.

'스님과 함께하는 불교음악 여행'이란 타이틀을 걸고 봉은국악합주단과 함께 불교음악의 실연과 강연을 병행하면서 전국의 불교대학을 순회하였습니다. 많은 학인 스님들이 불교음악 여행에 동참해주셨습니다. 그리고 그 결과로 불교음악 여행서가 출판되었고, 여러분들을 만나 뵐 수 있게 되었습니다.

이제 감사의 말씀을 드리고 회향할까 합니다.

먼저 출판을 허락해 주신 불교신문사 사장 초격스님과 보잘 것 없는 원고를 정리하고 편집하시면서 출판실무를 총괄해주신 하정은 부장님께 감사를 드립니다. 그리고 항시 옆에서 많은 일을 도와주고 금번 불교음악 여행 안내서를 불교신문사에서 출판할 수 있도록 도와주신 박기련 도반님께 감사드립니다.

2018년 가을 불교음악원에서

박범훈 합장

[주]

1 서유구(徐有榘, 1764~1854)의 『임원경제지(林園經濟志)』를 보면 서양의 음악을 처음부터 음악이라 부르지 않고 '피음(彼音)'으로 불렀으며, 헌종(1835~1849) 때 이규경의 『구라철사금자보(歐羅鐵絲琴字譜)』에서는 '서음(西音)'이라고 불렀다. 우리는 음악이란 용어대신 악(樂) 또는 '소리'라고 했다.(판소리, 악기소리 등) 박범훈, 『한국불교음악사 연구』(경남:장경각, 2000), 187쪽.

2 『법원주림(法苑珠林)』, 『불설덕광태자경(佛說德光太子經)』, 『대열반경(大涅槃經)』, 『불설무량수경(佛說無量壽經)』, 『불조통기(佛祖統紀)』, 『대당서역기(大唐西域記)』, 『낙양가람기(洛陽伽藍記)』, 『고승전(高僧傳)』 등에 음악(音樂)이라는 용어가 기록되어 있다. 박범훈, 『한국불교음악사 연구』(경남 : 장경각, 2000), 174~175쪽.

3 탄생:『수행본기경(修行本紀經)』, 「보살강신품(菩薩降身品)」, 『보요경(普曜經)』「소현상품(所現象品)」
출가:『불설덕광태자경(佛說德光太子經)』, 『불본행집경(佛本行集經)』
열반:『대반열반경(大般涅槃經)』

4 부파불교(部派佛敎):부처님이 입적한 후 100년 경부터 수백 년 사이에 초기 불교가 거듭 분열하여 20여 개의 교단으로 갈라진 시대의 불교를 통틀어 이르는 말이다.

5 히라카와아카리, 이근호 옮김, 『일도불교의 역사(상)』(서울:민족사, 1989), 23쪽.

6 『수행본기경(修行本起經)』「보살강신품(菩薩降身品)」과 『보요경(普曜經)』「소현상품(所現象品)」에 세존 탄생에 관한 기록이 전한다.
『수행본기경』은 『과거현재인과경(過去現在因果經)』・『불설태자서응본기경(佛說太子瑞應本紀經)』과 같이 부처님의 전기를 기록한 불전으로서 부처님의 과거 인연으로부터 성도하기까지의 내용을 설하고 있습니다. 특히 『수행본기경』은 부처님의 여러 전기 중에서 성도 이전의 전기를 설하고 있는 것이 특징이다.

7 『보요경(普曜經)』「욕생시32서품(欲生時三十二瑞品)」 제5.

8 가(笳)와 소(簫)는 입으로 부는 관악기로서 중국으로부터 수입된 악기다. 현재에도 국립국악원 악기전시관 등에서 볼 수 있다.

9   기악(伎樂):불교경전에서는 음악을 기악으로 표현한다. 기악은 여러 명이 악기를 연주하고 노래를 부르고 춤을 추며 재능을 부리는 연희적 음악을 말한다.

10   붓다:석성일 스님 작사, 박범훈 작곡. 1991년에 BBS불교방송에서 제작하여 전국순회연주를 했다. 교성곡(交聲曲) 풍으로 작곡된 곡은 국악관현악과 합창, 그리고 도신스님, 김성녀, 송창식, 장사익, 주병선, 최진숙, 박애리 등이 노래를 불렀다.

11   대성석가사:네팔 현지에서는 KOREA Temples이라고 부른다. 이 사찰은 백용성 스님의 유훈을 받들어 도문스님이 세운 절이다. 현지인들과 한국에서 온 스님들이 거주하고 있고, 세계 각 국의 불자들이 한국의 절을 보려고 찾아오고 있다.

12   덕신스님 작사, 박범훈 작곡, 김성녀 노래, 1998년 작곡. 2014년 동대문운동장에서 부처님오신날 행사에서 초연됐다.

13   『불설덕광태자경(佛說德光太子經)』, 서진시대(西晋時代:AD 270년) 축법호(竺法護)가 번역했으며, 보살행을 행함에 방일하지 말고 정진할 것을 설한 경전이다.

14   『불본행집경(佛本行集經)』제14, 「상식납비품(常飾納妃品)」, 『불본행집경』은 석가세존의 과거, 현재 본생의 인연을 여러 가지 불전과 본생담(本生譚)에 의하여 체계적으로 집대성한 것이다.

15   大山公淳, 『佛敎音樂と聲明』(大阪:東方出版, 1989), 18面.

16   二十八梵音淸徹, 『大藏經』 券1.5面(上-中).

17   『불설대승입제불경계지광명장엄경(佛說大乘入諸佛境界智光明莊嚴經)』권제1. 송나라 때 법호(法護:A.D.1004~1058)에 의하여 번역된 경전으로 부처님이 문수사리를 비롯하여 여러 보살들에게 여래의 불생불멸과 차별 없이 평등함에 대하여 설한 기록이다. 이 기록에서 주목되는 것은 여래께서 내시는 갖가지의 음성이 모두 메아리와 같았으며 일체중생들이 내는 갖가지의 마음과 좋아하는 것에 따라 음성을 내어 그에 맞게 설법을 하시어 중생들을 모두 깨닫게 했다는 것이다.

18   『장아함경』은 4아함 중에서 비교적 장편을 모은 것이다. 『대본경』은 부처님의 공덕을 찬탄하고 과거 칠불의 탄생·출가·수도·항마(降魔)·성도(成道)·전법륜(轉法輪)·열반(涅槃) 등에 대한 내용으로 불타관(佛陀觀)을 말하고 있다. 이러한 기록 중에 태자의 32상이 상세하게 소개되어 있고, 그중 28번째에 석존의 음성에 대한 기록이 있다.

19 팔음성(八音聲):1. 최호성(最好聲), 2. 이료성(易了聲), 3. 유연성(柔軟聲), 4. 화조성(和調聲), 5. 존혜성(尊慧聲), 6. 불오성(不誤聲), 7. 심묘성(深妙聲), 8. 불여성(不女聲).

20 『찬집백연경(撰集百緣經)』 권제2 건달바작악찬불연(乾闥婆作樂讚佛緣). 『찬집백연경』은 오대(吳代:223~253)에 지겸(支謙)이 번역한 경전으로서 부처님께 귀의한 인연에 관한 이야기들을 한데 모아 기록한 것이다. 이 경전에는 국왕을 비롯해 장자·범지·상인·하인·노비·도적·새와 짐승에 이르기까지 부처님께 귀의한 내용이 전해진다.

21 『근본설일체유부비나야잡사(根本說一切有部毘奈耶雜事)』, 당대(唐代:710)에 의정(義淨)스님이 번역한 경전으로서 전체 내용은 1대문(大門)과 8문의로 구성되어 있고, 8분의 각각은 별문(別文)으로 이루어져 있다. 본문은 송(頌)으로 핵심적인 율행(律行)의 법을 요약한 뒤에 그에 따른 해설을 덧붙이고 있다.

22 『증일아함경』 권제38 「마혈천자문팔정품」.

23 『법원주림』 권제36 패찬편 제34 백연경(百緣經).

24 『장아함경』 권제10 석제환인문경.

25 『불본행집경』 권제30 「보살항마품」.

26 『불설무량수경』은 서기 200년 이전에 존재했던 경전으로 추정된다. 번역자가 보운(寶雲), 축법호(竺法護) 등이라는 설이 전하고 있다.

27 『대반열반경(大般涅槃經)』: 대반열반경(大般涅槃經)은 부처님께서 쿠시나가라의 사라쌍수 아래서 입멸하기 바로 직전에 설법하신 법문. 열반경은 남방과 북방의 두 가지 열반경이 있다.(문화콘텐츠닷컴(문화원형 용어사전, 2012)..

28 『남해기귀내법전(南海寄歸內法傳)』, 『대장정(大正藏)』, 권54. 227면에 기록되어 있다.

29 구자국(龜玆國):타클라마칸(Taklamakan) 사막의 북쪽, 지금의 고차(庫車) 지역에 있던 고대국가. 현재의 신장 위구르 자치구의 아커스 지구에 속하며 쿠처 현의 중심이다.

30 구자의 음악:구자국의 음악은 서국구자(西國龜玆), 제조구자(齊朝龜玆), 토구자(土龜玆) 세 가지로 나누고 당나라 때에 와서는 연악(燕樂)의 주제가 되었다. 당나라 사람들은 구자악과 불교음악은 같은 음악으로 보았다고 한다.

31 쌍계사에 있는 진감선사대공탑비문에 진감선사가 당나라로부터 범패를 배워

　　　 와서 쌍계사에서 범패승들을 가르친 기록이 전한다.
32　문묘제례악은 현재 성균관에서 매년 5월 첫 번째 일요일에 문묘제례를 지내고 있다. 중국에서는 우리와 같은 문묘제례악이 없으며 대만에서는 우리나라의 문묘악을 배워가서 연주하고 있다. 중국 산동에 있는 산동대학에서 중앙대학교 국악과 학생, 성균관대 무용과 학생들이 합동으로 산동대학 학생들을 가르쳐 문묘악을 재연하기도 했다.
33　이혜구(李惠求), 『韓國音樂硏究』, 238~243쪽.
34　박성의(朴晟義), 『韓國歌謠文學論과 史』(서울:集文堂, 1989), 73쪽.
35　박성의(朴晟義), 『韓國歌謠文學論과 史』(서울:集文堂, 1989).
36　이상보(李相寶), 『韓國佛敎歌辭全集』(서울:集文堂,1983), 14쪽.
37　김동욱(金東旭), 「新羅歌謠에 나타난 佛敎의 誓願思想」, 『불교학보』(서울 : 동국대학교 불교문화연구원, 1963, 제1집, 135쪽.
38　김운학(金雲學), 『향가에 나타난 불교사상』(서울:동국대학교 부설 역경원, 1978), 68쪽.
39　『삼국유사』 권제5 융천사혜성가(融天師彗星歌) 진평왕대조(眞平王代條)에 기록.
40　『삼국유사』 권5 월명사 도솔가조에 "명우상위망매영재(明又嘗爲亡妹營齋) 작향가제지(作鄕歌祭之) 홀유경표취지전(忽有驚風吹紙錢) 비거향서이몰(飛擧向西而沒) 가왈(歌曰)이란 기록이 있습니다.
41　月明常居四天王寺, 善吹笛. 崔南善編, 『三國遺事』, 223쪽.
42　김승찬(金承璨), 『鄕歌文學論』, 307쪽.
43　양주동(梁柱東), 『朝鮮古歌硏究』, 562쪽.
44　김동욱(金東旭), 『韓國歌謠의 硏究』, 29쪽.
45　이혜구(李惠求), 『韓國音樂硏究』, 238~243쪽.
46　박성의(朴晟義), 『韓國歌謠 文學論과 史』, 99쪽.
47　양지스님은 신라의 명승으로서 선덕여왕 대에 대예술가로 알려진 스님.
48　윤영옥(尹榮玉), "원왕생가":김영찬(金承璨), 『鄕歌文學論』, 216쪽.
49　김종우(金種雨), 『鄕歌文學論』, 28~30쪽.
50　김동욱(金東旭), 『韓國歌謠의 硏究』, 36쪽.
51　박성의(朴晟義), 『韓國歌謠文學論과 史』, 107~108쪽.
52　김광순(金光淳), 「헌화가」:金承瓚, 『鄕歌文學論』, 273쪽.

53 이재선 님은 『법화경』에 있는, "고뇌에 싸인 중생이 일심으로 그 이름을 부르면 보살이 즉시 그 음성을 관상하여 벗어나게 해주기 때문에 관세음이라고 부르는 것이다."라는 경문을 인용하고, 이 노래에 불교의 민간 신앙적 요소가 나타나 있음을 강조했다.

54 균여대사(均如大師) : 923~973가 지은 보현십원가(普賢十願歌)는 『대방광불화엄경』(대방광불화엄 보현행원품(普賢行品)에 전하는 보현보살(普賢菩薩)의 열 가지 대원(大願)을 소재로 하여 지은 3구(句) 6명(名)식의 사뇌가입니다. 이 시가(詩歌)는 『고려대장경』 석화엄교분기(釋華嚴敎分基) 원통초(圓通鈔) 권10의 끝에 부록으로 실린 "대화엄수좌원통양중대사균여전병서(大華嚴首座圓通兩重大師均如傳並序)" 중 7가행화세분(七歌行化世分)에 향찰문자로 표기되어 전하고 있다.

55 朴晟義, 『韓國歌謠文學論과 史』, 421쪽.

56 보현십원가 가사 풀이는 최철(崔喆), 『鄕歌의 修辭技法』. 김승찬(金承璨), 『鄕歌文學論』을 참고.

57 광수공양가 : 최철(崔喆), 「향가의 수사기법」; 김승찬(金承璨), 『韓國歌謠文學論과 史』, 90쪽.

58 대중들은 같은 목소리로 탄불(嘆佛)을 하는데, 그 음곡(音曲)은 모두가 신라의 것이지 당음(唐音)이 아니다. 申福龍, 번역·주해 圓仁, 『入唐求法巡禮行記』(서울 : 정신세계사, 1991), 119쪽.

59 26) 혜소(慧昭) 진감국사(眞鑑國師, 774~850), 신라 후기의 스님으로서 우리나라에 처음으로 범패를 전한 스님으로 알려져 있다. 성은 최(崔) 씨, 전주 금마 사람이다. 804년(애장왕 5) 31세에 세공사를 따라 당나라에 들어가 마조도일의 제자 창주신감(滄州神鑑)에 득도한 후 법을 이어 받았다. 사람들은 그를 '동방성인(東方聖人), 또는 얼굴이 검어서 흑두타(黑頭陀)'라 불렀다. 810년 소림사에서 비구계를 받고, 종남산에서 3년 동안 지관(止觀)을 닦은 뒤, 길거리에서 짚신을 삼아 3년 동안 오가는 사람에게 보시했다. 830년(흥덕왕 5) 귀국하여 왕의 귀의를 받고, 상주 설악산 장백사(長栢寺)에서 교화활동을 폈다. 그리고 지리산으로 가서 옥천사(지금의 쌍계사)를 창건하고 조계원조인 육조의 영당을 세웠다. 838년에는 민애왕이 그의 덕을 흠모해 만나기를 청하였으나 거절하였다. 그는 옥천사에서 처음으로 범패를 가르쳤다. 또한 중국에서 차나무를 가져와 지리산 일대에 차를 재배했으며 의술에도 깊은 조예가 있었던 것으로 전한다. 850년(문성왕

12) 나이 77세, 법랍 46세로 입적했다. 정강왕이 시호를 진감국사라 하였으며, 옥천사를 쌍계사로 고쳐 부르게 하였다.『韓國佛敎人名辭典』(서울:불교시대사, 1993), 344쪽.
60 『고승전』권제13 경사 제9에, 현사가 범패를 노래하면, 그 소리가 아름다워 붉은 기러기도 좋아하여 날아가지 않았고, 비구가 소리를 하면, 푸른 새도 기뻐하여 나는 것을 잊었다고 한다. 담빙의 운율이 동하자 새나 말이 몸을 움츠렸다고 했다. 또한 전독(梵唄)의 아름다움과 선율의 음악적 특징을 다음과 같이 표현했다. 일으키고, 던지고, 움직이고, 들고, 평탄하고, 꺾고, 내치고, 죽이고, 노닐고, 날고, 물러서고, 돌고, 반복하고, 겹치고, 교태롭고 희롱함이 다 있다.
61 범음집과 작법귀감:범음집은 1723년(경종3) 지환(智還)이 기록한 재의(齋儀) 절차와 방법을 집대성한 책이다. 작법귀감은 1826년(순조26) 백파(白坡)가 지은 것이다. 봉은사(奉恩寺) 남벽해(南碧海)가 소장한 두 권의 작법귀감은 범패를 기록한 소중한 자료로 전하고 있다. 음률을 상징하는 한자의 사성(四聲)을 권점(圈點)으로 표시한 점이 특징이다.(한겨레음악대사전, 2012).
62 1957년, 이혜구,『신라의 범패』. 1965년, 성경린, 이혜구,『무형문화재조사보고서』. 1970년 홍윤식,『범패 연구』. 1980년, 한만영,『한국불교음악 연구』. 1997년 법현스님,『영산재 연구』. 2013년 손인애,『영산재 불교음악1』등이 있다.
63 손태도,『광대의 가창문화』(서울:집문당,2003), 157쪽.
64 『無形文化財調査報告書』,(1965~1968), 제9집, 27쪽.
65 이 화청 가사는 박범훈,『한국불교음악사 연구』275쪽에 악보와 함께 수록된 것. 창:박송암, 채보:박범훈.
66 시김새:소리를 내는 방법. 즉 노래의 멋과 맛을 내기 위해 가락을 표현하는 방법.
67 세종대왕의 음악업적 중 정간보(井間譜)의 발명은 우리 음악 역사에 크게 공헌했음을 인정받고 있다. 정간보는 현재에도 연주에 활용되고 있으며, 네모난 칸을 만들어 그 안에 음의 길이와 높이를 기보할 수 있게 만든 악보다.
68 『사리영웅기』:1449년(세종31)에 역대 선왕의 명복을 기원하기 위하여 세종대왕이 인왕산에 불당을 건립할 때 당시의 상황을 병조정랑(兵曹正郎) 김수온(金守溫)이 1450년에 기록한 것이다.
69 安廓(安自山), "朝鮮音樂과 佛敎",『불교』(경성:佛敎社, 1930), 통권 제67호, 18~23쪽.

70　1997년 필자가 동국대학교 일반대학원 불교학과 박사논문,「韓國佛敎音樂의 傳來와 傳承에 관한 硏究」를 쓰고 있을 때였음.
71　『세종실록』, 넷째 권 662쪽.
72　『세종장헌대왕실록』, 권17, 450쪽.
73　『세종장헌대왕실록』, 권17, 392쪽.
74　승려도첩제:승려가 출가했을 때 국가가 허가증을 발급하여 신분을 공인해 주던 제도. 고려 말부터 승려가 출가할 때 국가에서 그의 신분을 인증해 주던 제도로서 조선 초기에 강화되었다. 일명 도패(度牌)라고도 한다. 조선시대 예조에서 도첩을 발급해 주었으며, 승려가 죽거나 환속(還俗)하면 국가에 반납하도록 하였다.
75　승과제:승과(僧科)제도는 승려에게 일정한 자격을 부여하고 인재를 선발하기 위해 실시하던 시험제도이다.
76　백용성 스님이 1926년 5월, 총독부에 조선승려들의 대처식육(帶妻食肉) 금지를 건의한 내용.
77　1929년에 다카하시(高橋亨)가 쓴『李朝佛敎』에 기록이 전함.
78　범패를 무형문화재로 지정하기 전 1965년 이혜구, 성경린이 조사한 범패 보고서에는 다음과 같이 기록되어 있다. "범패란 범음, 어산, 인도 소리 등으로 이르는 우리나라 유일의 불교의식 성가인 바, 멀리 신라시대 진감선사가 세공사로 당에 건너갔다가 이것을 배워 태화 4년(830)에 귀국한 뒤, 하동 옥천사, 즉 쌍계사에서 제자에게 이를 전수하여 오늘에 드리우고 있는 것이다. 범패는 종래 악보가 없어 어장(魚丈)에 의하여 구전심수(口傳心授)되었고 작법은 불교의 쇠미로 말미암아 범패 또한 자연 쇠미하여 범패 전업의 이른바 어산이 매우 희소하게 되었다. 역대 품위 높은 의식음악이요 더욱 예술적으로 빼어난 범패는 가곡, 판소리와 더불어 우리나라 3대 성가로 일컫는 귀중한 문화재의 하나이다. -중략- 유명한 어장도 해를 따라 조락하고 현재 겨우 몇 사람을 헤아릴 정도로 영세한 것도 유감스런 일이 아닐 수 없다. 이대로 방치하면 귀중한 문화재인 범패는 우리의 눈앞에서 인멸될 것이 명백함으로 범패를 조속히 중요무형문화재로 지정하여 계승·보존하도록 적절한 시책이 요망되는 바이다."(성경린·이혜구,「중요무형문화재지정에 대한 의견서」, 문공부 문화재관리국, 1965, 제10호, 415쪽.)
79　이혜구 역,『국역악학궤범』(서울:민족문화추진회, 1989), 권2. 41쪽.

80 영산회상 9곡:상영산(上靈山), 중영산(中靈山), 하영산(下靈山), 상현(上絃), 하현(下絃), 도드리, 염불(念佛), 타령(打令), 군악(軍樂).
81 이동명, "영산회상곡",『한국불교학』제1집, 1975, 147쪽.
82 지영희(1908~1980): 본명 지천만, 해금과 피리 연주자로서 경기시나위 국가무형문화재 보유자. 지영희 류의 해금산조 창시자. 초대 시립국악관현악단 상임지휘자. 작곡·지휘·해금·피리 연주자로서 그리고 서울국악예술학교 교사로 근무하면서 많은 제자들을 양성하였다.
83 긴염불, 삼현타령, 길군악, 헛튼타령, 자진헛튼타령, 굿거리 당악 등을 이어서 기악합주로 연주함.
84 육자백이조:남도 계면조라고도 하는데 전라도 지방의 독특한 음계로 된 가락을 말함.
85 메나리조:강원도, 경상도 산간 지방의 민요가락. 한오백년, 강원도아리랑, 상주함창 등의 민요가락.
86 경기제:일명 창부타령조라고도 하는데 노래가락, 청춘가, 태평가와 같은 곡들의 가락을 말함
87 김주곤,『불교가의 형성과 전개』에 청허존자(淸虛尊者), 즉 서산대사 휴정 작이라고 했다.
88 황용주 편저,『한국경·서도창악대계』(서울:선소리선타령보존회, 1993) 권하, 280~82쪽.
89 유영대,『심청전 연구』(서울:문학아카데미사, 1991), 12쪽.
90 판소리의 용어로서 판소리의 가락구성을 말한다. 판소리는 다양한 더늠으로 구성되어 있다.
91 앞의 책, 39쪽.
92 박범훈,『한국불교음악사 연구』(경남:藏經閣, 2000).
93 앞의 책, 230쪽.
94 『수행본기경(修行本起經)』권상(卷上)「보살강신품(菩薩降神品)」.
『수행본기경』은『과거현재인과경』,『불설태자서응본기경』과 같이 부처의 전기를 기록한 불전으로서 부처의 과거 인연으로부터 성도하기까지의 내용을 설하고 있음.『大正新修大藏經』(東京:대정신수대장경간행회, 1962), 卷3, 463面(中).
95 박헌봉,『창악대강』(서울:국악예술학교출판부, 1966), 240~241쪽.

96 중타령은 고종 때 명창인 정창업(丁昌業)이 만든 더늠으로 알려져 있으며 심청전 완판본에는 포함되어 있지 않다.
97 박헌봉,『창악대강』(서울:국악예술학교출판부, 1966), 249쪽.
98 앞의 책, 257쪽.
99 자진모리〈丁貞烈 唱〉심청이 거동 보아라. 이리 비틀 저리 비틀 뱃전을 니가더니 다시 한 번 생각한다. 내가 이리 주저함은 정성이 부족이라. 치마폭 둘러쓰고 두 눈을 딱 감고 뱃머리로 우르르 손 한 번 헤치더니 기러기 낙수 격으로 떴다 물에 풍…
100 유영대,『심청전 연구』(서울:문학아카데미사, 1991), 134쪽.
101 앞의 책, 273-274쪽.
102 앞의 책, 135쪽.
103 앞의 책, 287쪽.
104 목차:제1장 향례(香禮), 제2장, 성공절차(聖供節次), 제3장 원각경문수장(圓覺經文殊章), 제4장 보문품(普門品), 제5장 반야심경(般若心經), 제6장 시식(施食), 제7장 시식[廣禮], 제8장 구병시식(救病施食), 제9장 거양(擧揚), 제10장 혼례(婚禮), 제11장 병인간호(病人看護), 제12장 상례(喪禮), 제13장 왕생가(往生歌), 제14장 권세가(權勢歌), 제15장 대각교가(大覺敎歌), 제16장 세계기시가(世界起始歌), 제17장 중생기시가(衆生起始歌), 제18장 중생상속가(衆生相續歌), 제19장 입산가(入山歌), 제20장 극락세계노정가(極樂世界路程歌), 제21장 육자주역행관법(六字呪易行觀法).
105 조학유 스님의 생몰연대는 알 수가 없으나 1929년 1월 3일, 경성부 수송동 각황사에서 개최된 조선불교선교양종승려대회에서 권상로 스님이 준비위원장에 추대되고, 조학유, 박한영 스님은 경성대표로 참석한 기록에서 짐작해볼 수 있다. 일반적으로 이러한 모임에서의 위원장은 연장자를 내세우는 경우를 흔히 볼 수 있기 때문이다.
106 권상로(1879~1956) 스님은 경상북도 문경군 산북면 석봉리에서 탄생하였고, 1896년 문경 김룡사에서 서진스님을 은사로 출가하여. 사집과(四集科), 사교과(四敎科), 대교과(大敎科)를 이수하였다. 1911년 대승사 주지, 1912년 조선불교월보사 사장, 1923년 불교사 사장, 1931년 동국대학교의 전신인 중앙불교전문학교 교수, 1946년 동국대학교 교수, 1953년 초대 동국대학교 총장을 역임하였다.

일생을 한국불교학의 정립과 불교사상 발굴 선양에 전념하고 교육계, 언론계 등 여러 분야에서 지대한 업적을 남겼다. 저술과 편저 및 번역서 총 31종에 달한다.
107 삼귀의, 보리수찬, 부처님찬, 보살의 서원, 세존찬, 관음보살찬, 반야용선, 다섯 가지 은혜, 감사의 노래, 신수와 혜능, 무량수찬, 사홍서원, 귀의삼보, 정법송, 정불국토, 공덕송, 구도송, 발원문, 여서가세, 태자의 출가, 아침예불, 저녁예불, 설법회찬, 샛별, 꽃공양, 기념일, 사십구일, 고별식, 제샷날, 열반절, 우란분재, 성도가, 화혼예식, 영결식, 추도식, 성도찬, 교도회가, 교도의 노래, 불교청년회가, 정토종 종가, 불교일요학교, 유치원, 유치원 부처님, 우리절 부처님.
108 동국대학교 석림동문회 기획·편찬,『韓國佛敎現代史』, 19쪽.
109 앞의 책, 20쪽.
110 정운문 스님:1928년 12월 5일 전남 장성군 상림리에서 탄생. 속명은 정석진, 법명은 정운문이다. 1944년 양주군 망월사에서 인곡 대화상을 은사로 출가, 윤고암 대종사를 계사로 수미계를 받고, 1947년 해인사에서 상월 대율사를 계사로 대소승계를 받았다. 1956년 여수 홍국사 주지, 1959년 진주 연화사 주지 등을 거쳐 1961년 종로구 대각사 법사로 있으면서 용성스님의 뜻을 이어 '서울연화어린이회'를 창립, 어린이 대상 찬불가를 창작해서 보급했다. 대각사는 찬불가운동의 시조로 보고 있는 백용성 스님이 세운 절이다. 1962년 대한불교조계종 총무원 사회국장, 중앙종회 의원 등을 역임했고, 1964년에 개운사 '보리수어린이회'를 창립했다.『불교동요집』,『행복의 문』을 출간했다. 1975년 종로구 구기동에 운문사를 창건하고 1985년『어린이찬불가』,『불교성가집』을 출판하였다.
111 군인아저씨:"두 어깨에 총을 메신 군인 아저씨 적의 총알이 날아오는 일선고지에 이 강산을 지켜 주신 크신 은혜로 우리들은 행복하게 자라납니다. 부처님께 두 손 모아 비나이다. 돌아올 날 그날까지 몸 보존하소서"
112 1962년 조계사 연화어린이합창단을 시작으로 1996년 칠보사 합창단까지 총 36개 단체가 창단되었으나 2015년까지 209개의 합창단이 전국연합합창단에 등록되어 있다.
113 『91 신작찬불가』(서울:불교방송사업부, 1991).
114 한영숙(1920~1990): 승무와 학춤 국가무형문화재, 승무·태평무·살풀이·학무 등 한성준 춤의 계승자. 서울국악예술학교 무용교사로 재직하며 많은 무용가

들을 양성하였다.
115 보현행원송:불광사 특별기획 불교음악의 밤(1992. 4. 2), 세종문화회관, 작시 광덕 큰스님, 작곡 박범훈, 중앙국악관현악단·불광사합창단·중앙디딤무용단, 노래 김성녀·송창식.
116 니르바나(Nirvana): 산스크리트어로서 지혜, 즉 반야를 통해서 탐욕과 증오와 무지의 삼독에서 벗어나 무애자제의 깨달음을 얻어 해탈에 이르는 것을 뜻한다. 모든 번뇌와 속박으로부터 벗어나 완전하고 영원한 열반에 이르는 것 따라서 일반적으로는 죽음의 의미로 이해되고 있지만 부처님은 현생에서의 열반 현법열반을 강조하셨다. 조율이 잘된 거문고의 아름다운 연주와도 비교하였다. 불교의 궁극적인 목표가 열반인데, 열반은 삶의 소멸이 아니라 정화되고 승화된 삶이라 했다.
부처님은 열반을 최고의 낙(樂), 불사(不死)라고까지 하셨다. 열반의 용어적 해석은 불길이 꺼진 상태라고 하지만 열반은 생명의 불길이 꺼진 상태가 아니라 지혜와 수행으로 인하여 삼독심의 불길이 꺼진 상태를 의미한다.
117 불교음악원:2015년 4월 22일에 대한불교조계종 종령 제16조, 불교문화진흥법 제3조에 의거해서 설립되었다.
118 삼화사 수륙재는 조선 초기부터 수륙의 고혼 천도를 위하여 행해졌던 불교의 례로 2013년 12월 31일 대한민국의 국가민속문화재 제125호로 지정되었다. 진관사 수륙재 역시 같은 내용으로 대한민국 국가민속문화재 제126호로 지정되었다.
119 유네스코 등록사찰 7곳: 통도사, 부석사, 법주사, 대흥사, 봉정사, 마곡사, 선암사.

박범훈

○

　　　　1948년 경기도 양평에서 출생. 양평중학교 시절부터 트럼펫 연주를 하였고, 서울국악예술등학교(현, 국립전통예술고등학교)에서 인간문화재 선생님들로부터 국악을 공부하였다. 중앙대학교 예술대학음악과에서 서양음악 작곡을 공부하였고, 일본으로 유학하여 무사시노 음악대학에서 작곡을 공부하고 동 대학원까지 졸업하였다. 귀국 후 모교 중앙대학교에 교수로 재직하면서 동국대학교 일반대학원 불교학과에서 철학박사 학위를 받았다.

　　박범훈은 다양한 작품을 작곡했으며, 국가를 대표하는 세계적인 공연에 작곡, 지휘, 연주 등의 많은 업적을 남겼다. 86아시안게임, 88서울올림픽, 2002월드컵 등의 행사에 개막식 작곡, 지휘, 음악감독 등을 맡았으며, 관현악곡을 비롯하여 무용극음악, 연극, 영화, 마당놀이 등 다양한 분야의 작곡활동을 하였다. 특히 불교음악의 학문적 연구와 더불어 찬불음악의 작곡, 지휘 등에 큰 업적을 남겼다. 현재 대한불교조계종 불교음악원 원장을 맡고 있다.

박범훈의 불교음악 발자취

찬불가 작품

- 1973. 무용극 '사의승무'
- 1988. 무용극 '하얀초상' 이차돈의 하늘
- 1991. 교성곡 '붓다'
- 1992. 교성곡 '보현행원송'
- 1996. 교성곡 '부모은중송'
- 1998. 교성곡 '용성'
- 2000. 교성곡 '진감'
- 2018. 교성곡 '니르바나'

찬불가 작곡(1989~2018)

- 예불 •아제아제 •찬미의 나라 •무상계 •연꽃향기 누리 가득히 •연잎바람 •거룩한 손 •목탁 새 •길 •오계의 노래 •경허 만공스님 •보리 이루리 •꽃을 바치나이다 •안국선원가 •오실이 가실이 •니르바나 •산사의 봄 •놓아라 삼세인연 •범어사가 •가야지 •어화너 •탑돌이 •부처님오신날 •미륵님 오시네 •귀거래 •사리여 •금강송 •석굴암가 •돌부처 •원왕생가 •날마다 좋은 날 •백팔염주 •해넘이 •사바등대 •불국토 만만세 •부처님 사랑 •경기제 반야심경

불교음악 저서 및 논문

- 『한국불교음악사 연구』
- 『박범훈의 불교음악여행』
- 「창작찬불가의 역사적 고찰」
- 「불전에 기록된 악기의 한국적 전개에 관한 연구」

- 「불전에 기록된 음악용어에 관한 연구」
- 「불전으로 본 세존의 음악관」
- 「세종대왕이 창제한 불교음악 연구」
- 「무형불교문화유산의 보존과 전승」

불교음악 음반(C.D)

- 박범훈 불교음악 국악교성곡 '붓다'(1매)
- 박범훈 불교음악 국악교성곡 '보현행원송'(1매)
- 박범훈 불교음악 국악교성곡 '부모은중송'(1매)
- 박범훈 불교음악 '이차돈의 하늘'(1매)
- 박범훈 불교음악 7집 '용성'(1매)
- 박범훈 불교음악 '무상'(1매)
- 박범훈 불교음악 '김성녀의 찬불가'(1매)
- 박범훈의 뭇소리 찬불가(2매)

불교계 수상

- 2013년 불자대상
- 2015년 '선혜' 품계(대한불교조계종)

박범훈의 불교음악 여행

초판 1쇄 인쇄일	2018년 10월 25일
초판 1쇄 발행일	2018년 10월 30일
지은이	박범훈
발행인	초격스님(남기영)
발행처	대한불교조계종 불교신문사
책임편집	하정은
편집제작	선연
출판등록	2007년 9월 7일(등록 제300-207-133호)
주소	서울시 종로구 우정국로 67 전법회관 5층
전화	02)730-4488
팩스	02)3210-0179
e-mail	ibulgyo@ibulgyo.com

ⓒ 2018, 박범훈

ISBN 979-11-89147-04-4　03220

값 16,800원

※이 책에 실린 내용은 무단으로 복제하거나 전재할 수 없습니다.
※잘못된 책은 교환해 드립니다.